중국 애국주의 홍위병, 분노청년

중국
애국주의
홍위병,
분노청년

김인희 지음

푸른역사

憤
怒
青
年

■

머리말 ... 007

머리말

1994년 베이징의 한 대학에서 유학생활을 시작한 이래 26년간 중국과 인연을 이어오고 있다. 중국에서 거주한 기간은 총 10년인데, 처음 5년은 베이징에서 유학을 하였고, 나머지 5년은 후베이성 우한, 산둥성 지난, 윈난성 쿤밍에서 연구활동을 하였다. 한국에 돌아와서도 방학이면 답사를 떠났고, 중국에서 개최되는 각종 학술회의에 참여하였다. 그러니 중국과 인연을 맺은 후 절반은 중국에서 살았다고 해도 과언이 아니다.

그동안 많은 중국인을 만났다. 대부분의 중국인은 농경민의 후예다운 선량함과 온화함을 가지고 있었다. 특히, 지식인들의 호방하고 심원한 사유는 나를 매료시켰다.

그런데 이러한 중국인과는 완전히 다른 별종도 있었다. 이들은 '중국'이라는 말만 나오면 극도로 흥분하고, 중국에 대해 조금이라도 부정적인 말을 하면 바로 전투적으로 변하였다. 심지어는 일부러 나를 찾아와 '중국'의 위대함과 한국이 중국의 속국이었음을 훈계조로 가르친 이들도 있었다. 나는 이러한 별종의 중국인들을 이해할 수 없었다. 그러면서 '분노청년'에 주목하게 되었다.

2019년 말 서울에서 다시 분노청년을 만났다. 이들은 홍콩 시위를 지지하는 현수막을 훼손하고 대자보에 낙서를 하거나 칼로 난도질했다. 한국 학생들과 종종 말다툼을 하거나 몸싸움을 하는 일도 벌였다. 이들은 홍콩은 중국의 일부라며 "One China!(하나의 중국!)"를 외쳤다. 심지어는 "독도는 일본 땅", "한국은 위안부를 한 번 더 당해야 한다"라며 한국을 공격하기도 했다. 낙서 중에는 "해방군 있다"라고 쓴 것도 있었다. 홍콩 시위를 계속 지지하면 중국군이 한국을 공격할 것이라는 뜻이었다. 분노청년은 우리의 평범한 이웃으로 생활하고 있었다.

최근 방탄소년단이 밴 플리트 상에서 한 수상 소감을 두고 중국 네티즌이 분노했다는 소식이 전해졌다. 《환치우시보》는 방탄소년단의 발언이 정치적 발언이며, 중국 네티즌이 "국가존엄에 관련된 일이기 때문에 용납할 수 없어 분노하였다"고 하였다. 이 말을 들은 한국인들은 도대체 어떤 말이 중국의 국가존엄을 훼손한 것이며, 무엇이 정치적 발언인지 어리둥절하였다. 그 이전 가수 이효리가 자신의 예명을 '마오'라고 하겠다고 한 말에 중국 네티즌은 '마오'가 마오쩌둥을 연상하게 한다며 사과를 요구했다. 한국인들 중에 '마오'라는 말을 듣고 마오쩌둥을 연상할 사람이 몇이나 될까? 그런데 중국 네티즌은 "조금이라도 상식이 있는 사람이라면 마오毛가 무슨 의미인지 알 것이라며 이효리는 유명한 가수인데 설마 모르겠냐"고 한다. 정말 아전인수 격이다.

이 책은 최근 더욱 가까이 우리의 일상 속으로 다가온 중국의 애국주의가 길러낸 분노청년에 대한 이야기다.

왜 '분노청년'에 주목하는가?

새롭게 세계 패권을 장악하겠다며 도전장을 내민 중국! 중국 공산당에게는 든든한 지원자인 분노청년이 있다. 분노청년은 1990년대 중반 등장하여 현재까지도 활발하게 활동하는 중국의 인터넷 극우 청년집단을 말한다. 서양의 분노청년이 자국 내 사회 문제에 관심을 갖고 변혁의 주체로 나서려 했다면, 중국 분노청년은 오직 중국의 적이라고 생각되는 집단에만 분노한다.

분노청년은 "중국만의 현상은 아니다"라는 지적도 있다. 1990년대 탈냉전 이후 진영의 장벽이 허물어짐에 따라 세계화 Globalization 현상이 두드러졌다. 세계화에 따라 사람의 이동과 이주가 원활해졌을 뿐만 아니라 자본과 상품은 진영의 장벽을 넘어 자유롭게 전 세계로 이동하게 되었다. 이와 같은 세계화의 추세 속에 등장한 것이 신新민족주의다. 연구자들은 세계화로 국가정체성이 약화되면서 자기방어적 기제로 신민족주의가 등장했다고 본다. 국가정체성의 존립에 위험을 느낀 국가가 문화정체성을 강화하는 과정에서 신민족주의가 등장했다는 것이다. 그러나 중국의 분노청년의 형성 과정과 목적을 보면 다른 나라의 민족주의와 상당한 차이점이 있다.

당이 국가를 운영하는 당국체제의 중국에서 애국주의 교육의 근본 목적은 애당愛黨 교육이다. 공산당은 애국주의 교육을 통해 공산당의 노선을 따르는 인민을 길러내고자 하였다. 1990년대와 2000년대 분노청년은 활발하게 활동하였다. 이 시기 자유파 지식인은 분노청년의 맹목적 애국주의, 애당주의를 맹렬하게 비판하였다. 2010년대 들어서 중국 정부의 인터넷 검열 강화로 인해 분노청년과 자유파 지식인은 소멸하고 자간오가 이 자리를 대신하였다. 2010년 초중반 자유파 지식인을 공격하는 과정에서 인터넷을 장악한 자간오는 중국 정부의 관리와 그 가족들이 중심이 된 친정부 인터넷 집단이다. 2016년 이후에는 인터넷 애국청년 집단인 소분홍이 등장하여 완전히 주도권을 장악하였다.

소분홍은 그들의 선배인 자간오나 분노청년과는 달랐다. 분노청년의 공격 대상이 국내외를 막론하였다면, 자간오는 자유파 지식인을 주로 공격하였다. 이에 반해 소분홍의 주공격 대상은 외국이다. 두 번째는 분노청년과 자간오가 자발적으로 조직된 집단인 데 반하여 소분홍은 공청단이 조직하고 프레임을 짜서 외국을 공격하는 데 활용하고 있다는 점이다. 우리는 이 지점에 이르러 소분홍의 주공격 대상이 한국이라는 점에 주목하지 않을 수 없다. 2016년 외국에 대한 공격 14회 중 한국에 대한 공격은 5회로 36

퍼센트를 차지한다. 중국 정부가 외교 문제에서 소분홍을 활용하고 있다는 점을 감안한다면, 중국 정부가 한국을 어떠한 방식으로 관리하고자 하고 있는지 알 수 있다. 참고로 일본에 대한 공격은 1회뿐이었다.

이 책의 제목은《중국 애국주의 홍위병, 분노청년》이다. 마오쩌둥은 홍위병을 '착한 아이들好孩子'이라고 하였다. 자신의 "말을 잘 듣는 착한 아이들"이라는 뜻이다. 그런 의미에서 소분홍은 "시진핑 주석의 말을 잘 듣는 착한 아이들"이다. 다만 차이가 있다면 이들은 인터넷 홍위병이라는 것이다.

중국에 대한 균형 잡힌 인식 필요

이 책은 중국 애국주의의 본질을 밝히고, 애국주의 교육이 중국 공산당이 자신들의 노선에 충실한 인민을 길러내기 위한 정치 프로젝트였음을 밝혔다. 분노청년의 폐해가 본격적으로 등장한 2000년대 중반 이후 중국 지식인들은 분노청년을 병적 민족주의라며 이성적인 애국을 호소하였다. 그러나 이들은 분노청년이 양산된 원인이 중국 정부에 의한 애국주의 교육 때문이라는 점은 지적하지 않았다. 즉, 공산당에 대한 직접적인 비판은 피한 것이다.

중국 사회에는 분노청년을 비판적으로 지적하는 이들이 많다. 필자가 이 책을 집필할 수 있었던 것도 중국 연구자들의 연구 성과 덕분이다. 2000년대 분노청년이 사회 문제로 등장하였을 때 많은 연구자와 문화비평가들은 논문과 서적, 칼럼을 통해 분노청년의 문제점을 지적하였다. 이는 중국 사회가 자정 능력을 가지고 있음을 말하는 것으로, 이는 지금도 그러하다.

한국은 어떤 중국을 알고 있었던 것일까? 지금, 충분히 힘이 강력해진 중국은 우리에게 새로운 관계를 요구하고 있다. 이제 한국은 낯선 모습으로 다가온 중국에 대해 심도 깊은 고민을 시작해야 할 시점에 놓여 있다.

시 주석은 이미 마음을 굳혔고, 애국주의에 세뇌된 분노청년은 자력으로 폭주를 멈추지 못할 것이다.

2021년 2월
김인희 씀

憤怒青年

01

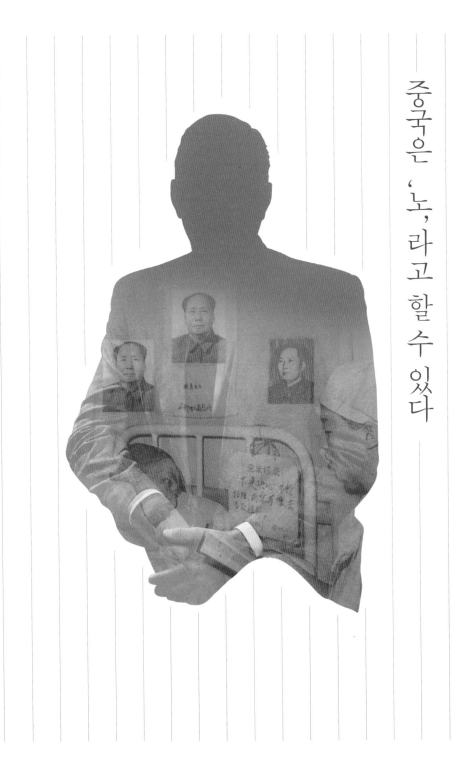

중국은 '노'라고 할 수 있다

1990년대 중국은 개혁과 개방에 박차를 가했다. 시장경제의 확대로 경제는 나날이 발전했으며 경직되었던 사회도 서서히 자유의 물결로 채워지는 듯했다. 회색빛의 건물과 인민복도 밝은 색으로 변했고 사람들의 표정에도 웃음이 살아났다.

그런데 1990년대 중반 강한 민족주의적 색채를 띤 집단이 등장했다. 그들은 "천하의 흥망은 필부에게도 책임이 있다"며 국가에 대한 개개인의 강한 책임의식을 주장했다. 그리고 "중국은 '노NO'라고 말할 수 있다中國可以說不"라고 선포했다. 이들은 매우 강한 애국심과 극단적인 대국大國 심리를 가지고 있었다. 스스로 애국청년이라 했는데 사람들은 이들을 분노청년이라 불렀다.

한국의 독자들은 분노청년을 텔레비전을 통해 접한 경험이 있을 것이다. 2008년 베이징올림픽을 앞두고 서울 성화봉송 때 중국 유학생들의 집단 폭행 사건이나 몇 년 전 사드 사태 때 중국 내

롯데마트에 대한 불법행동이 그런 예다. 최근에는 홍콩 시위 지지를 저지하는 일부 중국 유학생들을 통해 분노청년의 면모를 확인할 수 있었다.

분노청년이라는 말이 사회적으로 관심을 받게 된 것은 1996년 《중국은 '노'라고 말할 수 있다中國可以說不》[1]가 출판된 이후다. "이 책의 이름은 1989년 일본에서 출판된 이사하라 신타로石原愼太郎의 《'노'라고 말할 수 있는 일본Noと言える日本》을 모방했다."[2] 이제 중국은 미국에 대해 '노'라고 말할 만큼 힘이 세졌다는 내용으로 당시 선풍적인 인기를 끌었다. 더 나아가 "중국 사상의 세례를 받지 않은 나라가 없으며, 중국의 덕을 안 본 나라가 없으니 중국이 세계를 이끌어야 한다"고 주장하였다. 이후 "노라고 말하는 것"은 분노를 표현하는 방식이 되었다.

이 책은 전 세계 100여 개 나라에 소개되었다.[3] 이후 출판된 《중국을 악마화 하는 배후妖魔化中國的背後》[4]와 《세계화 그늘 아래 중국의 길全球化陰影下的中國之路》[5]은 《중국은 '노'라고 말할 수 있다》와 함께 분노청년의 3대 성전聖典이 되었다. 이 책들은 중국은 강해져야 하고, 강경한 외교정책을 펴야 하며 전쟁을 통해 세계를 제패해야 한다고 주장한다.

현재 중국에서 사용하고 있는 분노청년이란 용어는 영어 'Angry Young Man'을 번역한 것이다. 이 말은 1950년대 영국 극작가 존 오즈번John Osborne(1929~1994)의 《성난 얼굴로 돌아보라Look Back in Anger》가 화제를 모으면서 처음 세상에 알려졌다. 1960년대 서양에서 분노청년은 전통사회의 가치를 급진적으로 바꾸고자 했던 반항적인 지식청년을 지칭했다.

중국에서 분노청년이라는 말이 처음 등장한 것은 홍콩의 사오스영화사邵氏电影公司가 1973년 제작한 영화 〈분노청년憤怒靑年〉이다. 이 영화는 사회에 불만을 갖고 급진적을 변혁을 도모하는 청년들에 대한 이야기다. 이후 1980년대 홍콩으로부터 분노청년이라는 말이 본토로 들어왔는데, 현재는 약칭해 '분청憤靑'이라 부르고 있다.

중국의 분노청년이라는 말은 당초 의미와는 완전히 다르다. 중국에서 분노청년은 더 이상 "의로운 분노를 품은 젊은이"를 지칭하지 않고, "인터넷을 통해 극단적인 분노를 표출하는 할 일 없는 도시 청년들"을 지칭한다. 애국을 자신들의 전유물로 여기며 폭력적인 방법을 동원하고 극단적인 배타성을 보인다는 점에서 한국의 극우나 일본의 우익과 유사하나 노년층이 아니라 청년층 중심이라는 점에서 그들과 다르다.

분노청년은 정치적인 성향에 따라 신좌파, 급진 좌파, 극단 민족주의로 구분할 수 있다. 신좌파와 급진 좌파가 좌파 사상을 따른다면 극단 민족주의는 중화민족주의를 따르는 무리를 말한다. 그러나 실제로는 좌파 사상과 민족주의 사상이 혼재되어 있어 엄격하게 구분하기는 어렵다. 정도의 차이일 뿐이다.

신좌파가 마르크스 이론을 따른다면 급진 좌파는 마오쩌둥 사상을 따른다. 신좌파 분노청년은 주로 대학에서 마르크스주의를 연구한 지식인층으로 1990년대 중반 등장해 2000년대까지 분노청년의 사상적 기반을 제공했다. 초기에는 중국이 세계자본주의 체제에 편입되는 것을 비판하고 민주화를 요구하였다. 그러나 2008년 이후 개혁개방을 찬양하고 중국 정부를 지지하는 국가주의자로 변모했다.

급진 좌파 분노청년은 마오쩌둥주의를 따르기 때문에 마오쩌둥주의 분노청년이라고도 한다. 이들은 하층 민중의 포퓰리즘에 기반하며 부의 평균화를 주장한다. 이들은 가장 극단적이고 과격하며 수적으로도 많은데 다시 한번 문화대혁명을 일으키자고 주장하고 있다.

극단 민족주의 분노청년은 서양 반대 주력 세력이다. 이들은 기본적으로 중국 정부의 입장을 지지하며 중화민족주의 성향이 매우 강하며 중국이 세계를 지배해야 한다고 주장한다. 서양을 무조건 배척하고 서양에 대한 증오로 가득 차 있다는 점은 마오주의 분노청년과 같지만 시장경제를 반대하지 않는다는 점에서는 신좌파 분노청년과 일치한다. 신좌파나 마오주의 분노청년이 이론적인 기초와 학식이 있다면 극단 민족주의 분노청년은 상당수가 중등학교나 초등학교 수준의 학력을 가지고 있으며 아예 교육을 받지 못한 경우도 있다. 2016년 등장한 소분홍은 주류 이데올로기를 지지하고 민족주의적 성격이 강한데 석사 이상 학력을 가진 이들이 36퍼센트, 대학 이상의 학력을 가진 이들이 37퍼센트로 절대다수를 차지한다는 점에서 기존의 분노청년과 차이가 난다.

중국에서 분노청년은 극단, 편협, 무지, 저속, 폭력이라는 의미를 가지고 있다. 중국의 유명한 칼럼니스트인 랴오바오핑廖保平은 중국의 분노청년에 대해 "맹목적으로 애국하고, 광적으로 외국을 배척하고, 자신이 대단하다는 어리석음을 가지고 있고, 경솔하고 시끄럽게 구는 비이성적 무리에 대한 통칭으로, 병적인 민족주의자"[8], "머리가 없고 하루 종일 반미·반일만 생각하는, 영원히 성장하지 못한 감정적인 동물"[9]이라고 맹비난했다.

　분노청년은 1990년대 중반 갑자기 등장하여 2000년대 맹위를 떨쳤다. 이 시기 중국은 세계화를 통해 국제질서에 편입되고 경제도 고속 성장했다. 어떠한 외세의 침략도 없어 신중국 건립 이후 가장 평화로웠던 시기였다. 일반적으로 강렬한 민족주의 정서는 민족국가가 위기에 처했을 때 등장한다. 그렇지 않은 경우 "통치자가 생각하기에 자신의 합법성이 부족하거나 문제가 되어 민족주의의 도움을 필요로 할 때"[10] 등장한다. 그런데 1990년대 중반 민족주의적 성격이 강한 분노청년이 등장하였다. 이들은 '애국무죄'를 주장하며 인터넷 공간과 현실세계를 확보했다. 현재는 소분홍이 세계를 무대로 활동하고 있다.

　"천하의 흥망에는 필부에게도 책임이 있다"는 애국주의를 무기로, '애국 무죄'를 방패 삼아 폭주하고 있는 중국의 분노청년! 분노청년은 중국 공산당과 어떠한 관계에 있으며, 그들은 무엇에, 왜 분노하고 있는 것일까? 이제 그들의 이야기를 들어보자.

憤
怒
青
年

02

21세기 홍위병, 분노 청년

마오쩌둥의 착한 아이들, 홍위병

중국을 뒤흔든 문화대혁명이 중고등학교를 다니는 소년들로부터 시작되었다는 것은 놀라운 일이다. 1966년 5월 25일 오후 베이징 대학 철학과 당총서기였던 네위안쯔聶元梓는 베이징대학에 대자보를 붙였다. 5월 29일 칭화대학 부속중학교 학생인 부다화卜大華, 왕밍王明, 뤄샤오하이駱小海, 장샤오빙張小兵, 타오정陶正 등이 이 대자보를 보고 위안밍위안圓明園의 폐허에서 모임을 가졌다. 그들은 제2차 세계대전 때 소련의 청년 근위군과 같은 조직을 만들기로 하고, '마오 주석을 보위하는 붉은색의 보위병'이라는 의미로 홍위병紅衛兵이라고 이름을 붙였다. 가장 어린 나이는 13세이고 많아도 19세를 넘지 않은 소년들이 전국에서 처음으로 홍위병 조직을 꾸린 것이다.

● 문화대혁명 기간 반혁명 수정주의자인
　류샤오치를 성토하는
　군중집회 모습이다.[1]

●● 1966년 장칭과 린뱌오가 톈안먼에서
　　홍위병을 만나 무언가
　　설명을 하는 모습이다.[2]

1965년 하반기부터 1966년 초, 마오는 정치적 위기에 처해 있었다. 당시 주석인 류샤오치와 덩샤오핑은 대약진운동에 대해 비판적인 견해를 피력했으며 사회주의운동도 속도를 조절해야 한다는 입장이었다. 이에 대해 마오는 당내에 수정주의가 생산되었고 자본주의 길을 가려고 한다고 비판했다.

1966년 7월 8일 우한에 머물던 마오는 장칭江青에게 "천하에 큰 혼란이 일어난 뒤에야 천하가 잘 다스려질 수 있소"라고 편지를 썼다. 마오는 무산계급 대혁명, 즉 문화대혁명을 일으켜 류샤오치를 비롯한 자신의 비판 세력을 제거하고자 하였다. 마오는 고민 끝에 청소년이 가장 적극적이고 보수적인 사상이 옅으며, 일정 정도 지식이 있어 문화대혁명을 담당하기에 적합하다고 생각했다.[3]

1966년 7월 28일 칭화대학 부속중학교 홍위병 조직이 쓴 〈혁명의 조반정신造反精神 만세〉라는 대자보를 장칭이 마오쩌둥에게 전달했다. 조반정신은 '반란을 일으키는 정신'을 말한다. 8월 1일 마오쩌둥은 홍위병에게 대자보에 쓴 내용이 옳으며 "모든 지주계급, 자산계급, 제국주의, 수정주의와 그들의 주구에 대해 분노하고 성토하고 반란을 일으키는 것은 이유가 있는 것으로 우리는 너희들에게 열렬한 지지를 보낸다"는 편지를 보냈다. 마오쩌둥의 이 편지는 홍위병 조직을 정식으로 인정한 것으로 홍위병 조직이 전국에서 우후죽순 일어나는 계기가 되었다.

1966년 8월 23일 자 《런민일보人民日報》는 사설에서 "마오 주석

• 마오가 1966년 11월 10일과 11일
베이징에서 7번째로
각지에서 모인 200만 홍위병을
사열하는 모습이다.

•• 맨 앞이 마오가 탄 차이며
양쪽으로 홍위병들이
환호하고 있다.[4]

마오가 《마오 주석 어록》을 들고 환호하는 각 민족 홍위병에게 모자를 들어 답례하고 있다.' 중국 사람들도 정치권
을 희화화한 이야기를 즐긴다. "한 위구르족이 문화대혁명 때 톈안먼 광장에 가서 마오 주석을 보았다. 마오 주석
이 무언가 이야기를 했지만 그는 중국말을 알지 못했기 때문에 한 마디도 알아듣지 못했다. 이후 마오 주석이 모자
를 벗어 들고 흔들자 사람들이 손을 위로 뻗으며 환호했다. 그는 혼잣말로 '모자를 원하는 사람이 이렇게 많구나'라
고 했다." 이 이야기는 문화대혁명 당시 마오의 말을 아무도 진정으로 이해하지 못했음을 희화화한 것이다.

이 스스로 무산계급 문화대혁명을 결정했다"라고 했다. 마오의 말을 인용해 "완고하게 자본주의 길을 따르는 당권파는 여러 가지 방법과 수단으로 무산계급 문화대혁명 결정에 저항하고 군중운동을 억압해 문화대혁명을 파괴하려 한다. 혁명 학생들이 광범위하게 일어나 혁명을 일으키고 자본주의 길을 가려는 늙은이들을 반대한 것은 매우 잘한 일이다. 그들의 고집불통이 죽어도 참회하지 않는 지경에 이르렀다면 그들을 무너뜨린다고 해도 별일이 아니며 또한 좋은 일이다. 혁명하는 학생조직인 홍위병, 홍기전투소조紅旗戰鬪小組 등의 혁명조직은 무산계급 독재하의 합법적인 조직이다. 그들의 행동은 혁명적인 행동이며 합법적인 행동이다. 누구든 혁명 학생의 혁명 행동을 반대하는 것은 마오 주석의 지도를 직접

"노동자계급이 반드시
모든 것을 이끌어야 한다"는 내용의 포스터.
이들은 노동자 마오쩌둥 사상 선전대로 마오의 사진과
《마오 주석 어록》을 들고 있다.

위반한 것이며 당 중앙의 결정을 위반한 것이다"[16]라고 했다.

이 사설을 통해 마오는 홍위병들이 당권파, 즉 자신의 정적인 류샤오치와 덩샤오핑을 제거할 것을 독려했다. 그리고 홍위병은 마오의 군대이니 누구도 막지 말라고 했다.

문화대혁명 시기 마오에 대한 숭배는 절정에 이르렀다. '마오 주석의 착한 아이들인 홍위병'은 마오쩌둥의 '최고 지시'를 자신들의 무기로 삼았다.

1966년 8월 18일 군복을 입고 홍위병 완장을 찬 마오는 톈안먼 광장에서 홍위병 100만 명을 처음으로 접견하고, 공개적인 지지를 표명했다. 마오는 8차례 접견을 통해 홍위병 1,200만 명을 만났다. 마오는 톈안먼 성루에 올라 홍위병을 접견했다. 마오가 등장할 때면 〈동방홍東方紅〉이란 노래가 울려 퍼졌다. '동방홍'은 동방의 붉은 태양이라는 뜻으로 마오쩌둥을 상징한다. 마오가 톈안먼 광장을 떠날 때면 〈대해를 항해할 때는 조타수에 의존한다大海航行靠舵手〉라는 노래가 울려 퍼졌는데 조타수는 역시 마오를 지칭한다.

8월 말 마오는 홍군의 대장정에서 영감을 얻어 대교류운동大串聯을 개시했다. 홍위병들에게 무료 기차표를 지급하고, 전국을 돌아다니며 문화대혁명을 전하도록 했다. 베이징의 홍위병은 문화대혁명의 이념을 전파하기 위해 전국 각지의 학교와 공장을 순례했고, 지방의 홍위병은 베이징의 홍위병을 학습하기 위해 베이징으로 몰려들었다. 마오는 홍위병들의 대교류로 교통문제가 발생하자 혁명 선배들의 경험을 본받아 도보로 여행하라고 했다.

마오는 1966년 11월 10일과 11일 베이징에서 7번째로 각지에서 모인 홍위병 200만 명을 접견했다. 10일 오전 10시 군악대가 〈동방홍〉을 연주했다. 사람들은 가장 행복한 시간이 도래하기를 기다렸다. 마오와 당의 지도자들은 톈안먼 성루에 올랐다. 이때 "마오 주석 만세! 마오 주석 만세!" 환호성이 진동했다. 혁명의 어린 장수들은 선홍색의 '홍위병' 완장을 차고 손에는 붉은색으로 빛나는 《마오 주석 어록毛主席語錄》을 들었다. 차량 행렬은 30여 리에 이르며 붉은색의 거대한 흐름을 만들었다.

이제 혁명은 인민에 대한 충성에서 멀리 벗어나고 당에 대한 충성에서도 빗겨가 오직 마오에 대한 충성만을 의미하게 되었다. 마오는 존경의 대상이 아니라 신앙이 되었다. 집집마다 마오의 초상화를 걸고, 곳곳에 마오의 어록을 적은 팻말을 설치하고, 항상 마오의 어록을 학습하고, 마오의 사상을 선전했다. 매일 아침 각 직장에서는 마오의 초상화를 향해 세 번 고개 숙여 인사하고 마오에게 가르침을 청했다. 업무가 끝나면 똑같은 행위를 하고 마오에게 그날의 성과를 보고했다. 홍위병들은 희생자들에게 마오에게 용서를 빌라고 강요했다. 어떤 군대의 간호학교 교사와 학생은 마오 주석을 너무 사랑해서 붉은 비단에 화려한 실로 "마오 주석님 만수무강하십시오"라는 글을 새긴 깃발을 만들었다. 오래 살라는 의미의 수壽 자는 모든 교사와 학생들이 이틀 밤을 새워 한 땀씩 수놓았다.[7]

마오의 어록을 작은 책으로 묶어 사병들에게 암기시키자고 제안한 사람은 린뱌오였다. 1964년 《마오 주석 어록》이 출판되었는데 붉은색 표지이기 때문에 《소홍서小紅書》라고도 한다. 《소홍서》는 중국 청년들의 성경이 되었으며 마오쩌둥 개인 숭배의 부적이 되었다. 이 책은 아주 귀중한 책이기 때문에 《홍보서紅寶書》라고도 부른다. 당과 정부에서는 마오쩌둥 저작을 학습하고 활용하는 운동을 일으켜 청소년들은 마오 주석의 책을 읽고, 마오 주석의 말을 듣고, 마오 주석의 지시에 따라 일을 하는 마오 주석의 착한 아이들이 되었다.[8] 전국은 마오쩌둥 사상을 공부하는 학교가 되었다.

홍위병들은 단순히 마오 사상을 학습하고 선전하는 것에만 머

장쑤성江蘇省 타이창현太倉縣 홍징대대洪涇大隊가
마오 주석의 말이 적힌 팻말을 꽂아놓고 농사를 짓는 장면이다.
이곳의 농민들은 마오 주석의 저작을 학습하고 활용해 사상의 혁명화를 촉진했으며,
신념으로 가득 찬 농사가 대풍년을 이루었다고 한다.[9]

• 홍위병들이 《마오 주석 어록》을 들고
마오 주석에게 충성을
맹세하는 모습이다.

•• 톈안먼 광장에서 150만 홍위병이
마오 주석을 기다리며
《마오 주석 어록》을
읽고 있는 모습이다.[10]

물지 않고, 계급투쟁의 선봉으로 사회정화를 위해 직접 나섰다. 홍위병은 "혁명은 곧 반란이며 반란을 일으키지 않는 것은 100퍼센트 수정주의"라며 마오의 지시를 구호로 삼고 폭력을 행사했는데 마오는 혁명이란 한 계급이 다른 계급을 타도하는 폭력적 행동이라며 폭력을 조장했다.[11]

홍위병의 폭력적인 행동은 더욱 거세지고 범위도 넓어져 학교에서 사회로, 베이징에서 전국으로, 선생님과 친구에서 우귀사신牛鬼蛇神으로, 다시 권력을 가진 주자파로 나아갔다. 우귀사신은 소 귀신과 뱀 귀신이라는 뜻으로 문화대혁명 때는 봉건적 요소와 부르주아적인 것과 관련된 모든 사람을 우귀사신이라 하였다.

이들은 "빗자루가 닿지 않으면 먼지가 사라지지 않는다. 천만 홍위병은 철 빗자루를 들고 단지 며칠 만에 착취계급 사상을 대표하는 많은 명칭과 풍속·습관을 쓸어버렸다. 이는 옛것을 파괴하고 새로운 것을 세우는 혁명운동"[12]이라 주장했다. 홍위병에게 찍힌 사람들은 온갖 비판을 받고 잔혹한 형벌을 받았다. "1966년 10월, 3개월 만에 홍위병은 약 2만 명의 우귀사신을 적발해 비판하고 그와 그의 가족 몇 십만 명을 도시에서 쫓아냈다."[13]

《마오 주석 어록》 중 홍위병이 자주 인용하는 말은 "만약 적이 반대하면 우리는 옹호할 것이다. 만약 적이 옹호하면 우리는 반대할 것이다"이다. 홍위병은 복잡한 사회를 무산계급과 자산계급으로 구분했고 현대화와 관련 있는 사상과 물건, 전통을 모두 봉건주의, 자본주의, 수정주의 사상이라며 부숴버렸다.

한 그룹이 표현했듯이 이 전쟁의 목적은 '자본주의로 이어지는 구멍을 모조리 틀어막고, 수정주의를 길러내는 모든 부화기를 박살내는' 것이었다. 긴 머리나 파마머리를 잘못 된 머리 모양이라 면서 길거리에서 자르는 일도 벌어졌다.[14] 부르주아의 산물인 꽃 집도 파괴했다. 타락한 부르주아의 상징인 고양이도 학살했다.[15]

문화대혁명 시기 폭력행위를 비교하면 여자가 남자보다 더 잔인했다. 그리고 중학생이 대학생보다 더 잔인했다.[16] 홍위병운동에 참여했던 션판沈凡이란 작가는 당시 열두 살이었는데 홍위병이 인민해방군 사령관인 뤄羅 장군을 심판하는 장면을 보았다고 한다. "그 끔찍한 모습을 보면서도 나는 아무런 동정심도 느끼지 않았다. 확성기의 구호를 따라 외쳤다. 피가 끓어올랐고 앞에 앉

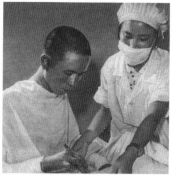

왼쪽은 32111석유굴착대 부상자인 란수룽이
간호사의 도움으로 마오의 저작을 공부하는 모습이다.
오른쪽은 같은 사고로 입원한 장중민이 화상을 입은 손으로
《마오 주석 어록》의 내용을 쓰고 있는 모습이다.[17]

은 적에 대한 분노가 점점 더 커졌다. 집회가 절반 정도 진행되었을 때 늙은 장군의 몸이 다시 앞으로 무너져 내렸다. '또 죽은 연기를 하는군' 우리는 소리쳤다. '어서 일으켜 세워! 어서!' 그러나 장군은 정말로 죽어 있었다."[18]

마오가 홍위병이 위험한 존재임을 깨닫기 시작한 것은 홍위병을 정식으로 인정한 지 갓 두 달이 되는 시점이었다. 마오는 중화인민공화국 건국 17주년 기념일인 1966년 10월 1일 홍위병을 4차 접견했다. 이날 150만 홍위병이 모였는데 마오는 오전 접견을 마치고 인민대회당에서 쉬다가 톈안먼으로 돌아와 홍위병과 함께 불꽃놀이와 국경절 행사를 즐길 예정이었다. 그러나 톈안먼 광장으로 향하던 마오의 차는 열렬한 지지를 보이는 홍위병들로 인해 되돌아갔고 마오는 이날 일로 홍위병에 대해 의문을 갖기 시작했다. 10월 18일 5차 접견을 할 때 마오는 짜증스런 표정이 역력했다. 11월 3일 마오는 홍위병을 6차 접견했는데 이전보다 피곤해 보였으며 어쩔 수 없이 하는 표정이 역력했다.

1966년 하반기가 되자 각지에서 무장투쟁이 벌어지고 많은 공장이 휴업에 들어가고 교통도 홍위병의 대교류로 마비되었다. 마오는 11월 25일과 26일에 연달아 홍위병을 접견하고 대교류 시에 편의를 제공하지 않겠다고 통지했다. 1967년 1월 권력다툼 이후 조반파 내부에서 무력투쟁이 일어나 전국은 내전 상태에 빠졌다. 홍위병의 폭력행위는 규모가 매우 커져서 많은 지역에서 군대가 개입하고 심지어는 총과 대포와 탱크가 동원되었다.

• 구세계를 부수고
새로운 세계를 세우자는 내용의
선전 표어. 홍위병이 망치로
구세계의 모든 것을
부수고 있다.

•• 혁명사상을 각지로 전파하기 위해
홍위병들이 길을 떠나고 있다.[19]

1967년 마오쩌둥은 《런민일보》 등에 〈무산계급 문화대혁명을 끝까지 진행하자把無産階級文化大革命進行到底〉라는 사설을 발표해 홍위병을 공격했다. "우리 현대사에서 혁명은 모두 학생운동에서 시작해 노동자운동, 농민운동으로 발전했는데 이는 객관적인 규율이다. 문화대혁명은 장차 이러한 규율에 따라 더욱 발전할 것이다."[20] 이는 홍위병의 역사적 사명이 끝났음을 말하는 것이었다. 1967년 3월 14일 중공중앙과 국무원은 "학생들은 모두 원래의 생산단위로 돌아가거나 혹은 학교로 돌아가 혁명을 복습하고 생산노동에 참가하라"고 통지했다.

1968년 12월 22일 자 《런민일보》는 〈우리는 두 개의 손을 가지고 있는데 도시에서 공짜 밥을 먹을 수 없다我們也有兩只手, 不在城市里吃閑飯〉라는 사설을 발표했다. 마오의 지시를 전달하는 방식으로 "지식청년은 농촌으로 가서 가난한 농민에게 교육을 다시 받는 것이 매우 필요하다"고 했다. 이후 전국에서 대규모로 지식청년의 상산하향上山下鄉운동이 시작되었다. 상산하향운동은 농촌이나 산간지역, 변경지역에 가서 농업 생산에 참여하여 노동으로 단련하는 것을 말한다. 이제 홍위병은 지식청년이란 이름으로 대신하게 되었다. 1968년과 1980년 사이에 모두 1,200만에서 1,800만에 달하는 학생들이 도시에서 추방되었다.

1976년 9월 9일 마오는 사망했고, 1978년 8월 19일 마오의 착한 아이들 홍위병도 정식으로 해산되었다.

마오는 "문화대혁명 중 주요 군중은 젊은이, 학생으로, 이들로 하여금 직접 투쟁의 심각성을 깨닫게 하고 직접 경험한 것과 인식한 것을 자손들에게 알려주어 대대로 전하게 하라"[21]고 했다. 마오의 "자손들에게 알려주어 대대로 전하게 하라"는 말은 주문이 되어 마오의 착한 아이들은 분노청년으로 되살아나게 되었다.

홍위병 그리고 분노청년

마오가 사망한 후 중국은 1978년 개혁개방을 선언하였다. 비록 개혁개방을 하였지만 실제적인 경제개혁은 미비하였고 정치개혁은 전혀 이루어지지 않았다. 이러한 상황 속에서 1989년 정치개혁과 적극적인 경제개방을 요구하는 톈안먼 사건이 발생하였다. 중국 공산당은 동구권이나 소련처럼 공산주의 체제가 와해되는 것을 막기 위해 애국주의 교육이라는 이름으로 사상정치 교육을 실시하였다. 분노청년은 이러한 애국주의 교육의 영향으로 1990년대 중후반 등장한 집단을 말한다.

그런데 시기를 달리하는 홍위병과 분노청년은 많은 면에서 공통점을 가지고 있다. 중국 연구자들은 "분노청년의 폭력적인 민중운동은 실제로 의화단 정신의 현재 판본이며 홍위병의 행위가 21세기에 재현된 것"[22]이라고 한다. 46페이지 표는 홍위병과 분노청년을 비교한 것이다.

홍위병은 학생이 중심이었으며 분노청년은 20~30대 젊은이가

1966년 10월 신중국 건국 17주년 기념 접견에서
마오는 홍위병에 둘러싸여 있다. 홍위병들은 기쁜 얼굴로 《마오 주석 어록 》을 들고
마오를 보고 있지만 마오의 얼굴은 오히려 슬픈 듯이 보인다.[23]

• 농촌에서 재교육을 받고 있는
  지식청년들이 군가를 높이 부르며
  작업장으로 향하고 있다.[24]

•• 1976년 사망한
  마오의 모습이다.

••• 베이징의 홍소병紅小兵들이
  마오 주석의 지도를 기억하고
  무산계급 혁명사업의
  후계자가 되기로 결심하며
  우는 장면이다.[25]

중심이다. 홍위병은 중고등학생이 중심이고, 분노청년은 대학생이거나 대학 학력을 가진 이들이 많다는 점에서 차이가 난다. 홍위병은 직접적인 행동으로 자신의 의사를 표현했다면 분노청년은 인터넷을 주요 수단으로 하고 있다는 점도 차이점이다.

홍위병과 분노청년은 교육을 통해 특정한 사고를 교육받은 청년집단이라는 공통점이 있다. 홍위병은 정치사회화 교육, 분노청년은 애국주의 교육을 받았다. 홍위병의 사상적 무기는 사회주의 이론이고, 분노청년의 사상적 무기는 애국주의다. 이들은 교육받은 사상에 따라 적을 찾아내고 감시하고 폭력적인 공격을 가한다. 차이가 있다면 홍위병의 주 공격 대상은 자산계급이고, 분노청년의 주 공격 대상은 외국이라는 것뿐이다.

그러나 이들 두 집단을 아우르는 가장 강력한 사상적 무기가 있었으니 그것은 바로 중화주의다. 홍위병과 분노청년은 모두 서양을 폄하하고 비판하며 중국이 세상의 중심이 되어야 한다고 한다. 반외세 정서는 외국인에 대한 폭력이나 외국 물건 파괴로 나타났다.

홍위병의 주요 공격 대상은 자산계급이었지만 역시 맹목적인 배외 정서를 보여주었다. 마오가 추진한 각종 운동과 혁명은 모두 중국을 세계의 중심으로 놓고자 한 중화주의에서 출발했다. 마오는 중화주의와 반제국주의를 동력으로 삼아 홍위병을 동원했다. 1970년 5월 20일 베트남 전쟁 당시 마오는 "전 세계 인민이 단결해 미국 침략자와 그의 사냥개를 때려잡자"라는 제목으로 성명을 냈다.[26] 마오의 명을 받은 홍위병은 "우리는 국내 정치무대

홍위병과 분노청년의 공통점과 차이점

주제		홍위병	분노청년
신분		학생	20~30대 젊은이
표현 수단		대자보	인터넷
목적		사회주의 이상국가 실현	세계 지배
정치권의 이용		마오쩌둥에 이용당함	공산당에 이용당함
분노	대상	자산계급, 서양 자본주의	중국을 제외한 모든 나라
	파괴	자산계급	외국 상점, 외국인
	전통문화에 대한 태도	봉건 미신으로 인식하여 파괴	문화유산으로 보호
	자국민에 대한 증오	자산계급과 서양 자본주의 관련자	애국하지 않는 중국인
	쇄국 여부	쇄국	급진 좌파 분노청년은 쇄국 주장
영웅 의식	영웅 의식	혁명 전사	애국자
	지도자의 지지	마오쩌둥	공산당
	극단성	자산계급과 프롤레타리아의 극단적 대립관계 설정	중국과 외국의 극단적 대립관계 설정
	폭력성	행동 폭력	인터넷상의 폭력과 행동 폭력
	잔혹성	매우 잔혹	잔혹
	훈계와 징벌	수정자본주의자에 대한 훈계와 징벌	중국에 불리한 주장을 하는 중국인이나 외국인에 대한 훈계와 징벌
	죄의식이 없는 이유	- 반란은 정당하다造反有理 - 혁명 무죄	- 애국은 정당하다愛國有理 - 애국 무죄
교육	교육 정도	중고등학교	대학교
	사상 교육	정치사회화 교육	애국주의 교육
	증오 교육	자산계급과 자본주의에 대한 증오 교육	자본주의와 제국주의에 대한 증오 교육
	희생 교육	마오쩌둥에 대한 희생 교육	국가(공산당)에 대한 희생 교육
	독립적 사고	불가능	불가능
	교육 원인	대약진운동 실패	톈안먼 사건 발생
	교육 목적	마오쩌둥의 권력 강화	공산당의 권력 강화
종교성	숭배 대상	마오쩌둥	국가(공산당), 시진핑 주석의 개인숭배 시도
	사상적 무기	공산주의, 중화주의	애국주의, 중화주의
	절대적 믿음	사회주의	중국
	광신적 숭배	종교화된 마오쩌둥 숭배	종교화된 중국(공산당) 숭배

에 등장해 반란을 일으킬 뿐만 아니라 국제무대에서도 반란을 크게 일으킬 것이다"라고 했다. 분노청년의 핵심 이데올로기도 중화주의로 외국과 마찰이 있을 때면 불매운동을 하고 그 나라 물건을 훼손했다.

홍위병과 분노청년은 모두 강한 중화주의 정신을 가지고 있다는 공통점이 있다. 그러나 전통문화에 대한 태도에서 차이가 난다. 마오는 중국이 소련을 제치고 사회주의권의 영수가 되는 것을 목표로 하였기 때문에 비사회주의적 요소인 전통문화를 파괴하였다. 분노청년은 중화주의를 강조하는 애국주의 교육을 받았기 때문에 전통문화를 중시한다. 비록 전통문화에 대한 태도에서는 차이가 나지만 중국이 세상의 중심이며 세상을 이끌어야 한다는 점에서는 일치한다.

자국민 중에 매국노와 부역자를 색출해 징벌하는 것도 공통점이다. 홍위병은 서양과 관련된 이들을 수정자본주의자라 해 징벌했다. 분노청년도 서양이나 일본에 긍정적인 평가를 하면 부역자, 주구, 매국노, 이모자二毛子, 가짜 서양귀신假洋鬼子이라고 비난한다. 이모자는 동북지역 사람 중 러시아인의 혈통이 섞인 사람을 지칭하던 용어로, 청나라 말에는 천주교 신자나 서양인을 위해 일하는 사람을 지칭했다.

이들은 모두 지도자에 의해 정치적으로 이용되었다. 홍위병은 대약진운동의 실패로 정치적 위기에 몰린 마오가 당권파로부터 권력을 빼앗아 오기 위해 이용했다. 분노청년은 공산당이 톈안먼

• 홍위병이 상하이 난징로南京路 상점의
서양식 이름을 떼어내고
새로운 이름을 붙이는 장면이다.

•• 문화대혁명 시기 미국 비행기를 격추한 후
군인들이 미 제국주의의 침략을
성토하는 대회 모습이다.[27]

사건으로 위기에 직면하면서 분노를 외국으로 돌리기 위해 이용했다.

이들은 모두 자신들이 중국을 구할 영웅이라 생각했다. 홍위병은 자신들을 자본주의로 가는 모든 구멍을 틀어막아 이상적인 사회주의 국가를 건설하고자 하는 혁명전사라 생각했다. 분노청년은 중국에 불이익을 주는 모든 나라를 타도하고 중국 중심의 세계질서를 만들 역사적 사명을 띤 애국청년이라 생각한다.

그리고 이들은 모두 광신적 종교인의 특징을 가지고 있다. 절대 믿음에 대한 절대 순종과 악마에 대한 광신적 증오를 보인다. 홍위병은 마오의 사상을 무기로 자산계급을 징벌했다. 분노청년은 애국을 무기로 모든 외국을 악마화하고 있다.

홍위병과 분노청년은 서양 자본주의가 중국을 망치려 한다는 음모론을 깊이 믿고 있다. 문화대혁명 시기 서양 자본주의가 화평연변和平演邊으로 중국 사회주의를 와해시키려 한다며 혁명에 박차를 가했다. 화평연변은 사회주의 체제를 평화적 방법으로 자본주의 체제로 변혁시키려는 전략을 말한다. 분노청년 또한 서양 자본주의가 화평연변을 통해 중국 사회주의를 와해시키려 한다고 주장한다. 초기 신좌파와 급진 좌파 분노청년은 외국을 배척하여 개혁개방 정책을 중지하고 쇄국 상태로 돌아가자고 주장하였다. 중국이 가입한 국제기구는 물론 서구와의 경제, 문화 등 각종 교류와 합작은 필요없다고 하였다. 둘 다 서양 자본주의에 대한 불신과 두려움을 가지고 있다.

홍위병과 분노청년은 폭력적인 방법으로 교육과 훈계를 한다는 점에서 공통점이 있다. 어린 나이의 홍위병들은 어른들을 훈계조로 가르치고 마오에게 용서를 빌라고 했다. 초기 홍위병은 중학생 중심으로 이들은 자신의 선생님들을 심판했다. 분노청년도 외국인이나 자신과 견해가 다른 내국인들에게 중국을 대표해 훈계하고 징벌을 가한다. 심지어는 20대 젊은이가 칠순 노인의 따귀를 때리며 훈계하는 일이 벌어지기도 했다.

홍위병과 분노청년은 자신들의 폭력적인 행위는 죄가 되지 않는다고 말한다. 애국자의 영웅적인 행동은 죄가 될 수 없다고 믿기 때문이다. 더군다나 당시 지도자의 지지를 받았으니 어떠한 폭력적인 행위도 범죄가 될 수 없었다. 홍위병은 마오 주석의 지지가 있었다. 분노청년은 표면적으로 드러나지는 않지만 공산당의 지지가 있다. 홍위병은 "혁명 무죄"라 외쳤고, 분노청년은 "애국 무죄"라 외치고 있다.

홍위병과 분노청년은 일란성 쌍둥이라 할 정도로 닮았다. 원인은 중국 사회가 홍위병 문제를 제대로 청산하지 않았기 때문이다. 문화대혁명이 끝난 후 중국공산당 중앙위원회는 1년 넘게 토론을 거친 끝에 1981년 7월 공식 결의문을 발표했다. 내용을 보면 "마오의 업적은 우선 평가해야 하며 실책은 부차적이다. 그 비율은 업적이 7이라면 실책은 3이다"라고 했다. 이 문서에서 문화대혁명의 원인을 린뱌오와 사인방 탓으로 돌리고 마오에 대해서는 면죄부를 주었다. 이로써 문화대혁명에 대한 평가는 제대로 이루어지지 않고 종결되었다. 당연히 홍위병에 대한 평가와 비판도 이루어지지 않았다.

홍위병에 대한 평가의 부재는 21세기 판 홍위병의 등장으로 이어졌다. 애국주의 교육은 공격 대상만 자산계급에서 외국으로 바뀐 21세기 판 정치사회화 교육이다. 애국주의 교육이 실시되자 문화대혁명의 이론적 잔재는 쉽게 점화되어 분노청년으로 부활하였다. 마오가 홍위병에게 "직접 경험한 것과 인식한 것을 자손에게 알려주어 대대로 전하라"라고 한 주문이 마법을 부린 것이다.

자유주의파 지식인의 몰락

분노청년은 1990년대 중후반 등장하여 2000년대 극성을 부렸다. 이들의 폭력성은 도를 넘어섰고 인터넷 공간을 벗어나 현실에서도 각종 시위를 하였다. 중국 정부는 극단으로 치닫는 분노청년의 행동이 애국의 범주를 넘어섰다고 판단했다.

《랴오왕둥팡주간瞭望東方周刊》[28], 《난팡두스보南方都市報》[29], 《광밍일보光明日報》[30], 《난두주간南都周刊》[31] 같은 신문은 각종 특집 기사를 냈다. 이들 신문은 분노청년의 실제 생활을 중심으로 관찰한 후에 "분노청년의 민족주의는 병적인 민족주의이며 국가와 민족에 위험을 초래할 것"이라고 경고했다.

분노청년에 대해 가장 맹렬하게 비판한 그룹은 자유주의파 지식인들이었다. 이들은 각종 서적과 칼럼, 학술논문을 통해 분노청년을 비판하였다. 우자샹吳稼祥, 장위안산張遠山, 옌례산鄢烈山, 랴오바오핑, 러산樂山, 한한韓漢과 같은 중국 내 저명한 학자와 칼럼니스트, 블로거, 작가 등은 병적인 민족주의는 비이성적 사고의 산물이라는 데 의견의 일치를 보고 이성적 민족주의를 호소했다. 이들은 분노청년이 애국을 자신들의 전유물로 만들었으며, 애국주의는 애국을 무기로 깡패짓을 하는 부랑자의 최후의 피난처라고 격렬하게 비판했다.

랴오바오핑은 분노청년에 대해 가장 적극적으로 비판한 사람 중 한 명이다. 그는 "분노청년을 만나 본 사람들이라면 그들의 목에 번쩍번쩍 빛나는 애국이라는 목걸이가 걸려 있는 것을 볼 수 있다. 자신과 다른 의견을 낸 동포의 살가죽을 벗기고, 앞다투어 그 고기를 먹는 사람은 폭도와 마찬가지로 문화대혁명의 유풍이 있어 정말 두렵게 한다"[32]고 했다. 그는 분노청년의 인격 분열은 분노청년만의 문제가 아니라 중국 사회의 종합적인 징후가 개인에게 나타난 것이라고 했다.[33] 즉, 중국 사회 전체가 병들어 있다는 것이다. 그는 아큐의 정신승리법이 중국 국민들 몸에 뿌리내렸는데, 특히 분노청년이 그러하며 분노청년의 민족 허영심은 정신 승리가 아니라 정신 마비라고 했다. 그는 탄식한다. "이렇게 졸렬한 민족으로 조성된 국가가 있단 말인가?"

랴오바오핑은 분노청년이 되기 위한 조건을 다음과 같이 제시했다.[34]

하나, 머리는 충분히 녹슬고 논리는 충분히 부족해야 한다. 머리가 좋은 사람은 생각을 하기 때문에 논리를 찾게 되어 진리를 숨길 수 없어 분노청년이 될 수 없다.

둘, 정보로부터 폐쇄되어 있어, 가짜 정보인지 진짜 정보인지 알지 못해야 한다.

셋, 피는 충분히 뜨겁고 이성은 충분히 부족해야 한다.

넷, 입은 구린내로 진동하고, 사람에 대해 욕을 할 때는 충분히 악독해야 한다.

다섯, 사람 됨됨이는 충분히 천박하고, 법에 대해서는 아는 것이 없어 애국이라는 이름으로 법과 인권을 능욕해야 한다.

위의 내용을 정리하면 분노청년이 되기 위해서는 독립적인 사고를 하지 못하고, 사고방식은 비이성적이어야 하고, 인격은 천박하고 언어는 저속하고 행동은 폭력적이어야 한다. 이러한 상황을 반영한 듯 인터넷에는 분노청년을 조롱하는 다양한 용어들이 있다.

분노청년을 비웃는 용어 중 가장 많이 사용되는 것은 똥청년이다. '똥청년糞靑'의 '분糞'은 '똥'이라는 의미이고 '청靑'은 '젊은 이'라는 뜻이다. 똥청년은 책임을 지지 않고 세상에 대해 둔감한 심리적 기형의 청년들로 사람들은 이들을 '사회의 쓰레기'라고 한다. 이러한 의미에서 '똥[糞]'자와 연계되었다.[35] 분노청년의 약자인 '분청憤靑'을 중국어로 '펀칭'이라 부르는데, 똥청년을 의미하는 '분청糞靑'도 발음이 '펀칭'이다. 발음이 같고 의미에서 연상되는 점이 일치하기 때문에 '분청糞靑'은 어법적으로는 맞지 않지만 인터넷에서 많이 사용된다.

중국의 저명한 문화비평가인 장훙張閎은 똥청년이라 부르는 이유를 다음과 같이 말한다. "현재 분노청년을 똥청년이라고 부르는 것은 이들이 맹목적이고, 우매하며, 비이성적이고, 무책임한 언행을 지적한 것이다. 똥청년의 극단적이고 난폭한 정서는 이미 병적인 단계에 이르렀다. 이들은 히스테릭하게 미쳐서 소리 지를 뿐이다. 만약 이것이 정신병이 아니라면 수치심이 없는 것이다. 분노청년은 이미 부랑자의 대명사가 되어 의미가 다시 바뀌기는 어렵다."[36] "분노청년은 입에 똥이 가득 찬 똥청년이 되었고, 인터넷에서 욕을 해대는 비이성적인 집단이 되었다."[37]

똥청년만큼 많이 사용되는 것이 애국도둑愛國賊이다. 애국도둑은 애국을 도둑질했다는 의미로 분노청년이 애국주의를 자신들의 전유물로 생각하기 때문에 붙여진 이름이다. "이들은 중국인에게 애국이라는 '정신을 잃게 하는 약迷魂湯'을 주입해 사람들의 주머니를 털려는 자들이다."[38] 분노청년은 1990년대 애국주의 교육을 받은 이들로 애국을 완전히 소유했으며 이들에 의해 애국자와 매국노가 판가름 난다.

평화 거간꾼和平販子이라는 말도 있는데 인터넷에서 출현한 신개념으로 가짜 인도주의자, 가짜 평화주의자라는 뜻이다. 이외에도 이들을 가리키는 다양한 용어가 있다. 백치白癡, 약지弱智, 우민愚民, 폭민暴民, 무지無知, 무치無恥, 무외無畏, 소비해小屁孩, 의음벽

意淫群, 사회하층社會下層, 쇼에 의기투합하는 자, 인터넷 부랑자와 같은 말이 쓰인다.[39]

약지는 정신박약아라는 뜻으로 백치, 약지, 우민, 무지와 함께 모두 전문적인 지식이 없음을 지적한 것이다. 폭민은 폭력적인 특성을 지적한 것이고 무외는 폭력적인 행동을 취함에 두려움이 없음을, 무치는 자신의 행동에 대한 반성과 부끄러움이 없음을 지적한 것이다. 소비해는 오줌싸개, 조무래기라는 뜻으로 분노청년이 대부분 20대의 젊은이들로 세상 경험이 부족하고 사회에서 고생을 하지 않았음을 지적한 것이다. 의음벽은 원래 중국 소설

애국도둑[40]

첫 번째 그림에서 한 남자가 복면을 쓰고 도둑질을 하러 나가려 하자 다른 남자가 복면을 쓰고 나가는 것은 위험하다고 말한다. SB는 인터넷상의 용어로 '바보'라는 뜻이다. 두 번째 그림에선 결국 두 사람이 애국을 머리에 두르고 나가 칼과 망치를 들고 강도짓을 한다.

《홍루몽》에 나오는 말로 자신이 얻지 못한 것을 상상을 통해 얻음으로써 심리적으로 위안을 받는 것을 말한다. 분노청년을 의음벽이라고 부른 이유는 이들의 애국주의가 허망한 환상에 의존하고 있음을 비꼰 것이다. '쇼에 의기투합한 자'라고 한 것은 그들이 정부에 유리한 애국주의를 하여 이득을 취하고 있음을 말하는 것이다. 인터넷 건달은 인터넷상에서 자신과 견해가 다른 사람들에게 무자비한 공격을 하기 때문에 붙여진 이름이다.

분노청년의 폭주를 막는 데 전력을 다했던 자유주의파 지식인 그룹은 중국 정부의 제재를 받고 2010년대 이후 소멸의 길을 걷게 된다. 그들이 비판한 대상이 분노청년만은 아니었기 때문이다. 이들은 2000년대 인터넷에서 관방의 주류 이데올로기를 비판하고 민주화를 이끌었다. 자유주의파 지식인은 2004년 《난팡런우주간南方人物周刊》에서 "중국의 영향력 있는 공공지식분자公共知識分子 50명"을 선정하면서부터 공공지식분자라 불리게 되었다. 중국에서 공공지식분자는 정부에 다른 의견을 가진 사람, 자유파 인사, 민중의 생활에 관심이 있는 자, 인권투사 등을 총칭하는 말이다. 공공지식분자는 "마르크스주의 이데올로기의 지도적 지위에 충격을 주었으며, 공산당과 정부의 형상을 부정적으로 만들어 인민정부와 인민군중이 대립하게 하였으며, 청년의 정확한 세계관, 인생관, 가치관 형성에 영향을 미쳐 마르크스주의 지도사상과 사회주의 제도를 부정하였다"[41]라는 비판을 받았다.

공공지식분자에 대해 처음 부정적인 인식이 등장한 것은 2009

년 혹은 2010년경이며, 2011년 이후에는 폄하하여 공지公知라고
불렀다. 공공지식분자가 몰락하게 된 이유는 일부 공공지식분자
의 도덕적 문제도 있고, 가짜 공공지식분자가 설치면서 부정적인
이미지를 만든 것도 있다. 그러나 가장 중요한 이유는 중국 관방
이 인터넷 검열을 통해 공공지식분자를 몰락시켰기 때문이다.

중국 정부는 인터넷 검열과 관방매체를 이용해 공공지식분자,
즉 자유파 지식인의 생존공간을 좁혀갔다. 2012년 18대 전국대
표대회 이후 인터넷에 대한 검열이 시작되었는데, 본격화된 것은
2013년 8월 19일 시진핑 주석이 전국선전사상공작회의全國宣傳思
想工作會議에서 8·19연설을 한 이후다. 연설에서 시 주석은 "인터
넷 다브이大V에 대한 관리와 지도가 필요하다. 인터넷 사회를 법
치 영역으로 끌어들여 유언비어를 만들고 전파하는 자들을 징벌
하여 사람들이 진실한 정보를 획득하고 다양한 관점을 표현할 수
있도록 보호해야 한다"라고 하였다. 다브이는 중국의 유명 사이
트에서 여러 명의 팬들을 거느린 인플루언서를 말한다. 이후 저
명한 "다브이들이 인터넷에서 유언비어를 퍼뜨리고, 타인을 비방
하거나 욕설을 하고, 사회질서와 국가이익에 위해가 되는 발언을
하였다"는 이유로 법률의 제재를 받았다. 정부는 리얼차이쓰立二
拆四, 친휘휘秦火火, 쉐만쯔薛蠻子와 같은 유명한 다브이를 유언비
어 유포죄, 비방죄, 공공질서 문란죄로 구속하였다. 이러한 과정
에서 자유파 지식인의 인터넷 활동은 제약을 받게 되었다.

이후에도 중국 정부는 인터넷 검열을 강화하는 각종 규정을 계

속적으로 제정하였다. 2014년 〈법치의 전면 추진全面推進依法治國〉, 2015년 〈인터넷 사용자 계정 관리 규정互聯網用户賬號管理規定〉과 〈국가안전법國家安全法〉, 2016년 〈인터넷 안전법網絡安全法〉을 제정하였다. "이들 규정은 소셜미디어에서 '발언 금지禁言', '평론 금지禁評', '전달 금지禁轉'하는 3금三禁 정책을 취하여 평론을 제한하였다. 웨이보에서는 감시가 매우 엄격해져 법률에 저촉되지는 않지만 적당하지 않다고 생각되는 내용은 평론을 금하거나 삭제하는 등 조치가 취해졌다."[42] 2017년에는 〈인터넷 댓글 서비스 관리 규정互聯網跟帖評論服務管理規定〉을 제정하여 댓글을 달 때 실명과 정보를 등록하도록 하였다.

인터넷 검열 강화와 함께 관방매체는 사설을 통해 자유파 지식인을 공격하였다. 2012년 9월 《런민일보》는 〈관점의 다양성이 아무 말이나 하는 것을 의미하지는 않는다'觀點多元'也不應'胡言亂語'〉라는 사설에서 "웨이보에서 활동하는 공공지식분자는 지식인이 마땅히 가져야 할 책임과 양심을 저버렸다. 모든 결론은 정부는 도덕성을 잃었으며, 신뢰가 없고, 악행을 저지른다고 한다. 이들은 역사의 어두운 면, 지도자의 추문을 의도적으로 조작하고 편집하여 진실과 가짜를 구분하지 못하게 한다. 이들은 대중을 위해 외친다고 하지만 사실은 대중을 선동하고 미혹시키고 있다. 이들은 세상이 혼란스럽지 않은 것을 두려워한다. 이들의 허튼소리는 사회에 무익할 뿐만 아니라 해롭다"[43]라고 비판하였다.

2014년 5월 《환치우시보環球時報》는 "〈공지는 중국 지식인을 대표할 수 없다公知代表不了中國知識分子〉라는 제목의 사설에서 "일부 공지는 개인과 자기집단의 이익을 추구하기 위한 행위를 공공의 이익을 보호하기 위한 것이라고 하는데, 점점 의문이 많아지고 있다"[44]라고 하여 대중의 의심을 불러일으켰다. 관방매체는 공공 지식분자를 '공지'라 약칭하고, '냄새 나는 아홉 번째 놈臭老九', 매국노漢奸, 사류분자四類分子라는 말을 사용해 그들의 이미지를 오염시켰다. '냄새 나는 아홉 번째 놈'은 지식인이라는 뜻이다. 문화대혁명 시기 사람들이 싫어하는 아홉 종류의 사람이 있었는데 지식인이 아홉 번째 위치하였기 때문에 지식인을 의미하게 되었다. '사류분자' 역시 문화대혁명 시기 유행했던 말로 지주, 부농, 반혁명분자, 악질분자를 말한다.

《신화사》와 《런민일보》 등 관방매체의 자유파 지식인에 대한 부정적인 보도는 다른 주류 매체의 판단에 커다란 영향을 미쳤으며 전체 사회 여론을 이끌어 자유파 지식인은 대중의 의식에서 부정적인 존재로 자리매김하게 되었다.

자간오自干五는 자유파 지식인과 투쟁하는 과정에서 유명해졌다. 자간오는 2011년 블로거 뎬쯔정点子正과 우파톈吳法天 등이 만든 유언비어 방어 조직인 피야오롄멍辟謠聯盟에서 시작되었다. 피야오롄멍은 "사건의 진상을 설명하고 유언비어를 반박하는 연맹"이라는 뜻이다. 뎬쯔정의 본명은 정둥훙鄭東鴻으로 신화사新華社 랴오닝遼寧 지국에서 22년간 근무하였다. 뎬쯔정이 신화사 기자이고 피야오롄멍의 게시물이 주류 이데올로기를 옹호하였기 때문에 사람들은 그를 우마오五毛라고 불렀다. 이에 덴쯔정은 "어떤 사람이 나에게 '우마오냐'고 물어보았는데 만약, 내가 우마오라면 '스스로 비상식량을 휴대한 우마오自帶干粮的五毛'라고 하였다."[45] 사람들은 이 말이 재미있다고 생각하여 자간오自干五라 줄여 불렀다.

우마오는 중국돈 우마오五毛를 받고 댓글을 다는 친정부 댓글부대를 말한다. 처음 시작된 것은 2004년 창사시위원회長沙市委員會 대외선전사무실對外宣傳辦公室에서 인터넷 논설위원을 고용하면서부터다. 이들은 단순히 댓글만 단 것이 아니라 인터넷 게시판을 뒤져 정부에 도움이 되지 않는 내용을 찾아내어 애당 관점에서 반격하였다. 이들의 업무가 효과를 발휘하자 여러 학교와 정부기관에서 인터넷 논설위원을 선발하였다. 덴쯔정은 스스로를 "정부를 위해 일하는 우마오지만 돈을 받고 하는 것이 아니라 스스로 원해서 하는 것"이라는 의미로 자간오라 하였다.

자간오는 주로 1970~1980년대 출생한 이들로 정부 관리와 그 가족이 가장 많은 수를 차지하였다. 당시 각급 정부는 간부와 그 가족들에게 자간오 대오에 참여하여 인터넷에서 당과 정부를 수호하고 투쟁하도록 요구하였다고 한다. 자간오의 주공격 대상은 자유파 지식인이었다. "바이두百度 인터넷 게시판에는 '공지바公知吧가 있는데 이는 공지의 관점을 전파하는 것이 아니라 공지를 욕하는 공간이다. 매 사건 이후 네티즌들은 공지의 발언 내용을 정리하여 올리고 다른 네티즌들이 조롱할 수 있게 하였다. 네티즌 입장에서 볼 때 공지의 발언은 생활에 활력을 주는 오락상품이며

憤怒
靑年

심지어는 조롱을 받는 불량품이기도 하였다."[46] 점점 더 많은 네티 즌들이 자간오 주변에 몰려들었고 영향력은 점점 더 커졌다.

2014년 10월 15일 시 주석은 문예공작좌담회文藝工作座談會에서 유명한 자간오인 저우샤오핑周小平과 화첸나이花千乃를 접견하고 인터넷에서 긍정적인 힘을 발휘할 것을 독려하였다. 시 주석의 접견은 자간오에 대한 최고의 '인정'으로 이때부터 자간오는 인터 넷에서 가장 영향력 있는 집단이 되었다.

좌담회 이후《광밍일보光明日報》,《제팡쥔보解放軍報》,《환치우 시보》등 공산당 매체는 관련 소식을 전하고 사설도 게재하였다. 2014년 11월 15일《광밍일보》는 자오스빙趙士兵의〈자간오는 사 회주의 핵심 가치관의 확고한 실천자自干五是社會主義核心價値觀的堅 踐行者〉라는 제목의 사설을 게재했다.[47] 사설에서 자오스빙은 "공 지는 현실 사회의 어두운 면을 찾아 무한대로 증폭시키고 몇몇 서양인들의 말을 인용해 인터넷에서 떠들고, 눈 뜨고 허튼소리를 하며, 사회와 정부의 잘못을 꼬집는 이들이다. 자간오는 스스로 사회의 긍정적인 에너지를 자청하고 중국 발전에 힘을 쏟는 네티 즌으로 중국 인터넷 공간이 깨끗해지려면 더 많은 자간오가 나와 사회의 진보를 이끌어야 한다"라고 하였다.

3일 뒤 쉬란徐嵐은 런민왕人民網 사설[48]에서 다음과 같이 말했다. "공지가 발언권을 독점했기 때문에 자간오가 출현하였다. 이들은 공지를 비판했기 때문에 우마오라는 꼬리표가 붙었으나 자간오 는 돈을 받고 정부를 위해 말을 하는 사람들이 아니라 객관적이고 이성적인 각도에서 사회문제를 판단하는 이들이다. 따라서 자간오는 인터넷에서 긍정적 에너지를 전파할 책임이 있다." 두 사람의 주장을 요약하면 자유파 지식인의 인터넷 활동을 자간오가 제압하라는 것이다.

자간오는 자신들이 정부의 돈을 받지 않았기 때문에 민간조직이라고 한다. 그러나 주로 관리와 그 가족들이 핵심 멤버이고, 시 주석의 접견과 격려를 받고, 관방매체가 대대적으로 지원한 것을 보면 이들은 중국 정부를 위해 길을 쓸어준 노예였음을 알 수 있다.

중국 정부의 인터넷 검열 강화, 관방매체의 부정적 이미지 덧씌우기, 자간오의 공격으로 자유파 지식인은 소멸하였다. 이들은 "하루 종일 국가와 사회를 헐뜯고, 풍자하고 조롱하지만 아무런 건설적인 제안을 하지 않는 사람들이라는 의미를 갖게 되었다. 민주, 자유를 말하면 공지가 되었다."[49] 이들은 가짜 지식인의 대명사로 '양심이 없는 사람無良', '정신지체腦殘', '친미반중 세력에 고용된 사람美分', '이익을 위해 다투는 사람追逐利', '동정심이 결핍된 사람缺少同情心', '연구는 안 하고 큰 소리만 치는 사람磚家'이라고 불리게 되었다. 자유파 지식인은 2013년 8월을 경계로 인터넷에서 영향력이 사라지기 시작하여 2016년 완전히 사라졌다.

시진핑 주석의 친위대, 소분홍

자유파 지식인이 몰락함에 따라 자유파 지식인을 공격하기 위해 등장한 자간오의 존재 의미도 퇴색하기 시작했다. 2016년 이후 인터넷에서 자유파 지식인과 전쟁이 가라앉고 조직 내 파벌 간의 대립이 심화됨에 따라 자간오는 소멸하였다.

최근에는 인터넷 애국청년 조직인 소분홍小粉紅과 청년 마르크스주의 조직인 소청마小青馬가 왕성하게 활동하고 있다. "소분홍과 소청마의 정치적 태도는 기본적으로 일치하며 인적 구성에 있어 겹치는 부분이 많다. 둘의 가장 큰 차이점은 소분홍은 인터넷에서 주로 활동하고 소청마는 현실생활에서 활동한다는 것이다. 현재 소분홍과 소청마의 숫자가 얼마인지 통계는 없으나 이 두 단체가 점점 방대해지고 있다는 것은 사실이다."[50]

소분홍의 소小는 '어리다', 분粉은 '여성', 홍紅은 붉은 마음으로 당과 국가, 지도자를 사랑한다는 뜻이다. 소분홍이 처음 등장한 것은 진장원쉐청晉江文學城 사이트로 홈페이지 색깔이 분홍색이기 때문에 소분홍이라 불렀다. 진장원쉐청은 한국과 일본 유학생 모임으로 여성이 대부분을 차지했다. 원래 진장원쉐청은 정치에 관심이 없던 집단이었는데 어느 날부터 정치적 발언이 많아지더니 진장우국소녀단晉江憂國少女團이란 이름으로 등장하였다. 후에 이들은 진장원쉐청을 나와 웨이보를 점령하기 시작했으며 점점 전체 인터넷으로 확산하였다.

소분홍이 중국에서 가장 강력한 인터넷 집단이 될 수 있었던 것은 중국 정부가 소분홍 조직 형성에 긴밀히 관여했기 때문이다. 연구에 의하면 "소분홍은 러시아 정부가 2005년부터 2013년까지 운영한 청소년 조직인 나쉬Nashi(Наши)를 모방해 만든 것이라고 한다. 러시아 정부는 반푸틴 세력을 진압하기 위해 나쉬를 조직하였는데, 이들은 러시아 관방보도를 지지하고, 서양 자본의 탐욕과 부패를 척결하고, 국내 관료의 통치에 복종하고 숭배하며, 국내 정치체제를 숭상하고 찬양하였다"[51]고 한다.

소분홍의 기원은 2008년 베이징올림픽으로 소급된다. "중국 공청단은 2008년 베이징올림픽 당시 청년 자원봉사자를 모집하였는데 올림픽이 끝난 후에도 계속 모집하였다. 2015년 공청단중앙共靑團中央은 인터넷 여론장에 백만 명에 이르는 청년 자원봉사자를 조직하였다."[52] "2016년 11월 25일 공청단중앙과 '중공중앙 인터넷 안전과 정보화 위원회中央網信辦'는 '중국 청년, 좋은 네티즌中國靑年好網民'이란 주제로 교육활동을 실시하여 더 많은 네티즌이 소분홍 대오에 가입할 수 있도록 하였다."[53] 2015년에서 2016년에 이르는 사이 중국 정부는 소분홍 조직을 완성하였다.

소분홍은 1990년대 이후 출생한 남성 고학력자가 많다. 2019년 연구에 의하면 "남성이 71.42퍼센트이고 여성이 28.58퍼센트다. 나이는 1990년 이후 출생한 20대가 대부분이며, 직업은 학생이 50퍼센트로 가장 많다. 학력은 석사 이상이 35.71퍼센트, 대학 졸업이 37.14퍼센트, 전문대가 17.14퍼센트, 고등학교 졸업이 8.57

퍼센트, 중학교 졸업이 1.43퍼센트, 초등학교 졸업자는 없다"[54]고 한다. 초기 소분홍의 주력 부대는 여성이었으나 지금은 남성으로 바뀌었다. 소분홍은 1990년대 출생한 이들로, 태어나면서부터 애국주의 교육을 받아 뼛속까지 세뇌된 이들이다. 분노청년이 초등학교나 중학교 때부터 애국주의 교육을 받은 것과 차이가 난다. 그리고 소분홍이 분노청년과 또 다른 차이점은 고학력자가 절대다수를 차지한다는 것이다. 분노청년도 대학 이상의 학력자가 많았으나 초등학교와 무학자도 많았다. 그런데 소분홍은 대학 이상 졸업자가 73퍼센트이며, 특히 주목되는 것은 석사 이상이 37퍼센트를 차지한다는 것이다.

중국 정부는 소분홍을 조직함과 동시에 영상물을 통한 애국주의 교육도 강화하였다. 소분홍이 가장 많은 영향을 받은 작품은 군사마니아이며 자간오인 니광페이싱逆光飛行이 제작한 애니메이션 〈그해, 그 토끼는 무슨 일이 있었을까那年那兔那些事兒〉(이하 〈그 토끼〉로 줄임)이다. 〈그 토끼〉는 2015년 중국 정부가 실시한 '사회주의 핵심 가치관 애니메이션 지원사업社會主義 核心價値觀 動畫短片 扶持項目'에 선정되었다. "〈그 토끼〉는 애국주의를 선전하였기 때문에 관방으로부터 대대적인 지원을 받았다."[55] 2015년 3월 각종 대형 동영상 사이트에서 방영하기 시작하여 현재 시즌 5까지 방영했다.

"2020년 4월 〈그 토끼〉는 중국 최대 오락동영상 사이트인 비리비리吥哩吥哩에서 누적 조회수가 약 2.54억 뷰이고, 텅쉰騰訊에서는 누적 조회수가 약 1.5억 뷰다."[56] 14억 중국 인구 중 4억이 보았다는 것은 3~4명 중 한 명이 보았다는 것이다. 특히, 〈그 토끼〉의 중요 시청자는 소분홍과 소청마가 많다"[57]고 한다.

〈그 토끼〉의 주인공 토끼는 공산당 또는 중국을 의미한다. 중국말로 토끼를 '투쯔兔子'라 하는데 발음이 동지同志 발음인 '퉁즈'와 유사해 토끼가 공산당을 의미하게 되었다고 한다. 토끼가 중국을 의미하는 이유는 "토끼는 온순한 동물로 먼저 남을 공격하지 않으나, 공격을 받으면 대항하여 싸우는데 이러한 모습이 중국과 닮았기 때문"이라고 한다. 〈그 토끼〉에서 중국은 중화자種花家라고 하는데 '중화민족 대가정'이란 의미의 중화자中華家와 발음이 같아 중국을 의미하게 되었다. 〈그 토끼〉에서 토끼들은 중화자中華家를 위해 열심히 "꽃을 심어 집을 가꾼다種花家."

● 각 나라 동물 캐릭터.
가운데 토끼가 중국이고 왼쪽은 타이완,
오른쪽은 미국이다. 한국과 북한은
맨 뒤쪽에 조그맣게 그려져 있는데
서로에게 주먹질을 하고 있다.

●● 한국군과 북한군. 왼쪽이 북한군이고
오른쪽이 한국군으로 각각 인민모와
철모를 쓰고 있다.

憤怒
青年

세계 각국의 동물 캐릭터는 근대 시기 시국도時局圖를 참고하였다. 미국은 독수리, 러시아는 곰, 영국은 소, 독일은 고양이, 인도는 코끼리, 아프리카 각국은 하마, 중동 각국은 낙타로 표현하였다. 프랑스와 일본은 닭으로 이름과 복식에서 차이가 난다. 타이완은 토끼와 중국어 발음이 같은 투쯔兎子로 하였는데, 그 이유는 중국과 한 국가, 한 민족이기 때문이다. 〈그 토끼〉에서는 한국과 북한만 유일하게 동물이 아닌 몽둥이로 표현하였다. 한국은 '남쪽 몽둥이南棒', 북한은 '북쪽 몽둥이北棒'이라고 한다. 한국과 북한의 차이는 철모와 인민모를 썼다는 것뿐이다. 중국 사람들은 한국인을 욕할 때 일본 앞잡이란 의미로 '가오리방쯔高麗棒子'라고 한다. 가오리방쯔는 '고려 몽둥이'라는 말로 한국과 북한을 몽둥이로 표현하여 조롱과 비하의 감정을 담았다.

〈그 토끼〉는 1840년 이후 아편전쟁, 두 차례 국공합작, 항일전쟁, 한국전쟁, 냉전 시기 발생한 사건에 대한 내용을 담고 있다. 주제는 중화민족이 근현대사에서 당한 고난과 투쟁의 역정을 서술하고 공산당을 중심으로 단결하여 대국몽을 이루자는 것이다. 〈그 토끼〉는 중국 정부가 애국주의 교육에 필요하다고 생각되는 소재들을 다루고 있다. 애국주의 교육의 핵심은 공산당의 업적을 선전하고, 공산당의 영도하에 중국몽을 이루자는 것이다.

한국전쟁은 공산당이 자신들의 업적을 선전하는 데 매우 중요한 소재다. 그 이유는 변변한 무기도 없는 상황에서 세계 최강인 미국을 물리친 것은 중국 공산당의 위대함을 증명하기에 손색이 없기 때문이다.

〈그 토끼〉에서 한국전쟁 관련 내용은 시즌 1에 3개, 번외편에 5개가 있다. 번외편은 한국전쟁 관련 내용 특집이다. 중국 웨이보의 감상평을 보면 〈그 토끼〉에서 가장 눈물이 난 장면은 "동료가 동사한 상황에서도 토끼가 눈물을 훔치며 진군나팔 소리에 미군을 물리친 것"과 "지원군 열사들의 유해를 실은 비행기가 조국으로 돌아올 때 지원군의 영혼이 강대한 조국을 본 장면"이라고 한다. 한국전쟁을 번외편으로 다시 제작한 것은 네티즌의 반응이 좋았기 때문으로 보인다.

〈그 토끼〉의 한국전쟁 관련 내용을 요약하면 다음과 같다. "한반도는 원래 일본이 통치하던 곳으로 일본이 물러간 후 이 씨가 통치하였다. 남쪽 몽둥이는 식당에 가서 음식을 먹고 돈을 내지 않고, 북쪽 몽둥이를 때리고 괴롭혔다. 북쪽 몽둥이는 남쪽 몽둥이를 공격하였다. 남쪽 몽둥이는 독수리에게 도움을 요청하였고, 북쪽 몽둥이는 토끼에게 도움을 요청하였다. 토끼는 장진호 전투와 상감령 전투에서 많은 전사자가 발생하였으나, 최종적으로 승리하였다. 현재 중국인들이 잘 사는 것은 군인들이 조국을 위해 싸웠기 때문으로 감사해야 한다. 항미원조전쟁은 중국이 미제국주의를 물리치고 세계평화를 지킨 전쟁으로, 정신을 계승하여 대국몽을 이뤄야 한다."

그런데 〈그 토끼〉에는 한국과 한국인을 비하하고 한국전쟁을 왜곡하는 내용이 상당 부분 포함되어 있다. 〈그 토끼〉에서 한국은

憤怒
青年

미국을 '아버지'라 부르고, 북한은 소련을 '오빠'라 불러 종속관계임을 드러낸다. 그리고 앞에서 지적한 바와 같이 다른 나라는 모두 동물캐릭터로 묘사한데 반해 한국과 북한은 몽둥이로 표현하여 생명이 없는, 자율적인 선택이 불가능한 존재로 묘사하였다. 이 전쟁에서 전쟁의 주체는 토끼와 독수리가 이끄는 연합군으로, 몽둥이로 표현된 한국군과 북한군은 그저 미국과 중국에 붙어 살려달라고 매달리고 한껏 무시를 당하는 존재로 나온다. 다리도 없이 콩콩 뛰어다니는 한국군과 북한군은 함부로 취급된다. 그리고 국가가 대대적으로 지원한 사업에서 상대국을 모욕하는 용어를 캐릭터로 형상화했다는 것도 놀라운 사실이다.

〈그 토끼〉에서는 한국전쟁의 원인은 남쪽 '괴뢰정권'의 폭력성에 있다고 한다. 〈그 토끼〉에서 이승만 정부를 '이 씨'라고 하여 합법적인 정부로 인정하지 않는다. 한국전쟁 당시 중국은 한국군을 이위군李僞軍이라 하였는데 '이승만 괴뢰정권의 군대'라는 뜻이다. 북한이 한국을 공격한 이유는 괴뢰정권인 '이 씨'가 백성을 착취하였기 때문이다. 위와 같은 구도에 의해 선악과 정의와 불의가 판가름 나게 되었고, 당연히 중국은 정의를 실현하는 역할을 담당하였다. 중국인들은 한국전쟁을 중국이 미제국주의를 물리치고 조국(중국)을 수호하고 세계 평화를 지킨 전쟁이라 생각한다.

직접적으로 표현하지는 않았지만 〈그 토끼〉에서 한국과 북한은 무능하고 수동적인 역할에 머물러 한국전쟁은 미국과 중국의 전쟁, 더 나아가서는 한반도의 주인이 미국 혹은 중국이라는 인상을 주기까지 한다. 그리고 공산당의 업적을 선전하기 위해 지나치게 중국군의 희생을 강조하여 중국인들이 자신들을 피해자라 생각하게 하였다.

〈그 토끼〉의 전반부는 애니메이션을 방영하고, 후반부는 당시 영상을 음악과 곁들여 방영한다. 예를 들면, 토끼가 동사한 장면을 애니메이션으로 방영하고, 후반부에서 실제 동사한 병사들의 영상을 보여주는 방식이다. 또 다른 예를 들자면, 전쟁에서 토끼가 사망한 이야기를 전반부에 방영하고, 후반부에서는 비장한 음악과 함께 중국군 유해를 봉환하는 장면을 방영한다. 이러한 과정을 통해 네티즌은 애니메이션 내용을 가공된 이야기가 아니라 팩트라고 믿게 된다.

최근 방탄소년단이 미국 밴플리트상 시상식에서 한 발언에 중국 네티즌들이 분노했다는 보도가 있었다. 그 이유는 두말할 필요 없이 중국의 왜곡된 한국전쟁 교육과 관련이 있다. 방탄소년단은 "양국이 함께 겪은 고난의 역사와 무수한 남자와 여자의 희생을 기억할 것이다"라고 말하였다. 이에 대해 《환치우시보》[58]는 세계적으로 유명한 아이돌인 방탄소년단이 정치적 발언을 하여 논란을 일으켰다는 점을 지적하고, 다음과 같은 내용을 보도했다.

"'영원히 양국(미국과 한국을 말함)이 함께 겪은 고통의 역사를 기억하겠다'는 표현에 많은 중국 네티즌이 분노하고, 일부 팬은 팬클럽 탈퇴를 표명하였는데, 그 원인은 '나는 중국인이기 때문이다' 또는 '국가존엄과 관련된 일은 절대로 용납할 수 없다'고 하였다. 뿐만 아니라 네티즌은 방탄소년단이 이전에 인터뷰에서 타이완을 하나의 국가로 인정하였다는 내용도 폭로했다."

《환치우시보》의 보도는 사실을 전달하는 형식을 띠었지만 사실은 방탄소년단의 수상 소감을 '정치적 발언'이라 단정하고, 양국을 미국과 한국이라고 자세히 설명해주고, 네티즌이 분노하고 있으며, 심지어 방탄소년단이 타이완을 독립국가로 인정하는 타이완 독립분자라 규정하였다.

한국인은 중국의 언론보도를 접하고 도대체 어떤 부분이 중국의 국가존엄을 훼손한 것인지 알 수 없어 어리둥절했다. 이 부분은 중국 네티즌이 웨이보에서 한 발언을 보면 좀 더 명확해진다. 그들은 "방탄소년단이 한국전쟁 당시 사망한 많은 중국 참전군인에 대한 언급이 없었다", 그리고 "중국 참전군인에 대한 감사의 표현을 하지 않았다"는 점을 들었다. 한국인 입장에서 볼 때 중국군은 적군으로 한국인을 죽였는데, 중국 군인을 위해 애도하고 심지어 감사까지 하라는 주장은 쉽게 납득하기 어렵다. 이와 같이 황당한 발상을 하게 된 이유는 〈그 토끼〉와 같은 왜곡된 애국주의 교육에 있다.

한국전쟁 승리 외에 중국 공산당이 자신들의 위대한 업적으로 강조하는 것은 핵폭탄 실험 성공이다. 다른 동물들이 토끼를 무시하여 토끼는 버섯알蘑菇蛋이 없으면 평화를 지킬 수 없다고 생각하였다. 그러나 독수리는 개발을 하지 못하게 위협하고 곰은 도와주지 않아 토끼는 스스로의 힘으로 개발했다. 이 과정에 많은 과학자들이 사망하였는데 사망하면서 대국몽을 위해 계속 전진할 것을 부탁한다. 토끼가 개발에 성공한 버섯알은 핵폭탄이다.

대국몽에 대한 이야기는 단독 작품으로 만들지는 않았으나 곳곳에 등장한다. 예를 들어 한국전쟁에서 전사한 군인과 생존 군인이 상상 속에서 만나는 장면에서 전사한 군인은 대국몽을 이룰 것을 부탁한다. 핵폭탄 실험을 하다 사망하는 과학자도 똑같은 부탁을 한다. 따라서 중국 젊은이들은 대국몽을 이룰 책임이 자신들에게 부여되어 있음을 강하게 인식하게 된다.

그런데 대국몽을 이루기 위해서는 공산당의 영도를 따라야 한다는 단서가 붙는다. 중국이 민주화된다는 것은 공산당이 없어진다는 것으로 〈그 토끼〉에서는 '민주'를 하면 러시아처럼 가난해진다고 한다. 곰은 '민주'를 하면 독수리와 놀고 부자가 될 줄 알았는데, 결국 독수리에게 버림받고 가난해졌다고 한다. 즉, 민주화를 하면 가난해지니 공산당을 따라 사회주의 길을 가자는 얘기다. 소련을 상징하던 곰은 러시아로 바뀌면서 머리에 민주皿煮라는 이름의 고리를 쓰고 있다. 민주皿煮는 "그릇에 끓이는 요리법"을 의미하는 말이나 민주民主라는 말이 민감하기 때문에 회피하여 민주皿煮라고 썼다.

소분홍은 애국주의 정신이 이끄는 대로 국가 주권과 영토, 국가 통일과 단결을 마음속 신앙으로 삼고 중국의 실상에 대해 비판하는 외부 집단과 투쟁하는 청소년 인터넷 애국단체다. 이들은 "'조국의 이익이 손해를 입었는데 책임을 다른 사람에게 미룰 수 없

한국전쟁 당시 연합군.
가운데가 미국이고 오른쪽이 프랑스,
왼쪽이 영국이다. 왼쪽 끝 철모를 쓴
몽둥이가 한국군이다.

한국군이 울면서 미군에게
보고를 하고 있다.

서로 공격하고 있는
토끼와 독수리

북한군에게
맞고 있는 한국군

동사하여 죽은
동료 병사 옆에서 울고 있는 토끼

다'라는 행위 준칙에 따라 행동한다."[59] 소분홍이 출정하면 풀 한 포기도 남지 않는다고 한다.

"소분홍은 애국, 충성, 정의, 극단이라는 특징이 있다."[60] 이들은 자신을 중화민족과 일치시키고 개인이 아닌 공동의 이익을 위해 헌신한다. "소분홍은 출정할 때 조국 엄마, 조국 아빠, 조국 광팬, 공산주의 계승자와 같은 말을 게시판에 남긴다."[61] 이들은 국가를 자신들의 엄마, 아빠라 부르며 절대로 흔들 수 없는 가장으로 인식한다. "소분홍의 77.14퍼센트가 민족문제, 애국주의 문제가 출정하는 가장 중요한 요인이라고 한다. 다섯 차례 해외 출정은 모두 이와 관련된 것이다. 예를 들면 타이완 페이스북 출정, 일본 우익 APA호텔 출정, 홍콩 중원대학中文大學 출정 등이 있다."[62]

소분홍이 조국에 대한 강한 충성도를 보이는 이유는 아이돌 숭배에서 국가나 정치인에 대한 숭배로 전환되었기 때문이라는 분석이 있다. 이들은 1990년대 이후 출생한 이들로 태어나면서부터

민주화해서 가난해진 곰이
'민주'라는 이름의 고리를 쓰고 있다.

애국주의 교육을 받았다. 애국주의 교육과 팬덤 문화가 복합적으로 작용하여 소분홍은 기존의 분노청년과는 다른 색깔을 내게 되었다. 이들은 자신들의 우상인 연예인을 상품으로 소비할 뿐만 아니라 그들의 이익을 수호하고 더 높은 자리로 올라갈 수 있도록 하는 것이 임무라고 생각한다. 류하이룽劉海龍[63]은 소분홍의 애국활동의 특징을 팬덤 민족주의fandom nationalism라고 하였다. 그는 "소분홍은 아이돌을 좋아하듯이 국가를 사랑한다. 표현방식, 조직 동원방식, 실천방식이 모두 이전과 다르다. 구체적으로 살펴보면 표현방식은 반어적인 풍자, 패러디, 희화화가 중심이고 행동방식에 있어서는 팬덤 문화와 인터넷 게임의 영향을 받았다" 고 하였다.

"소분홍의 상당 부분은 한류팬이고 유학생으로 그들은 한국 연예인을 추종한다."[64] 소분홍이 특히 한국에 대한 공격이 많은 것도 한국문화에 익숙한 것이 원인이 아닐까 한다. 다른 나라 인터넷 홈페이지를 마비시키는 출정은 2008년 11월 동방신기의 홈페이지를 공격한 것이 최초의 사건이다. 그 후 2010년 6월 9일 슈퍼주니어 홈페이지를 공격하였는데 이를 69성전이라 부른다. 이러한 형식은 소분홍의 출정에서도 계속되었다. 한국 연예인을 좋아하지만 조국에 대한 숭배와 혼동하지는 않는다. 이들은 종종 말한다. "국가보다 중요한 아이돌은 없고, 조국이야말로 가장 좋아하는 아이돌이다.""이 생에는 오직 중국만을 사랑할 것이다." 소분홍은 진정한 '조국 광팬'이다.

소분홍의 정의감은 권력에 의해 동원되고 권력의 승인을 받음으로써 완성되었다. 이 부분은 아래서 자세히 살펴볼 예정이다. 이들은 권력이 인정하였기 때문에 자신의 행동은 정의로운 것이라 생각하며, 정의의 이름으로 상대를 훈계하고 매도하고 사과하라고 요구한다.

극단성도 소분홍의 특징이다. 이들은 친구가 아니면 적이라고 한다. 타이완 독립세력, 홍콩 독립세력, 중국을 욕보이는 자는 적대세력으로 중국의 위력을 보여줘야 한다고 생각한다. 소분홍은 출정, 성전 등 과격한 용어를 사용하고, 방화벽을 뚫고 상대방의 홈페이지를 도배하는 등 너무 극단적인 행동을 하기 때문에 새로운 시대 홍위병이라고 하기도 한다.

소분홍이 유명해진 것은 2016년 디바출정帝吧出征 이후다. 디바출정은 소분홍이 해외 웹사이트를 공격하여 자신들의 애국심을 표현하는 것을 말한다. 디바는 중국 최대 포털 바이두百度의 커뮤니티인 톄바貼吧 중 하나로, 이용자만 3,201만 명에 달한다. 디바의 실제 이름은 리이바李毅吧로 전 국가대표 축구선수인 리이李毅의 인터넷 게시판이었다. 그의 별명은 리이다디李毅大帝로 사람들은 이를 줄여서 디바라 불렀다. 초기 디바는 축구를 좋아하는 사람들 모임이었는데 후에 다른 사람들이 들어오면서 축구뿐만 아니라 오락과 정치 등에 대해서 토론하기 시작하였으며, 점점 커다란 인터넷 애국청년 집단이 되었다.

소분홍은 인터넷 테러를 성전聖戰이라 생각한다. 출정을 위한 입단 의식, 출정하는 전장戰場, 출정 규율, 출정 대오가 있어 임무를 부여받는다. 지휘부는 출정 동원과정에서 '전쟁 지침'을 하달하고, 방화벽을 뚫는 법, 공격 대상의 페이스북 계정에 등록하는 방법을 알려준다. 디바는 아주 뛰어난 행동력과 조직력을 가지고 있다.

디바는 공격 대상의 인터넷 게시판을 실질적인 의미가 없는 내용으로 도배하여 게시판이 정상적으로 운행되지 못하게 한다. 디바의 사상적 무기는 애국주의고, 공격 무기는 이모티콘이다. 이모티콘은 글자와 결합된 것, 연예인 사진, 동물 캐릭터, 정치 선전, 맛있는 음식이나 자연풍경 등 다양하다.

디바의 첫 번째 출정은 2016년 1월 20일 밤 타이완의 싼리신문

소분홍의 디바 출정을 형상화한 그림.
어린 여자아이들이 중국 국기를 상징하는 붉은 모자를 쓰고, 중국인을 상징하는 토끼귀를 하고,
키보드를 들고 디바 출정을 하고 있다. 모자에 써 있는 '饭(밥)'이라는 글자는
소분홍이 팬덤 민족주의적 특징을 가지고 있음을 보여준다.

애국 이모티콘 1.
"아중阿中, 14억 중국인은 모두 당신을 사랑해요"라고 써 있다.
아중은 14억 팬을 보유하고 있는 스타, 즉 중국에 대한 애칭이다.

애국 이모티콘 2.
"누구도 중국을 무시 할 수 없다"라고 써 있다.
중국이란 아이를 소분홍이 업고 있다.

타이완 독립을 공격하는 이모티콘.
"타이완 개야, 내 손을 봐라"라고 써 있다.

사회주의를 선전하는 이모티콘.
"나는 사회주의 계승자"라고 써 있다.

三立新聞과 핑궈일보苹果日報, 차이잉원蔡英文 총통 페이스북을 공격
한 것이다. 이들은 쯔위子瑜의 발언과 민진당 차이잉원이 총통에
선출된 것에 분노하여 출정하였다.

타이완 출신 가수인 쯔위는 MBC의 마이리틀텔레비전에 출연
하여 타이완 국기를 흔들었다. 타이완 독립 반대를 주장하는 가
수인 황안黃安은 자신의 SNS에 "쯔위가 타이완 독립을 부추긴다"
라는 글을 올렸다. 이후 소분홍은 JYP의 입장이 불분명하고 쯔위
의 사과하는 태도가 성의가 없다는 이유로 출정하였다. 원래 인
터넷 테러 전통이 있던 디바는 대규모 네티즌을 이끌고 페이스북
에 진입하여 다양한 이모티콘과 팔영팔치八榮八耻, 중국 공산당 노
래 가사로 도배하였다. 팔영팔치는 후진타오 총서기가 2006년 영
광스런 행동 여덟 가지와 부끄러운 행동 여덟 가지를 제시한 것
이다. 핵심 내용은 조국을 사랑하는 것은 영광이고, 조국에 해를
끼치는 것은 수치라는 것이다. 이후 소분홍은 출정하거나 사과를
요구하는 방식으로 인터넷 테러를 계속하고 있다.

위에서 설명한 대만 페이스북 테러 사건 외에도 2016년에는 3
월 영국 버진 애틀랜틱 항공사 사건, 4월 타이완 연예인 다이리런
戴立忍 사건, 7월 남중국해 중재안 사건, 7월부터 다음해 2월까지
이어진 사드 배치와 롯데리아 제재 사건, 12월 웨이밍런魏明仁 노
인 사건이 있었다. 버진 애틀랜틱 항공사 사건은 백인남자가 중
국 여자승객에게 중국돼지라는 말을 한 것이 원인이 되었다. 다
이리런 사건은 자오웨이趙薇가 연출한 영화《다른 사랑은 없다沒

有別的愛》의 주연 배우인 다이리런이 타이완 독립활동에 참여하는 일본 배우 미즈하라 키코水原希子가 인스타그램에서 중국 침략 사진에 '좋아요'를 눌렀다며 문제 삼았다. 웨이밍런 노인 사건은 타이완 노인 웨이밍런이 중국 국기와 공산당 당기를 걸고 차이잉원 정부를 반대하였는데 이러한 행동이 비판을 받자 디바가 출동한 것이다.

2017년에는 1월 일본 APA호텔 사건, 5월 메릴랜드대학 중국 유학생 강연 사건, 9월 홍콩 중원대학 사건 등이 있다. 일본 APA호텔 사건은 호텔방에 난징대학살을 부정하는 서적을 배치하였다며 회수할 것을 요구하였으나, 시정되지 않자 디바는 웨이보에 출정서를 발표하고 APA호텔 페이스북을 공격하였다. 이때는 출정이라는 전쟁 개념이 아니라 더욱 엄숙하게 '중국 청년의 역사를 위한 발언'으로 하여 타이완 네티즌의 참여를 이끌었다고 한다. 메릴랜드대학 사건은 중국 유학생이 졸업식에서 자유를 미국이 가지고 있는 깨끗한 공기에 비유한 것을 문제 삼아 중국을 모욕했다며 공격하였다. 홍콩 중원대학 사건은 중원대학에 홍콩의 자유를 요구하는 대자보가 걸렸는데 중국 여학생이 이를 찢어버렸고, 이에 대해 소분홍이 지지한 사건을 말한다.

2018년에는 2월 평창올림픽 사건, 9월 스웨덴 사건, 11월 돌체앤가바나 사건이 있었다. 평창올림픽 사건은 중국 쇼트트랙 선수인 하톈위韓天宇가 평창올림픽에서 규정을 위반하여 실격한 것에 불만을 품고 네이버를 공격한 것을 말한다. 두 선수가 퇴장한

후 중앙체육 관방 웨이보는 즉각 관련 소식을 전했다. 순식간에 "#naver 댓글 통제#"라는 검색어가 떴고 네이버를 점령하였다. 스웨덴 사건은 중국 관광객 쩡曾 선생 일가가 스웨덴 경찰로부터 폭력적인 대우를 받은 것과 스웨덴 방송국이 중국을 모욕하는 내용을 방송했다는 것을 이유로 스웨덴 외교부와 방송국 페이스북에 출정하였다. 돌체앤가바나 사건은 이탈리아의 패션브랜드인 돌체앤가바나 광고 중 중국을 모욕하는 내용이 있다며 웨이보, 페이스북, 인스타그램에서 항의하였고, 회사 측은 공식 사과하였다.

최근에는 한국에 대한 비난이 많아지고 있다. 2019년 한국 대학에서 홍콩 시위지지 대자보를 붙인 것을 중국 유학생이 훼손하였고 소분홍은 웨이보에서 한국이 사과할 것을 요구하였다. 작년에 방송에서 가수 이효리가 예명으로 "마오 어때요?"라고 한 발언을 마오쩌둥毛澤東을 모욕했다며 사과하라고 요구하였다. 다른 하나는 위에서 언급한 방탄소년단 사건이 있다.

그런데 위와 같은 소분홍의 인터넷 테러를 중국 정부가 주도하였다는 것은 놀라운 일이다. 소분홍이 처음 쯔위 사건으로 출정하였을 때 공청단중앙 웨이보는 사건의 추이를 보면서 관건이 되는 시기마다 개입하여 소분홍의 출정을 독려하였다.[65] 2016년 1월 20일 공청단중앙 웨이보에 맛있는 음식을 주제로 9장의 사진이 올라왔는데, 가운데 작은 장어 완자는 타이완으로 중국에 둘러싸인 모습이다. 이 그림의 제목은 "아무리 작은 장어 완자라도 중화미식 계보에서 분열해 나가는 것은 용납할 수 없다"였다. 같은 날 저녁, 출정 10분 전인 18시 50분 공청단중앙 웨이보는 '칠율장정七律長征'을 올려 네티즌의 사기를 돋았다. 칠율장정은 마오쩌둥이 1935년 대장정 중에 쓴 시다. 다음날 공청단중앙은 웨이보에 타이완 문제의 역사를 정리한 내용을 올리고, 타이완과 중국은 분리될 수 없으며 청년들의 조국 통일 수호 의지에 지지를 보낸다고 하였다. 1월 22일 오전 공청단중앙 웨이보는 "1990년대 이후 출생한 이들, 너희를 믿는다!90後, 相信你們!"라는 내용을 올려 디바 출정을 정식으로 인정하였다.

공청단중앙이 소분홍을 지지하고 있음은 소분홍이 집중해서 모이는 공청단중앙 관방 웨이보를 통해서도 알 수 있다. 공청단중앙 웨이보에 디바 출정을 검색하면 "1990년대 이후 출생한 이들, 너희를 믿는다!', '자신감 있는 새로운 세대가 중국에 도래하였음을 본다!', '그들은 자신감 있게 활보하고, 천마가 하늘을 날듯이 자유롭고 대범하며, 빛과 자신감으로 충만된 표현은 눈앞이 밝아지게 한다"라는 내용이 나온다. 이와 같은 공청단 웨이보의 내용은 소분홍으로 하여금 출정행위가 관방의 인정을 받았다고 생각하게 하였다.

공청단중앙 웨이보와 함께 관방매체도 보조를 맞추었다. 디바가 출정한 다음날인 2016년 1월 21일《환치우시보》는 〈디바출정으로 인한 양안관계의 역효과를 과장할 필요 없다不必誇張帝吧出征的兩岸負效果〉는 사설에서 "1990년대 이후 출생한 집단은 자신의 지혜와 최소한의 기준이 있으니 그들의 행위를 정치적 프레임으

憤怒
青年

로 평가해서는 안 된다"고 하였다. 1월 22일 《런민일보》는 위챗 공중계정에 "1990년대 이후 출생한 이들은 자신감이 있는 세대로 중화민족의 착한 아들딸이다"라는 글을 올려 디바 출정은 올바른 애국 사건이라 규정하였다.

첫 번째 디바 출정이 공청단중앙과 관방매체가 보조를 맞춰 독려하는 단계에 머물렀다면 스웨덴 사건은 중국 정부가 직접 프레임을 짜서 진두진휘하였다. 《환치우시보》는 스웨덴 사건의 프레임 브리지frame bridging 책략과 감정적인 보도로 네티즌의 인식과 감정에 영향을 주었다.[66]

2018년 9월 15일 《환치우시보》는 쩡曾 선생 일가가 스웨덴 경찰에게 폭력적인 진압을 당하였다는 내용을 보도하였다. 네티즌의 반응은 스웨덴 경찰에 대한 비판이 23퍼센트, 쩡 선생 일가가 소란을 피운 것에 대한 부정적인 반응은 21퍼센트로 비슷했다. 네티즌이 별다른 반응이 없자 관방매체는 스웨덴 경찰과 쩡 선생의 대립구도를 벗어나 스웨덴 경찰과 중국 국민으로 대표되는 주체의 종족 충돌 프레임을 설계하였다. 다음 단계에서는 스웨덴 방송국이 중국인과 중국문화를 무시하고 타이완과 티베트가 없는 지도를 방송에 사용하였다는 내용을 보도하여, 중화문화를 존중하지 않고 중국 영토 주권에 도전하는 행위라며 애국주의 프레임을 설계하였다. 이때 《런민일보》, 《환치우시보》 등 매체의 관방 웨이보가 함께 보도하여 공신력을 높였다. 관방 블로그인 《신화왕新華網》, 《런민일보》 등은 스웨덴 프로그램에 대해 "차마 들을 수 없는", "저속한", "진력을 다해 중국을 멸시하는"이라는 표현으로 애국주의를 자극하였다. 그리고 스웨덴 방송에 대해서는 '시건방지다', '무지하다', '응큼하다', '혐오감이 든다', '절대 용납하지 않겠다' 등 극단적인 단어를 사용하여 강렬한 감정을 표현하였다.

이번 방탄소년단 사건의 경우에도 《환치우시보》가 네티즌의 반응을 전달하는 형식으로 보도하면서 애국주의를 자극하였다. 그러나 한국을 넘어 미국과 전 세계 아미들의 비판이 이어지자 중국 외교부는 "민간 차원의 일이다", "네티즌의 언론 자유다"라며 발을 뺐다.

소분홍은 그들의 선배라 할 수 있는 분노청년이나 자간오와는 다른 성격을 가지고 있다. 분노청년의 공격 대상은 국내외 인물과 사건을 망라하였으며 주로 중국 내에서 인터넷에 댓글을 다는 방식을 택하였다. 자간오는 자유파 지식인을 공격하는 친정부 조직으로 분노청년의 연장이라 할 수 있다. 소분홍은 이들과 달리 주로 외국을 공격하고, 외국 인터넷망을 교란시켰다. 그런데 우리가 주목해야 할 것은 2016년 이후 소분홍이 가장 많이 공격한 대상이 한국이라는 것이다. 외국을 총 14회 공격하였는데, 그중 한국은 5회로 전체의 36퍼센트에 해당한다. 앞에서 살펴본 바와 같이 소분홍의 활동에 중국 정부가 깊이 개입하고 있다면, 한국에 대한 공격을 단순한 중국판 일베의 일탈로 넘겨서는 안 될 것이다.

憤怒青年

03

광신적 애국자들의 민낯

익명의 숨은 군중

군중은 공통의 관심 대상에 따라 특정한 장소에 일시적으로 모인 집단으로 관심의 대상이 사라지면 소멸한다. 군중은 조직화된 지도부가 없고 공통의 규범이 없기 때문에 쉽게 감정적으로 반응하고 익명성을 무기로 무책임하고 맹목적인 행동을 하는 경향이 있다. 분노청년은 애국이라는 공통의 관심을 가지고 인터넷에서 모인 집단으로 군중과 많은 면에서 공통점을 가지고 있다.

프랑스 사회심리학자인 귀스타브 르 봉은 일찍이 "군중의 신성한 권리가 왕의 그것을 대신하게 될 것"[1]이라고 예언했다. 군중의 일반적인 의미는 한 곳에 모인 많은 사람을 의미하는 것이지만 르 봉이 주목한 것은 '심리적 군중'이다. 심리적 군중은 심리적으로 단일한 목적과 방향성을 가진 집단을 말한다. '심리적 군중'은 개인적으로 고립되어 있을 때와 달리 집단적 정신 상태를 갖게 되어 이성적으로 추론하지 않고, 사상을 일괄적으로 받아들이거나 거부하고, 토론이나 반론을 허용하지 않는다. 또 어떤 이상을 암시받으면 그 이상을 위해 자신을 희생하고자 하며, 오직 과격하고 극단적인 감정만 느끼고, 그들이 느끼는 공감이 순식간에 숭배로 바뀌고 반감도 일순간에 증오로 돌변하는 특징을 가지고 있다.[2]

애국주의를 관수받은 분노청년은 많은 면에서 '심리적 군중'의 특징을 보인다. 분노청년은 주로 컴퓨터 앞에 앉아 키보드를 두드리며 애국을 하는 집단으로 특정 공간에 모인 많은 사람을 지칭하지는 않는다. 이들은 가끔 거리로 나와 시위를 하거나 폭력을 휘두르기도 하지만 그들의 주요 아지트는 컴퓨터 앞이다. 이들은 각자의 공간에서 폐쇄되어 있으나 누가 시키기나 한 것처럼 동일한 목적과 방향을 향해 함께 움직인다. '심리적 군중'과 분노청년은 비이성적 사고, 극단성, 배타성, 자기 확신성, 충동성, 영웅의식, 폭력성, 광신적 숭배, 증오라는 측면에서 공통점을 보인다.

분노청년은 주요 사건이 있을 때면 인터넷에 "검은 구름처럼 일시적으로 모이는 익명의 오합지졸이다."[3] 2005년 11월 22일 자 중국의 《난팡두스보南方都市報》[4]는 분노청년을 만나 인터뷰한 기사를 실었는데 이들은 아주 평범한 젊은이들이었다.

쑨펑위孫風雨는 1981년 출생했으며 대학을 졸업했다. 부모님이 유산을 물려주어 직장을 구할 필요가 없기 때문에 공부를 하면서 주식투자를 하고 있다. 리레이李磊는 29세로 공장에서 일하는 시간 외 다른 시간은 친구들과 함께 지내는 평범한 노동자다. 궈취안郭泉은 37세로 난징대학南京大學에서 중국철학으로 박사 학위를 받았으며 난징스판대학南京師範大學 교수다.

개인으로 고립되어 있었다면 평범하고 교양 있는 사람이었을 그들이 비이성적 분노를 표출하는 심리적 군중이 되어버린 이유는 무엇일까? 본능적 감정에 즉각적으로 반응하고 광적으로 흥분하게 된 이유는 무엇일까?

분노청년이 심리적 군중의 특징을 갖게 된 첫 번째 원인은 집단적 힘에 대한 신뢰를 들 수 있다. 군중이 집단적인 괴력을 발휘할 수 있는 것은 숫자가 많기 때문이다. "군중은 숫자가 많다는 사실 한 가지만으로 자기가 무소불위의 힘을 가졌다고 생각하게 되며, 개인이 혼자 있을 때는 억누를 수밖에 없는 본능을 분출하도록 해준다."[5] 고립된 개인은 외국인의 상점을 불태우고, 외국인을 무자비하게 폭행할 생각을 하지 못하지만 군중이 되면 살인을 하고 약탈할 마음을 갖게 된다. 분노청년은 인터넷에서 공동으로 활동하는 공간을 만들어 군중을 형성하고 있다. 분노청년은 반드시 함께 비판하는데 법은 군중에게 책임을 묻지 않으며 찾아내기도 어렵기 때문이다.[6]

또 다른 이유는 익명성과 관련이 있다. 이들은 인터넷에서 익명으로 활동하기 때문에 자신의 이름이나 행위가 밝혀지지 않으리라 생각한다. 따라서 현실에서는 도저히 할 수 없는 말들이 인터넷에서는 버젓이 등장한다. 익명성은 사람들로 하여금 평상시의 개인이면 상상하지 못할 폭력성과 잔인성을 폭발하게 한다. "드러내고자 하는 욕망이 인터넷으로 오면 더욱 광적으로 되고 날조된다. 인터넷의 가상성은 신분이 더욱 모호한 느낌을 준다. 자기 신분의 모호함은 다른 사람에 대한 책임 의식도 모호하게 만들어 인터넷은 어디든 대소변이 있는 곳이 되고 맘대로 욕을 하고 나쁜 말을 하고 악랄하게 공격하게"[7] 되는 것이다. 인터넷이 가지고 있는 익명성의 특징으로 인해 분노청년은 자신들의 잔인성과 폭력성을 유감없이 토해내고 있다.

마지막 원인은 개인을 국가와 일치시킴으로써 몰개성화 했기 때문이다. 이들은 애국주의 교육을 통하여 계속적으로 국가의 미래가 자신에게 있음을 교육 받기 때문에 자연스럽게 국가와 자신을 일치시키게 된다. "사람이 자기를 희생할 수 있으려면 개인의 정체성과 개성을 벗어던져야 한다. 완전히 동화된 인간은 자신과 타인을 개인적 존재로 여기지 않는다. 그에게 누구인가 물으면 자동적으로 나는 독일인이다, 러시아인이다, 일본인이다, 기독교인이다라고 답할 것이다."[8] 분노청년에게 묻는다면 자신은 '위대한 중화민족'이라고 답할 것이다.

분노청년은 비록 인터넷 공간에서 각자 활동하지만 집단적으로 적을 공격하기 때문에 자기들의 힘에 대한 신뢰가 있다. 더욱이 인터넷은 익명성이 보장되기 때문에 내재된 난폭성을 유감없이 발휘할 수 있다. 그리고 국가와 개인의 몰개성화로 인해 자신들의 모든 행위를 애국행위라고 인식하기 때문에 일말의 죄의식

憤怒
青年

도 없다. 이러한 심리적 과정을 통해 분노청년은 익명의 숨은 군중이 되어 마음 속 깊은 곳의 본능적인 저속함과 폭력을 유감없이 발휘하고 있다.

광신적 애국자

광신적 군중은 열정적인 종교인들이 갖는 특징을 모두 가지고 있다. 이 감정은 우월해 보이는 자를 숭배하고, 그 자가 가지고 있다고 추정되는 마술적인 힘을 두려워하며, 그 자가 내리는 명령에 맹목적으로 복종하고, 그 자가 내세우는 신조에 반론을 제기하지 못하며, 그 자의 신조를 전파하려 하고, 그 신조를 추종하지 않는 모든 사람을 적으로 간주하는 등 매우 단순한 특징을 가지고 있다.[9]

분노청년은 심리적 군중으로 개인의 개성과 주체성이 박탈되어 혼자서는 판단도 결심도 하지 못한다는 점에서 종교의 신도와 유사하다. 신도들이 자신이 믿는 신에 대해 절대적 가치를 부여하고 복종한다면, 분노청년은 '국가'에 절대적 가치를 부여하고 복종한다. 그 결과 국가의 뜻에 따라 좌지우지되며, 국가의 명령을 흔들림 없이 수행한다.

중국인들이 가지고 있는 종교화된 '애국'을 가장 잘 볼 수 있는 것이 국기에 대한 태도다. 국기는 국가를 상징하기 때문에 국기에 대한 태도를 보면 그 나라 사람들이 국가에 대해 어떠한 인식을 가지고 있는지 알 수 있다. 2006년 중국의 신문과 텔레비전은 중국 국기인 오성홍기를 지극히 사랑한 소녀의 이야기를 여러 차례 방송했다.

소녀는 지린성吉林省 창춘시長春市에 거주하는 신위에欣月로 8세이다. 2005년 소녀는 운동장에서 무용 연습을 하다 쓰러져 병원으로 옮겨졌는데 뇌종양 판정을 받았다. 병세가 심해져 머리에 물이 차고 커졌으며 결국 실명을 하게 되었다. 의사는 아이가 회생할 가능성이 없으니 원하는 것을 들어주라고 했다. 소녀의 아버지는 소녀가 어렸을 때 베이징北京으로 가서 톈안먼 광장에 휘날리는 오성홍기를 보고 싶다고 했던 것이 생각났다. 부부는 상의를 한 끝에 현지 신문사에 소식을 알렸다. 신문사에서 보도를 한 후 사회 각계에서 지원자가 나타났다.

2006년 3월 소녀의 병은 더 깊어져 베이징까지 이동하는 것이 불가능해졌다. 현지 신문사와 봉사자들은 상의를 한 끝에 소녀가 눈이 보이지 않는 점에 착안해 창춘長春에서 가짜로 행사를 거행하기로 했다. 버스를 타고 이동하는 과정에는 선양瀋陽과 톈진天津에 도착했음을 알리는 방송을 하고 도착한 후에는 버스에 탄 봉사자들이 베이징 말을 해 소녀가 베이징에 도착한 것으로 착각하도록 했다. 실제 버스는 창춘 시내를 4시간째 돌았다. 중증 환자인 소녀가 4시간 동안이나 버스를 타고 있었기 때문에 증상이 심해졌다. 근처에 있는 학교에 급히 연락해 국기 계양식을 거행했다. 이

학교의 학생 2,000명이 참석한 가운데 행사가 진행되었고 감동한 소녀는 웃음을 지어보였다.

한 소녀의 국기에 대한 열애는 전체 중국인을 감동시켰다. 이 소식을 들은 베이징의 국기보위대國旗保衛隊는 소녀를 정식으로 초청해 오성홍기를 게양하는 모습을 보여주기로 했다. 소녀는 2006년 5월 8일 휠체어를 타고 톈안먼 광장에 도착했다. 소녀는 오성홍기가 올라가는 방향을 주시하며 장엄하게 오른손을 높이 올려 소년선봉대 대원의 예를 갖추었다. 2년 후 여름 소녀는 사망했다.

사진을 보면 소녀는 휠체어를 타고 있으며 목을 가누기 힘든 상

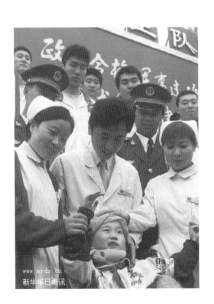

톈안먼 광장의 오성홍기 게양식에 참여한
신위에가 국기에 대한 예를 표하고 있다
《신화왕新華網》, 2006년 5월 9일).

황이라 목 보호대를 차고 있다. 이미 실명한 눈으로 보이지 않는 오성홍기를 보고 있으며, 힘을 잃은 손은 간호사가 대신 들어주고 있다. 소녀의 얼굴은 고통으로 일그러져 있다. 오직 소녀의 건강을 돌보기 위해 참석한 이들만이 소녀를 보며 웃고 있다. 누구를 위한 국기 게양식이란 말인가?

신위에 소녀가 살던 집 뒤 양식 창고에는 오성홍기가 걸려 있었다. 소녀는 이곳을 지날 때면 항상 국기에 대한 경례를 했다. 두 살 어린 동생에게도 국기를 보면 항상 경례를 해야 한다고 말했다. 중국에는 신위에 같은 꼬마들이 많다.

2018년 10월 초 중국의 국경절 기간에 4세 소년 양쉬천楊爍臣의 사진이 여러 매체에 실렸다. 사진은 한밤중에 자전거를 세워놓고 오성홍기에 경례를 하는 소년의 모습이었다. 아이 엄마에 의하면 학교에서 무용을 배울 때 트는 음악인 〈국기, 국기 얼마나 아름다운가國旗國旗多美麗〉의 가사에는 "나는 국기를 향해 경례를 한다"라는 내용이 있다고 한다. 그날 아이를 데리고 산책을 하는데 아이가 "나는 국기를 향해 경례를 한다"를 흥얼거리더니 자전거에서 내려 경례를 했다고 한다.

2009년 6월 8일 HOSA배 제6회 중국 수영복 디자인대회가 베이징 국가수영센터에서 열렸다. 이 대회에서 오성홍기가 디자인된 비키니 수영복이 등장했는데 신성한 국기를 더럽혔다고 비난을 받았다. 인터넷에서는 극단적인 반응들이 난무했다.[10]

– 인간쓰레기들! 염치도 없지! 신성한 피로 붉게 물들인 깃발을

어떻게 아무렇게나 할 수 있는가?

– 모델들은 끌어내서 칼로 다져버려야 한다.

– 남자모델은 우물에 처넣고 여자모델은 화장실에 처넣어야 한다.

– 여자모델은 강간을 해야 한다.

– 혐오스런 행위를 한 이들은 국민 자격이 없다. 국가를 능욕하는
이는 국적을 빼앗고 일본으로 쫓아내야 한다. 디자이너는 틀림
없이 일본인일 것임으로 죽여야 한다.

– 상상해보라! 선열의 깃발로 그들의 사사로운 곳을 감싼 것은 모
독 행위가 아니고 무엇이란 말인가?

2018년에는 중국 쑤저우蘇州에서 열린 국제마라톤대회에 참가

한밤중에 오성홍기를 향해
경례를 하고 있는 네 살 소년.
《한청일보韓城日報》, 2018년 10월 5일).

한 중국 선수 허인리何引麗가 자원봉사자가 건네준 국기 때문에 승리를 놓친 사건이 발생했다. 자원봉사자는 맨 앞에서 달리던 허인리에게 오성홍기를 건네주어 결승선에서 펼쳐 보이도록 하려고 했다. 그런데 허인리 선수는 국기를 둘둘 말아 땅에 던져버리고 계속 뛰었으나 우승을 놓치고 2등으로 들어왔다. 이 동영상을 본 중국인들은 신성한 국기를 땅에 버렸다며 비난을 했다.

중국에서는 유치원 때부터 국기에 대한 숭배 관념을 주입하기 때문에 성인이 된 후에도 국기는 숭배의 대상이 된다. 중국 대학생들은 "국가의식이 뚜렷이 강화되어 국기가 올라갈 때 국가를 부르는 것이 습관이 되었다. 국기가 올라갈 때 대학생 중 17.06퍼센트는 피가 솟는 감동을 받았으며, 68.05퍼센트는 장엄한 자부심을 느꼈으며, 13.1퍼센트는 그저 의무를 다했을 뿐이다"[11]라고 답했다. 약 85퍼센트 대학생이 국기에 대해 강한 자부심을 가지고 있다.

국기 외에도 국가를 이탈하려는 이들에 대한 비난도 이루어졌다. 자오번산趙本山과 덩야핑鄧亞萍 사건은 중국 내 유명인이 중국 국적을 버렸다는 것에 대한 비판이다. 2008년에 중국의 유명한 희극배우인 자오번산이 캐나다로 이민 갔다는 설로 뜨거웠다. 자오번산은 이에 대해 "중국은 나의 뿌리이며, 랴오닝은 나의 집이고, 나는 중국인으로 어떠한 나라로도 이민을 가지 않을 것이다"[12]라고 밝혔다.

최근에는 세계적인 여자 탁구선수였던 덩야핑과 아들이 프랑스 국적을 가지고 있다는 얘기가 떠돌았다. 덩야핑은 중국판 트위터인 웨이보에 자신과 아들의 여권을 공개하고 다음과 같이 밝혔다. "인터넷에 나와 아들의 국적에 대한 루머가 있은 지 오래되었다. 나와 아들 린한밍林瀚銘은 중국 국적을 가지고 있으며, 비록 아들이 프랑스에서 태어났으나 중국 국적을 취득했음을 알려 드린다. 우리는 중국인임에 자부심을 느끼고 있으며 조국을 위해 싸우는 것을 자랑스럽게 생각한다." 이밖에도 외국 국적을 가진 배우들에게 중국을 떠나라고 했는데 우리에게도 잘 알려진 리롄제李連杰는 싱가폴인, 진청우金城武는 일본인이라며 자기 나라로 사라지라고 했다.

국가 대항 스포츠 경기에서도 광적인 애국주의를 볼 수 있다. 1985년 5월 19일 베이징에서 열린 제13회 멕시코 월드컵축구대회 동아시아 예선에서 중국 팀이 홍콩 팀에게 1대 2로 졌다. 이로 인해 '5·19난동 사건'이 발생했다. 경기가 끝난 후 7만 관중은 쥐 죽은 듯이 조용하다가 돌연 집단적으로 폭발해 축구협회 임원들에게 대화를 요구하고 축구장 밖에서 외국인의 길을 막고 차를 넘어뜨리고 심지어는 경찰을 폭행했다. 결국 경찰 30여 명이 상해를 입었으며 차량 130대가 불타고 소란을 일으킨 127명이 구류에 처해졌다.

분노청년에게 중국이란 국가는 이미 하나의 종교다. 애국이라는 깃발을 내걸면 모든 행동은 도덕적으로 정당한 것이 된다. 모든 불법행위는 '애국 무죄'의 원칙에 따라 면책특권을 받는다. 분노청년은 애국주의라는 깃발을 들고 욕하고 싶은 사람이 있으면 욕하고, 때리고 싶은 사람이 있으면 때려도 감옥에 가지 않으며 오히려 선진적이라는 말을 듣는다. 분노청년은 이 점에서 매우 뛰어나 자신의 행동에 항상 애국이라는 상표를 붙이고 나서야 대담해져서 말을 하고 행동을 한다.[13]

애국심이 건달들의 마지막 피신처라는 냉소적인 주장은 단순한 비난만은 아니다. 광적인 애국심은 종교적 열광이나 광신적 혁명운동과 마찬가지로 죄의식의 피신 구실을 종종 한다.[14]

선택받은 영웅

분노청년은 개인과 국가, 민족의 미래는 밀접한 관련이 있으며 자신들은 중국의 미래를 책임질 선택받은 영웅이라고 생각한다. "청년이 흥하면 국가가 흥하고, 청년이 강하면 국가가 강하다."[15] 분노청년은 중국을 구할 역사적 사명을 띠고 중국 땅에 태어났다.

분노청년은 애국을 실천하는 의로운 영웅이기 때문에 다음과 같은 확신에 가득 차 있다.

첫째, 나는 정치적 올바름을 대표한다.
둘째, 나는 두덕적인 우세를 대표한다.
셋째, 나는 진리를 대표한다.

넷째, 애초에 상대를 평등한 위치에 놓지 않는다.

다섯째, 상대방에게 맘대로 말하지만 상대방은 맘대로 말하지 못한다.

여섯째, 상대방은 아예 이의가 있을 수 없고, 발언권이 없고 말참견을 할 수 없다.[16]

이들은 애국이라는 이름으로 중국인이라면 마땅히 이러해야 한다고 행동강령을 내린다. "중국인이라면 찢지 마시오, 중국인이라면 삭제하지 마시오" 등등. 어떤 경우에는 마치 자신이 중국 자체인 것처럼 행동하기도 한다. "당신들의 국민들에게 똑바로 전하시오. 올림픽 기간 동안 절대로 중국에서 소란을 피우지 말라고 말이오. 만일 경찰이 당신들을 감싸주지 않는다면 당신들은 그 자리에서 개죽음을 당하고 말 것이오."[17] 그들은 "세계가 중국을 존중하고 중국인을 존경하도록 하자"고 외친다.

필자는 1994년 유학을 간 후 중국과 인연을 맺어오고 있다. 그동안 중국인들과 접촉하면서 잘 이해가 되지 않는 경우가 종종 있었다. 1990대 중후반 박사 과정일 때 중학교 교장선생님이기도 했던 남자 학우는 이야기 끝에 "한국은 중국 식민지였으며, 일본 식민지를 거쳐, 현재 미국 식민지다"라고 했다. 기차 여행을 할 때면 종종 젊은 남자가 다가와 "한국은 단오제를 빼앗아간 도둑"이라고 했다. 《중국은 '노'라고 말할 수 있다》의 공동 저자인 장창창張藏藏[18]도 "베이징대학에서 언어 연수를 하던 일본인 여학생에게

난징학살에 대해 일깨워줬다"고 한다.[19]

물론 다른 나라에 대해 부정적인 감정을 가질 수 있다. 우리도 주변 나라에 대해 이러저러한 감정을 가지고 있다. 그러나 속으로 생각하는 것과 말로 표현하는 것은 차원이 다른 문제다. 필자가 싫어할 것을 알면서 굳이 한국을 비난한 이유는 무엇일까? 아마도 분노청년은 필자를 비난하는 행위를 애국을 실천하는 것으로 생각한 듯하다. 말을 끝내고 돌아서는 청년의 뿌듯해 하는 표정에서 그 의미를 읽을 수 있었다.

분노청년이 상대방이 싫어할 것을 알면서도 공격적으로 비난하는 것은 자신의 행위가 애국을 실천하는 행위라고 생각하기 때문이다. 애국주의 교육에서는 "머리로만 생각하지 말고 직접 실천하라"고 요구하고 있다. 즉, 지행일치하라는 것이다. 장쩌민을 비롯한 여러 지도자들이 지행일치를 강조하였다. 분노청년은 애국을 실천함으로써 진정한 영웅이 된다.

분노청년이 애국에 몰두하는 이유는 애국을 빼고는 할 일이 없기 때문이다. 사람은 자신의 우월함을 뒷받침할 근거가 빈약할수록 자신의 국가나 종교, 인종 혹은 자기가 지지하는 대의가 우월하다고 주장하기 쉽다.[20] 분노청년은 자신에게서 어떠한 긍정적인 가치도 찾을 수 없기 때문에 지극히 숭고한 국가와 자신을 일치시켰다. 애국주의 구호를 외칠 때면 비현실적인 위대함이 느껴졌고, 순간적인 희열은 마력을 발휘해 초라한 자신을 잊게 하였다. 분노청년은 자신의 비참함을 잊기 위해 애국을 외치지만 결국 애국밖에 할 줄 모르는 부적응자가 되었다.

분노청년이 등장하는데 기폭제가 된 애국주의 서적을 쓴 저자들이 자신들의 분야에서 부적응자였다는 점은 주목된다. 이들은 대부분 문학 전공자로 자신의 분야에서 별다른 성과를 내지 못한 후에 애국에 뛰어들었다. 1996년 출판되어 중국 애국주의 운동의 기폭제가 된《중국은 '노'라고 말할 수 있다》의 저자들은 30세 전후의 문학을 하는 젊은이들이었다. 1996년 출판된《중국을 악마화 하는 배후妖魔化中國的背後》의 저자인 리시광李希光은 대학에서 영미 문학을 전공했으며 공동 저자인 류캉劉康은 비교문학 연구자다.《중국은 기쁘지 않다中國不高興》의 저자인 왕샤오둥王曉東은 베이징대학 수학과에 입학했는데 학업에 싫증을 느껴 오직 영어 소설만을 읽었다고 한다. 공동 저자인 쑹창宋强은 기자 출신이며 황지쑤黃紀蘇는 극작가다. 2010년《중국이 일어났다中國站起來》를 출간한 모뤄摩羅는 중국의 현대문학과 문화 방면에 종사한 소설가다. 중국 애국주의 서적 저자들은 대부분 문학가로 국제문제 전문가가 아니다. 그러나 이들은 선택받은 영웅임을 자처하며 중국 인민이 깨어난 자신들을 따라 애국의 길을 갈 것을 독려하였다. 자신의 분야에서 그저 루저였을 뿐인 이들은 애국을 무기로 삼아 일시에 선택받은 영웅이 되었다.

분노청년은 대학생이나 대학을 졸업한 이들이 많으며 중학교나 초등학교를 졸업했거나 무학인 자들이 있다. 이들은 적당한 직장을 잡지 못하였으며 공장노동자이거나 아르바이트로 생계를 유지하기도 한다. 대학을 졸업한 후에도 특정한 직업 없이 컴퓨터 앞에 앉아 하루를 보내는 이들이 많다. 소분홍의 경우에도 수입이 중간에서 아래쪽에 속하여 2,000위안 이하인 이들이 40퍼센트에 이른다. 대부분 경제적으로 어려워 식사를 하면서 다음 끼니를 걱정해야 하고, 오늘밤 잘 곳을 걱정해야 하는 형편이다. 분노청년을 '사회 하층'이라고 부르기도 하는데 이들이 사회적으로, 경제적으로 낮은 지위를 가지고 있음을 가리킨다.

그렇다면 자신의 앞가림도 어려운 이들이 애국이라는 대의를 위해 뛰어드는 이유는 무엇일까? 상식적으로 생각한다면 자신의 어려움을 먼저 해결해야 한다. 그리고 문제를 야기한 집권자의 실정을 따지는 것이 당연한 순서일 것이다. 그런데 이들은 오히려 집권자에게 열렬한 지지를 보낸다.

분노청년이 가련한 처지에도 국가와 민족만을 생각하는 것은 애국주의 교육의 결과다. 중국 정부에서는 애국주의 교육을 통해 국가에 대한 충성교육과 희생교육을 철저히 시켰다. 따라서 분노청년은 국가에 대한 강한 책임의식을 가지고 있다. 이들은 스스로를 중화민족의 위대한 부흥을 책임질 역사적 사명을 띠고 중국 땅에 태어난 선택받은 영웅이라 생각한다.

憤怒
青年

쇼비니스트chauvinist

맹목적·광신적·호전적 배외주의를 쇼비니즘이라 한다. 쇼비니즘은 자국의 이익과 영광을 위해서는 수단과 방법을 가리지 않으며 맹목적인 배외와 광신적 애국주의 성향을 보인다. 쇼비니즘은 국민의 국가에 대한 헌신이라는 이타적 감정과 국가와의 동일화에 의한 자아 확대의 욕구를 충족시키기 때문에 애국은 불한당의 마지막 피난처라는 말이 있다. 이런 측면에서 볼 때 선택받은 영웅인 분노청년은 진정한 쇼비니스트라 할 수 있다.

분노청년이 가장 좋아하는 말은 애국이다. 이들에게 좋은 것, 정의로운 것은 오직 중국과 중화민족뿐이다. 당연히 나쁘고 정의롭지 못한 것은 중국을 제외한 모든 나라다. 중국 사람이라고 모두 좋은 사람은 아니어서 중국에 대해 자신과 의견이 다르면 매국노 또는 부역자라고 욕을 해댄다. 이들은 흑백논리에 강해 세상만사를 좋거나 나쁜 것, 정의로운 것과 정의롭지 못한 것으로만 구분한다.

분노청년이 가장 잘 하는 것은 적을 만드는 것이다. 이들은 조그만 일에도 곧바로 적의를 품는다. 시시각각 다른 국가의 동향을 살피고 조그만 변화가 있으면 해당 국가를 모욕하고 욕설을 퍼붓고 그 나라의 각종 인터넷 사이트를 공격한다. 이들은 하는 일 없이 하루 종일 반일반미만 외친다. 자유주의 작가였다가 애국주의 전사가 된 모뤄는 "공신과 죄인, 성인과 마귀를 구분하는

1990년대 이후 분노 청년의 활동

번호	사건명	일시	대상국가	내용	분노청년 또는 정부의 대응
1	인허호銀河號 사건	1993	미국	미국이 중국의 화물선 인허호가 화학무기 원료를 중동으로 운반하고 있다는 혐의를 포착, 공해상에서 인허호를 강제 정박, 검사한 사건	
2	타이완 해협 군사충돌 위기 사건	1995 ~ 1996	미국	미국이 리덩후이李登輝 타이완 총통의 방미를 허락한 것에 대해 중국 정부가 반발을 갖고 해방군과 난징군구南京軍區 부대를 타이완 해협에 배치하고 미사일을 발사하자 미국 항공모함이 이에 대응한 사건	
3	5·8사건	1999	미국	1999년 5월 8일 미국 B-2폭격기가 유고슬라비아 주중대사관을 폭격한 사건	– 미국과 나토 회원국의 베이징과 상하이 외교공사관 앞에서 시위 – 성조기를 불사르고 대사관 유리창을 깨고 저항을 부려 경찰과 충돌
4	중국과 미국 군용기 충돌 사건	2001	미국	미국 정찰기와 중국 전투기가 충돌한 사건	– 미국과 전쟁 주장 – 자유주의자들을 매도하다 비판 – 중국을 봉쇄하고 문화대혁명 시기로 돌아가자는 주장 등장
5	자오웨이趙薇의 일본 욱일기 원피스 사건	2001	일본	2001년 12월 《스웨睡梦》 잡지에 자오웨이가 일본 욱일기 도안이 있는 원피스를 입고 공연을 한 사진이 실림	– 난징하산 생존자들, 자오웨이에게 사과를 요구하고 고소 – 각종 잡지에서 자오웨이 관련 내용 게재 거부 – 자오웨이 머리에 똥물 투척 사건 발생
6	고이즈미의 야스쿠니 신사 참배	2002	일본	일본 총리 고이즈미가 전범들이 합사된 야스쿠니 신사를 참배한 사건	고이즈미의 중국 방문 무산
7	고이즈미의 야스쿠니 신사 참배	2003	일본	일본 고이즈미 총리가 전범들이 합사된 야스쿠니 신사를 참배한 사건	일부 네도시에서 반일 데모

	사건명	연도	국가	내용	
8	시베이대학 西北大學 사건	2003	일본	시베이대학의 일본인 교수와 학생들이 중국을 무시하는 내용을 공연	- 학생들이 이들에 대한 처벌을 요구하며 거리 시위 - 일본이 특사한 기업 파괴 - 무관한 일본 유학생 구타 - 유학생 기숙사와 시베이대학에 파손
9	징후京滬 고속철도 사건	2003	일본	징후고속철도 건설에 일본 신칸센 기술을 사용하는 것에 반대한 사건	- 인터넷에서 신칸센 기술을 사용하는 것을 반대하는 서명 받음
10	바오다오保釣 운동	2003	일본	댜오위다오釣魚島를 보위하는 단체를 구성해 댜오위다오에 오르려 했으나 일본 해경에 의해 저지당한 사건	- 베이징과 상하이의 일본대사관 앞에서 일본 국기를 불사르며 시위
11	지지하얼齊齊哈爾 독가스 사건	2003	일본	헤이룽장성黑龍江省 지지하얼시에서 일본이 남기고 간 독가스탄으로 인해 여러 명이 상해를 입은 사건	- 독가스에 중독된 이들에게 배상과 독가스탄을 완전히 처리할 것을 요구
12	일본관광객 주하이어시嫖娼 매춘 사건	2003	일본	일본 관광객 380명이 광둥성의 주하이시에서 중국인 여성을 단체로 성매매한 사건	- 사건이 발생한 9월 18일은 9·18사변이 일어난 날로 중국인들은 국치로 여김 - 정부에 일본에 강경한 태도를 취할 것을 요구 - 일본상품 불매운동
13	강릉단오제 세계문화유산 신청 사건	2005	한국	한국이 강릉단오제를 세계문화유산으로 신청한 것에 대해 중국이 반대한 사건	- 강릉단오는 중국의 문화도둑이라 비판 - 한국 상품 불매운동 - 한국드라마 시청 거부
14	한국 수도이름 변경 반대	2005	한국	서울의 중국어 표기를 한청漢城에서 서우얼首爾로 교체하는 것에 반대	- 한국 정부가 한국 수도명의 중국식 표기 교체를 요구한 것은 중국에 대한 내정간섭이라며 분노
15	일본 교과서의 침략역사 미화	2005	일본	일본 교과서에서 중국 침략사를 미화한 사건	- 베이징 중관춘中關村과 하이뎬샤민民衆하샤夏를 모의 일본상품 불매운동
16	라싸 3·14사건	2008	미국	라마승을 중심으로 종교의 자유, 티베트에 대한 민주화 시행, 티베트 전통문화 보장을 요구하며 평화 행진	- 중국 정부는 '반혁명, 반사회주의', '분열주의'라는 죄목으로 무력 진압 - CNN이 3·14사건을 왜곡에서 보도했다며 네티즌들의 공격

No	사건명	연도	국가		
17	까르푸 불매운동	2008	프랑스	2008년 파리에서 베이징올림픽 성화 봉송 때 티베트 독립을 주장하는 이들에 의해 습격을 당한 사건과 까르푸 앞 광장 오성홍기 조기 게양 사건	- 프랑스 제품 불매운동 - 까르푸 봉쇄와 불매운동
18	국제철공계 國際鐵公鷄 사건	2008	한국, 핀란드, 일본, 프랑스, 미국, 이탈리아	중국에서 이익만 취하려고 원촨(汶川) 지진에 원조를 하지 않은 외국기업의 명단을 공개하고 '인색한'이라 비난	- 원조를 하지 않은 외국기업 명단을 공개하고 불매운동 및 시위
19	옌쫑녜이(艳踪淚年의) 마키를 때리 사건	2008	중국(만주족)	옌쫑녜이란 학자가 텔레비전 강의 중 청나라를 칭송하고 명나라를 폄하하는 발언을 했다고 비난	- 옌쫑녜이 서점에서 사인회를 하는데 남성이 급습해 마키를 때림
20	자오번산趙本山 캐나다 이민 사건	2008	중국	유명한 희극배우인 자오번산이 캐나다로 이민 갔다는 주장	- 자오번산이 배신을 했다며 비판
21	코가콜라 인수 사건	2008	미국	코가콜라사가 중국 업체인 후이위엔匯源사를 인수하려 한 사건	- 네티즌들의 반대로 중국 상무부가 반독점법 위반을 근거로 인수 불허 판정
22	우한武漢대학 기모노 사건	2009	일본	중국인 모녀가 기모노를 입고 우한대학 앞에서 사진을 찍다 쫓겨난 사건	- 주변 사람들이 욕을 하고 모녀를 쫓아냄
23	비키니 국가 사건	2009	중국	《메이一스다이美一時代》 잡지가 주최한 2010 HOSA 수영복 발표회에 중국 오성홍기 문양이 그려진 비키니 수영복의 등장	- 신성한 국기를 더럽혔다고 비난
24	중국과 일본 어선 충돌 사건	2010	일본	9월 7일 오전 댜오위다오 부근에서 조업 중이던 중국 어선과 이를 불법조업으로 단속하던 일본 해상 보안청 선박이 충돌한 사건	- 베이징 일본대사관 앞에서 항의시위 - 홍콩 일본영사관 앞에서 일본 국기를 불사름 - 타이완, 중국, 홍콩, 마카오에서 온 중국인들이 누보 주체 일본 총영사관 앞에서 시위
25	69성전聖戰	2010	한국	슈퍼주니어 공연에 입장권을 받지 못한 팬들이 경찰과 대립	- 중국 해커들이 슈퍼주니어 홈페이지 공격

	사건	연도	국가		
26	타이완 페이스북 사건	2016	대만	쯔위가 MBC 방송 중 타이완 국기를 흔드는 것을 타이완 독립을 주장한 것이라 비난	쯔위가 《싼리신문三立新聞》, 《핑궈일보苹果日報》, 차이잉원 총통 페이스북에 출정
27	버진 애틀랜틱 항공사 사건	2016	영국	중국 여자 승객이 백인남자로부터 중국폐지라는 말을 들음	다바가 항공사 페이스북에 출정하여 항공사로부터 사과를 받음
28	타이완 배우 다이리런戴立忍사건	2016	대만	타이완 배우 다이리런이 타이완 독립 활동을 하였다고 비난	다이리런에게 "타이완이 중국에 속한다"는 말을 할 것을 요구
29	남중국해 중재안 사건	2016	필리핀	2016년 7월 12일 네덜란드 헤이그상설중재재판소PCA는 중국의 남중국해 영유권 주장이 근거 없다고 판결, 필리핀의 손을 들어줌	- 인터넷에서 필리핀, 미국, 일본 상품 불매운동 - 미국산의 애플 헤드폰을 파괴 - KFC 치킨 앞에서 시위
30	웨이밍런魏明仁 노인 사건	2016	타이완	타이완의 웨이밍런 노인이 중국 국기와 공산당기를 걸고 차이잉원 정부를 반대하여 비판 받음	다바가 차이잉원 총통, 《싼리신문》, 《핑궈일보》 등 페이스북에 출정
31	사드 한국 배치 사건	2016 ~ 2017	한국	한국의 사드를 성주에 배치한 것에 중국이 반대한 사건	- 중국 정부는 한국 문화예술 공연, 방송 금지, 한국 여행상품 판매 금지 - 롯데그룹 홈페이지 공격 - 롯데마트를 공격해 영업정지하고 - 롯데상품을 훼손
32	일본 APA호텔 사건	2017	미국	호텔 객실에 비치한 일본 우익서적을 회수할 것을 요구	호텔 페이스북에 디바 출정

33	홍콩 중원대학 中文大學 사건	2017	홍콩	중국 여학생이 홍콩 중원대학 내 홍콩 지유 요구 대자보 훼손	페이스북에 여학생을 지지하는 발언을 함
34	평창올림픽 사건	2017	한국	쇼트트랙 선수 한뱬위韓雨가 평창올림픽에서 규정 위반으로 실격	네이버 공격
35	스웨덴 사건	2018	스웨덴	중국 관광객 假冒 경찰 선생이 스웨덴 경찰이 폭력 전항을 당한 사건과 스웨덴 방송국 중국인 폄하 사건	디바 출정
36	돌체앤가바나 광고 사건	2018	이탈리아	이탈리아 패션브랜드 돌체앤가바나 광고 중 중국을 모욕하는 내용이 있다고 사과 요구	웨이보, 페이스북, 인스타그램에서 항의하여 공식 사과 받음
37	하인디[何伊麗] 선수 사건	2018	중국	중국 쑤차우蘇州에서 열린 마라톤 대회에 참가한 하인디 선수가 자원봉사자가 건네준 국기를 내팽개친 사건	하인디 선수는 국기를 버렸다고 비난 받음
38	영어평鄭艶澤 프랑스 국적 취득 사건	2019	중국	탁구선수인 영어평과 아들의 프랑스 국적 취득했다며 비난하자 여권 공개	인터넷에서 영어평을 매국노라 비판
39	미중 무역전쟁	2019	미국	미국과 중국의 무역전쟁	- 중국 정부는 미국을 깡패Bully 국가라 칭하며 비판 - 화평가를 개사한 '마오이전毛义战' 이란 노래 등장 - 항미원조 영화 재방영 - 애틀, 스타벅스 불매운동
40	한국의 홍콩 시위 지지 사건	2019	한국	한국 대학생들이 홍콩 시위 지지를 표명	대자보 훼손하고 사과하라고 요구
41	가수 이효리의 '마오' 발언 사건	2020	한국	이효리가 방송에서 예명을 '마오' 라고 하겠다고 함	마오쩌둥을 모욕했다며 사과 요구
42	방탄소년단 사건	2020	한국	방탄소년단의 한국전쟁 관련 수상소감	중국의 은이을 무시했다며 사과 요구

기준은 개인의 인격과 관련 없으며 그가 추구하는 것이 국가의 이익을 위한 것인가 아니면 손해를 입히는 것인가와 관련이 있다. 이 기준은 간단히 말하면 애국주의다"[24]라고 했다. 심지어 모 뭐는 히틀러와 일본 군국주의도 찬양한다. 히틀러와 일본 군국주의가 비록 다른 나라에 상상할 수 없는 고통을 주었지만 자국에는 이익이 되었기 때문이라고 한다.

분노청년은 중국을 제외한 모든 나라에 적개심을 보인다. 일본은 중국의 적이고, 미국도 적이고, 한국도 적이고, 프랑스도 적이다. 적! 적! 적! 모두가 적이니 결국 적이 아닌 나라는 중국 자신밖에 없게 된다. "분노청년은 중국이 발전하니 '반중국세력反華勢力'이 등장했다며 전 세계인을 적으로 만들었다. 미국, 일본, 프랑스, 러시아, 독일 등을 적이라 하는데 도대체 적이 아닌 나라가 몇이나 남아 있단 말인가?"[25] 저명한 중국 지식인의 지적이다.

1990년대 중후반부터 분노청년의 애국활동이 본격화되는데 앞의 표와 같다.

분노청년의 애국활동 중 중국 내 사건은 국가, 국기, 마오쩌둥, 중화민족, 특히 한족을 지고지상의 존재로 여기고 이를 무시하거나 이탈하려는 사람들에게 징벌을 가했다는 특징이 있다. 2008년 옌충녠 사건과 자오번산 사건, 2009년 비키니 국기 사건, 2012년 한더창 사건, 2018년 허인리 선수 사건, 2019년 덩야핑 프랑스 국적 사건이 있다. 비키니 국기 사건과 허인리 선수 사건은 중국 국기에 대한 모독을 물은 것으로 앞에서 이미 설명했다. 옌충녠 사건과 한더창 사건은 젊은이가 노인의 따귀를 때린 사건이다.

분노청년은 자신이 생각하기에 충분히 애국적이지 않은 이들에게 징벌을 가하였다. 그러나 분노청년이 가장 주목하고 있는 것은 외국이 중국에 대해 어떤 태도를 보이는가 하는 것이다.

1990년대 중반 이후 분노청년은 타이완 문제, 유고슬라비아 주재 중국대사관 오폭 사건을 계기로 미국에 분노하기 시작하였다. 2000년 이후에는 분노청년의 분노는 대상 국가가 다양해지고 더 빈번해지고 더 과격해졌다. 2001년 미국과 중국 비행기가 충돌한 사건, 2005년 한국의 단오제 유네스코 세계 무형문화유산 등재 신청 반대 사건, 2008년 파리의 베이징올림픽 성화 봉송 사건에서 야기된 까르푸 불매운동, 2010년 9월 7일 중국 일본 간의 댜오위다오釣魚島 선박 충돌 사건 등이 발생했다. 정치, 경제는 물론 문화, 사회 등 다양한 영역의 사건이 모두 거대한 애국주의 과녁이 되었다.

분노청년은 중국 내 외국기업들에 대해서 매우 부정적인 인식을 가지고 있다. 대표적인 사건이 원촨汶川 지진 후 일주일이 지나 발생한 국제 철공계國際鐵公鷄 사건이다. '철공계'는 '쇠로 만든 닭'이라는 의미로 털 하나도 뽑지 않는 아주 인색한 사람을 말한다.

분노청년은 인터넷에 철공계 순위를 발표했는데 가장 인색한 기업으로 삼성이 뽑혔으며, 2등은 노키아, 3등은 다이킨, 4등은 루이비통, 5등은 코카콜라, 6등은 맥도널드, 7등은 켄터키치킨, 8등은 도요타, 9등은 구찌, 10등은 LG였다. 분노청년은 이들 기업은 중국에서 이득을 취할 뿐 중국이 어려움에 처했을 때 조금도 도움을 주지 않는 인색한이라고 비난했다. 원촨 지진 현장에 있는 맥도널드로 달려가 시위를 벌이고 유리창에 국제 철공계 명단을 붙이고 불매운동을 벌였다. 대상 국가는 한국, 핀란드, 일본, 프랑스, 미국, 이탈리아 등이었다.

시위가 점점 과격한 양상을 보이자 2008년 6월 11일 상무부는 진압에 나섰다. 상무부 부장 천더밍陳德銘이 "중국에서 돈을 버는 철공계가 구호 성금을 내지 않았다는 말은 완전히 사실이 아니다. 상무부 자료에 의하면 인터넷에서 말하는 회사들은 많은 기부를 했다. 일반적으로 중국 돈 1,000만 위안 이상을 했으며 일부가 200만 위안, 300만 위안을 냈다"고 밝혔다. 상무부는 외국 기업들의 구호 금액을 발표해 유언비어를 막으려 했으나 분노청년의 의심은 멈추지 않았다. 상무부 발표 후 인터넷에는 다시 음모론이 돌았는데 이번에는 "명단이 공개되자 어쩔 수 없이 기부를 하고 상무부에 구해달라고 했다"고 하였다.[26]

2008년은 분노청년이 참으로 바쁜 한 해였다. 베이징올림픽이 열린 해이며 라싸 3·14사건이 발생하고, 프랑스의 성화 봉송 저지 사건이 일어났고 이어서 까르푸 불매운동, 국제 철공계 사건, 코카콜라의 중국기업 인수 사건 등이 터졌다. 2008년, 특히 분노청년이 분노할 일이 많았던 이유는 급속한 경제성장과 올림픽 개최로 인한 자신감이 외부의 압력과 충돌했기 때문이다.

분노청년은 중국을 대국으로 대하지 않는 미국, 근대 중국을 침략하고 반성이 없는 일본, 중화 질서를 벗어나려는 한국, 중국을 분열시키려는 프랑스에 분노했다. 서방국가에 대해서는 주로 타이완 문제, 티베트 문제, 남중국해 문제 등 중국의 주권과 영토문제에 간섭한다는 불만을 가지고 있다. 아시아 국가는 주로 역사 문제로 분노했는데 일본은 역사처리 문제, 한국은 무형 문화유산 소유권을 문제로 삼았다.

분노청년은 중국은 선, 다른 나라는 악이라는 흑백 논리로 다른 나라를 악마화했다. 마오쩌둥의 구호였던 "중국인이여, 일어나라"를 연상시키는 서적《중국이 일어났다》에서는 "서양은 오직 빼앗고, 노역을 시키고, 음모와 반인륜적인 행위를 한다. 중국은 정의, 자립, 문명과 공평한 마음을 가지고 있다. 서양문명은 암세포이며 지구의 난치병으로, 중국문화가 서양의 병을 고칠 것이다. 미래에 중국인은 반드시 정치적으로 전 인류를 통일할 것이고 세계를 통치하는 정부를 건립할 것"[27]이라고 주장한다.

분노청년은 외교적인 문제가 발생하면 바로 해군, 공군을 파병해 핵폭탄을 터뜨려 박살내라고 한다. 분노청년은 어떠한 외교 협상, 타협, 필요에 따른 후퇴, 이익의 교환 등에 대해서도 격렬한 비난을 쏟아내고 정치적 노선이 다른 사람은 매국노라고 매도한다. 2016년 남중국해 중재안에서 중국이 손해를 봤을 때 반미 정서가 폭발했다. 어떤 사람은 "독이 있는 분유를 먹을망정 매국노는 되지 않겠다"고 외쳤다. 독이 있는 분유는 싼루三鹿그룹의 분유를 말하는 것으로 2008년 공업용 화학물질인 멜라민이 들어간 사실이 알려지면서 세상을 놀라게 한 적이 있다. 매국노가 되느니 독이 든 국산 분유를 마시고 죽겠다는 것이다.

심지어 극단적인 분노청년은 극도로 격분해 미국을 배척하는 동시에 서양의 민주, 자유, 인권도 거부한다. 미국을 배척한 인물인 신유고슬라비아연방 공화국의 대통령 슬로보단 밀로셰비치, 사담 후세인, 김정일 등이 모두 그들 마음속의 영웅이다.[28]

비이성적 사고

분노청년은 똑같은 행위라도 자기가 하는 것은 옳고 남이 하는 것은 옳지 않다고 한다. "미국이 이라크를 침략한 것은 비판하고 다른 나라의 살상무기를 지적하지만, 타이완 문제에 있어서는 어떤 국가보다 더 심하게 비난한다. 타이완에 핵실험을 해 '수은으로 타이완 남자 모두가 아이를 낳지 못하도록 해야 한다'고 한다. 분노청년은 어제는 중국의 오랜 친구라 했다가도 마음에 맞지 않으면 개똥이라 한다. 그들의 인격은 심각한 정신분열 상태다."[29]

분노청년은 무지하며 논리가 없다. 미국이 멸망할 것이라고 제시한 근거는 너무 황당하다. "미국 역사와 사회에 대해 중국 학생들이 미국 학생보다 지식이 더 많다. 미국 청년의 타락상인 마약이나 무절제한 섹스, 지나친 전자오락 등의 뒤안길에는 이미 인류문명으로부터 버림받을 조짐이 보이고 있는 것"[30]이라고 한다.

물론 중국 학생들이 미국 학생들보다 미국에 대한 지식이 더 많을 수 있다. 그러나 중국인들이 미국인보다 미국에 대해 잘 알고 있기 때문에 정복이 가능하고, 마약, 무절제한 섹스, 전자오락이 미국이 멸망할 증거라고 하는 것은 논리적 근거가 없는 주장이다. 무지한 것인가? 지나친 희망이 사고할 수 있는 능력을 망가뜨려버린 것인가?

분노청년은 음모론에 강하다. 베이징의 일본 자동차와 미국의 일본 자동차가 품질에 있어 차이가 나는 것을 '일본인은 일류 상품은 구미에 수출하고 이류 상품은 자신들이 쓰고 삼류 상품을 중국인에게 팔기 때문'이라고 한다.[31] 실제로 중국에 판매되는 자동차와 그 외 나라에 판매되는 자동차는 품질에 있어 차이가 난다. 이는 소비자의 구매 능력에 맞게 차량을 제작하기 때문으로 가격도 당연히 저렴하다. 분노청년의 입장에서는 모든 다른 나라를 의심하기 때문에 외국기업들이 일부러 중국 판매용은 품질이 떨어지게 제작했다고 생각하는 것이다.

분노청년은 콤플렉스로 인한 과대망상을 가지고 있다. 항상 중국이 문명고국임을 강조하고 세상 모든 나라가 중국의 혜택을 입었다고 한다. 그리고 늘 중국이 세계 최초로 무언가를 발명했음을 강조한다. 분노청년은 현대 중국이 자신들이 원하는 만큼 이상적인 수준에 이르지 못했기 때문에 위대한 과거를 통해 콤플렉스를 극복하려 한다.

이런 콤플렉스는 다른 나라의 역량을 제대로 파악하지 못하게 하고 세계를 아전인수 격으로 인식하게 한다. 그 결과 "전 세계에 일어나고 있는 반미 감정은 이제 정신적인 무장에 물질적인 무기까지 가세되고 있다. 나는 이러한 외침 속에 전해지는 '미국, 너는 무엇에 기대어 세계의 중심 노릇을 하려고 하느냐? 너는 이제 틀려먹었다'라는 소리를 분명하게 듣고 있다"[32]고 주장한다. 분노청년이 들었다는 것은 IS와 같은 무장단체들의 소리로, 이것이 전체 지구인의 목소리는 아니다.

분노청년은 전쟁을 통해 세상을 제패해야 한다고 주장한다. 《초한전超限戰》[33]에서는 "미래의 전쟁은 중국과 서양국가 간에 일어날 것이며 중국은 먼저 공격해 적을 제압해야 한다"고 주장한다. 《중국은 '노'라고 말할 수 있다》에서도 "청년들은 전쟁을 준비해야 한다. 작은 전쟁은 큰 전쟁만 못하고, 늦게 때리는 것은 일찍 때리는 것만 못하다"라고 하며 전쟁을 독려하고 있다. 《중국몽》의 저자인 류밍푸劉明福는 "과거 국제 사회에서 평화로운 굴기는 없었으며 중국은 반드시 군사적인 방법, 즉 전쟁을 통해 일어나야 한다. 21세기 중국과 미국은 결전을 벌일 것이며 중국은 반드시 미국을 무력으로 제압해야 한다. 중국은 오직 전쟁을 통해서만 세계 권력을 장악할 수 있다"[34]고 한다. 우호적인 경쟁이 아니라 미국과 전쟁을 벌여 세계 주도권을 장악하자고 한다.

대학생들도 외국과의 분쟁을 전쟁을 통해 해결하는 방식을 선호한다. 중국 동북지역 7개 대학 학생을 대상으로 한 조사에 의하면 댜오위다오 문제와 남중국해 문제를 전쟁을 통해 해결하자는

학생이 80퍼센트에 이르렀다.[35]

더 황당한 것은 중국의 전쟁은 폭력성이 결핍되어 있다는 주장이다. "중국인에게는 제국주의적 유전자가 없다. 즉, 탐욕스럽고 잔인한 성향이 없다는 말이다. 심지어 중국인이 다른 나라의 침략을 받거나 다른 나라와 전쟁 중이라 하더라도 전쟁의 기본 경향은 폭력성이 결핍되어 있다는 것이다. 중국의 전쟁은 인의를 섬겨 '하늘을 대신해 벌을 내린 것'으로 교화와 설교의 차원에서 이루어졌다. 우리의 선조들은 우리들에게 이러한 전쟁 도덕관을 심어주었다"[36]고까지 말한다.

중국의 전쟁은 하늘을 대신해 벌을 내리는 것으로 교화와 설교의 차원이라는 것은 고대 중국 황제들이 다른 나라를 침략할 때면 사용하던 말이다. 중국 황제들은 침략하는 것이 아니라 천명을 받아 야만을 제압하는 것이라고 합리화했다. 현재 이슬람 극단주의자들이 이교도들에게 무자비하게 테러를 감행하는 것을 성전이라 주장하는 것과도 통한다.

아래는 분노청년에 대해 비판적인 글을 써온 작가 한한韓寒이 분노청년의 비이성적인 사고를 지적한 것이다.[37] 분노청년이 어떻게 욕을 하는지 〈애국자의 질문에 대한 대답回答愛國者的問題〉이라는 글로 정리했다.

∘ 질문 1: 외국인이 와서 네 귀싸대기를 때리면 너는 아무런 동요 없이 손을 쓰지 않고 자신이 도량이 넓다는 것을 표현할 것인가?

- 대답: 외국인은 내 귀싸대기를 때리지 않는다.

○ 질문 2: 네 엄마가 외국인에 강간을 당하면 너는 항의하지 않겠느냐?
- 대답: 외국인이 우리 엄마를 강간하지 않았다.

○ 질문 3: 조국은 당신의 어머니다.
- 대답: 조국은 조국이고 어머니는 어머니다.

○ 질문 4: 당신은 당신이 발아래 딛고 있는 땅을 어떻게 얻었는지 알고 있는가?
- 대답: 나는 내 땅이 없고 당신도 당신 땅이 없다.

○ 질문 5: 당신은 중국인이 아니다. 중국인이라면 마땅히 까르푸 불매운동에 참여해야 한다.
- 대답: 헌법에는 그런 규정이 없다. 이는 당신이 강행하는 깡패 애국주의다.

○ 질문 6: 애국은 한 사람이 출생부터 가지고 있는 우수한 품격이며 전통이다.
- 대답: 당신이 다시 한번 태어났을 때 이 나라를 선택한다면 당신은 진정한 애국자고 우수한 인격을 가진 사람이다.

◦ 질문 7: 자기 엄마도 사랑하지 않는 사람을 사람이라 할 수 있는가?

● 대답: 우리 엄마는 저우챠오룽周巧蓉이고 나는 엄마를 매우 사랑한다. 나는 나의 노력으로 우리 가족이 기본적인 생활을 할 수 있도록 보장하고 있다. 국가의 안전을 보장하고 싶으면 먼저 자기 가족의 안전을 보장하는 것이 맞다.

◦ 질문 8: 너는 까르푸의 주주가 달라이 라마를 돕지 않았다고 한다. 우리도 증거를 찾지는 못했지만 프랑스 상품 불매운동을 하는 데 장애가 되지 않는다. 까르푸에 대한 불매운동은 사실 주먹을 한 방 날리는 것으로 프랑스 관련 모든 물건에 대한 불매운동으로 확대할 것이다. 루이비통, 푸조 자동차, 시트로앵 자동차에 대한 불매운동을 펼쳐 2008년 베이징올림픽을 지지하게 만들 것이다. 중국인이 단결해 세계를 두려움에 떨게 해야 한다.

● 대답: 현대 올림픽은 프랑스인 쿠베르탱이 시작한 것이니 베이징올림픽 개최를 거부하자.

◦ 질문 9: 까르푸를 단호하게 배척해야 하는데 의외로 너는 기백이 넘치는 대국을 외국 열강이 욕보이는 것을 용납하고 있다. 만약 모든 사람이 너와 같이 나약하다면 나라는 이미 망했을 것이다.

● 대답: 너는 용맹하고, 너는 용감하고, 너는 죽음을 두려워하지 않으니 너는 열사다. 왜냐하면 너는 용감하게 모 마트에 가서 물건을 사지 않기 때문이다. 뿐만 아니라 너는 용감하게 까르푸의

憤怒
靑年

아이스크림을 계산을 하지 않고 카트에 놓아두어 녹게 했다. 너는 용감하게 마트 입구에서 계산을 하고 나오는 사람들을 향해 매국노라고 소리쳤다. 너는 용감하게 네덜란드 국기를 불태워 프랑스에 경고했다.

○ 질문 10: 허페이슴肥 까르푸가 오성홍기를 조기로 게양했는데 너는 왜 분노하지 않는가?

● 대답: 나는 이 일은 까르푸가 한 게 아니라는 것을 믿으며 그들은 감히 할 수 없다고 생각한다. 국기는 까르푸 앞 광장에 있었고 이러한 행위는 전형적인 깡패 애국자들이 한 것이다. 자기들이 국기를 내리고 도둑이 도둑을 잡으라고 소리치며, 사방에 전파하고 선동하는데 이는 세상이 혼란스러워지지 않을까 두려워하는 것이다. 이러한 행동은 정말 부도덕적이다. 유사한 행위와 수단은 이미 들어서 익숙하다.

〈질문 2〉의 '엄마가 강간을 당했다'의 '엄마'는 타이완으로 미국이 타이완 문제에 간섭하는 것을 말한다. 〈질문 9〉의 네덜란드 국기를 불태운 사건은 분노청년이 네덜란드 국기를 프랑스 국기로 오인해 불태운 사건을 말한다. 실제로 네덜란드 국기와 프랑스 국기는 파란색, 흰색, 빨간색의 조합을 수직으로 배치하느냐 수평으로 배치하느냐의 차이만 있어 혼동하기 쉽다.

폭력과 저속

분노청년의 비이성적 사고는 폭력적인 행동과 저속한 언어로 표현된다. 극도의 불만을 가지고 비정상적인 방식으로 마구 욕하고 꾸짖으며 폭력적인 방법으로 공격을 한다. 분노와 난폭한 것은 다른 것이다. 그러나 이들의 분노는 난폭과 저속을 벗어나지 못한다. "아마 가장 이성적인 중국의 분노청년도 '증오'라는 말을 벗어나지는 못할 것이다. 가장 낮은 수준의 중국 분노청년은 이미 '똥청년糞靑'이 되었으며 하는 말마다 욕을 하는 방식으로 원한을 표현하고 있다."[38]

중국에서 분노청년이 폭력성을 띠는 것은 애국주의 교육과 관련이 있다. 현대 교육을 받은 중학생이 잔혹하고 극단적이며 피비린내 나는 폭력적인 말을 하는 이유는 중국 학교교육에서 농민혁명, 의화단운동, 자산계급혁명에 대한 수업을 할 때 폭력을 찬양하는 경향이 있기 때문이다.[39] 중국은 정치 과목을 사회주의 계급투쟁론에 입각해 교육하기 때문에 학생들은 모든 것은 투쟁과 대립의 관계로 보게 된다. 계급 대립과 원한은 혁명을 동원하는 동력이다. 그리고 역사 교육을 통해서 근대 중국을 침략한 서양제국주의와 일본에 대한 증오심을 고취시킨다.

분노청년이 인터넷에서 자주 하는 욕은 "네 가족을 모두 죽여버릴 것이다, 병신傻X, 똥을 먹고 자란 것, 뒈져버려(去你M的), 너는 부역자의 종자야, 조상을 욕 먹이는 것(我CAO你八輩), 엿 먹어라(放你M的屁) 등"[40]이 있다. 일본은 분노청년이 가장 싫어하는 나라로 극단적인 표현을 써서 저주한다. 일본은 열등 민족으로 소멸해야 한다고 생각하며 일본 여자들은 중국 남자들이 강간하고, 일본 남자들은 모두 죽이자고 한다.

분노청년이 특히 좋아하는 단어는 강간이다. "당신과 부인이 공원을 거니는데 폭력배들이 나타나 협박을 하고 부인을 강간하려 한다면 어떻게 해야 할까?"[41] 이 문장의 강간범은 미국이고 강간을 당하는 것은 타이완이고, 남편은 중국이다. 타이완에 대한 미국의 간섭을 비판하면 될 것이지 굳이 강간이란 용어를 쓸 필요는 없을 것이다.

분노청년이 쓴 글 중 '성형관음증 국가, 한국'이 있다. 이 글에서 "한국인이 가장 숭배하는 민족 영웅인 명성황후는 위안스카이袁世凱의 첩이었으며, 일본 낭인에게 강간을 당하고 살해되어 나체로 불살라졌다"[42]고 한다. 이는 사실과 전혀 부합하지 않는 내용으로 분노청년이 상상해낸 것이다. 여기서도 '첩', '강간', '나체'와 같은 용어를 사용해 저속한 표현을 하고 있다.

중국 연구자는 분노청년이 욕하기를 좋아하는 이유를 다음과 같이 분석했다.[43] "분노청년은 폭력혁명에 대한 환상, 제국주의를 도륙하겠다는 환상을 가지고 있는데 이러한 이상은 현실에서 실현이 불가능하기 때문에 인터넷에서 혁명 이상을 실현하는 것이다. 그들은 욕을 하는 것을 적에게 총을 쏘는 것으로 간주해 저격한 후에는 만족해 환호한다."

인터넷상의 폭력이 언어 폭력이라면 현실에서 일어나는 폭력은 행동 폭력으로 육체에 직접적인 상해를 준다. 2003년 시베이대학 사건 중 시위대는 일본이 투자한 기업을 부수고, 무고한 일본 유학생을 구타하고, 유학생 기숙사와 시베이대학을 파손해 큰 손실을 입혔다. 2012년 9월 10일 일본 정부가 댜오위댜오의 국유화를 선언했을 때는 중국에서 대규모 반일 시위가 일어났다. 이번 반일 시위는 여러 곳에서 파괴하고 약탈하는 행위가 나타났다. 일제 차를 파괴하고 일본 식당을 부수고 일본 기업을 불살랐다.

폭력은 외국인만 겨냥한 것이 아니었다. 부역자나 매국노로 규정된 중국인도 과녁이 됐다. 시안 시민인 리젠리李建利는 도요타 코롤라 차를 타고 있다가 10여 명의 시위대에 구타를 당하고 차가 파손되었다. 부인은 시위대에게 "일반 백성이 어렵게 돈을 모아 산 차이니 부수지 말아주십시오. 일본 차를 산 것은 잘못으로 이후 사지 않겠습니다"라고 빌었다. 그러나 이들은 막무가내였고 차이양蔡洋이라는 남성은 강철 자물쇠로 리젠리의 머리를 때려 5급 상해를 입혔다. 리젠리는 두개골에 구멍이 나서 혼절했고 현재도 오른쪽이 마비되어 혼자 걷지 못한다.

차이양은 21세로 월급을 200위안 받는 미장공이었다. 그는 평소 항일드라마를 보는 것을 즐겼고 카운터 스트라이크Counter-Strike 게임을 좋아했다. 카운터 스트라이크 게임은 테러리스트를 소탕하는 1인칭 슈팅게임으로 자신이 마치 실제 주인공이 된 것처럼 게임을 진행할 수 있다. 그리고 그는 메신저 QQ공간에서 애

국에 대한 갈망을 호소하기도 했다. 그는 고의 상해죄와 공공질
서 문란죄로 징역 10년형을 받았다. 그는 자신은 애국을 한 것뿐
이라며 무죄를 주장했다.

2001년 여배우 자오웨이가 일본 욱일기 도안이 그려진 원피스
를 입은 사건이 벌어졌을 때는 중국 전체 매체와 인터넷에서 그
녀를 저주했다. 부역자, 매국노, 왜놈의 기생, '자오웨이를 강간하
고 조상의 무덤을 파야 한다'고 했고, 어떤 이는 그녀의 머리에 다
른 사람의 나체사진을 붙여 인터넷에서 대대적으로 전파했다.[44]
전국적으로 그녀를 비난하고 대대적으로 저주하고 비합법적으로
사진을 사용한 끝에 그녀는 사과했다. 각종 언론과 인터넷에서
비난하는 것을 넘어 직접 위해를 가하기도 하였다. 2001년 12월
28일 후난징지湖南經濟 텔레비전에서 거행하는 프로그램에 참가
한 자오웨이에게 똥물을 뿌린 사건이 발생했다. 무대로 오르려는
자오웨이의 머리채를 잡고 넘어뜨린 후에 한 남자가 머리에 똥물
을 뿌린 것이다.

2002년 3월 우한武漢의 《다공打工》 잡지는 가해자를 인터뷰했
다. 가해자 우吳 씨는 1971년 생으로 초등학교를 졸업한 후 국영
기업에서 운전기사로 일했으나 당시에는 무직 상태였다. 그는 자
오웨이에게 똥물을 뿌린 사건에 대한 처벌로 겨우 12일간 구류를
살았을 뿐이다.

젊은이가 노인의 따귀를 때린 사건도 있었다. 동양 사회에서 젊
은이가 노인의 따귀를 때린다는 것은 상상할 수 없는 일이다. 옌

충녠은 베이징 사회과학원 만학연구소滿學研究所 연구원이며 베이징 만학회滿學會 회장으로 저명한 역사학자다. 특히 그는 중국 중앙텔레비전의 역사강좌 프로그램인 '바이쟈장탄百家講壇'에서 강연을 해 유명해졌다. 그런데 2008년 10월 5일 장쑤성江蘇省 우시無錫의 신화서점에서 사인회를 하던 중 젊은 남자가 그의 따귀를 때렸다. 젊은 남자는 옌충녠의 따귀를 때리고 "옌충녠은 매국노다, 따귀를 맞는 것은 당연하다"라고 소리를 질렀다. 이 남자가 옌충녠을 때린 이유는 텔레비전에서 만주족이 세운 청나라를 높게 평가하고 한족이 세운 명나라를 폄하했기 때문이라고 했다. 2008년 당시 옌충녠은 74세의 노인이었고 따귀를 때린 젊은이는 20대였다.

2012년에는 마오 주석을 비판했다는 이유로 베이항北航대학의 경제학 교수인 한더창韓德强이 80세 노인을 때린 사건도 있었다. 댜오위다오 문제로 베이징에서 시위를 하던 중 한 젊은이가 "우리는 마오 주석을 그리워한다"라는 팻말을 들고 있었다. 노인이 이를 비판하자 옆에 있던 한더창은 매국노라며 노인의 따귀를 때렸다. 이 사건은 대학교수이며 영향력 있는 지식인이 정치적 견해가 다르다는 이유로 팔순 노인의 따귀를 때린 사건으로 사회적으로 파장이 컸다. 특히, 후진타오 정부의 주요 정책이었던 '조화사회和諧社會'를 처음 제기한 사람이 오히려 조화롭지 못한 행동을 했다는 것은 놀라운 일이다. 그러나 한더창은 사건 이후에도 자신은 절대로 잘못한 것이 없다는 태도를 보여 사람들을 대경실색하게 했다.

자기확신으로 가득 찬 분노청년이 개인에서 군중으로 들어가 익명화되면 그들의 폭력성은 더욱 과격해진다. 고립된 개인으로 생활할 때는 이런 본능을 만족시키는 게 위험하지만, 군중에 흡수되어 처벌을 받지 않으리라는 게 확실해지면 완전히 자유롭게 본능을 따르게 된다.

분노청년은 자신들의 폭력적 행위가 범죄가 되지 않는다고 생각한다. 실제 행위로는 범죄이지만 심리적으로는 무죄인 것이다. 홍위병은 자신의 선생님과 자산계급을 때리거나 살해할 때 혁명 영웅이라 생각했지 살인자라 생각하지 않았다. 분노청년도 염황의 후손이며 위대한 중화민족의 아들딸로서 국가를 사랑하는 마음에서 하는 모든 행위는 애국행위로 범죄가 되지 않는다고 생각한다.

분노청년은 집단이기 때문에 처벌받지 않으리라는 확신, 자신의 행동은 칭송받을 행위라는 확신, 그리고 국가가 인정해주었으므로 문제가 되지 않는다는 확신을 갖고 있기 때문에 마음껏 폭력을 행사한다.

憤怒青年
04

애국인가, 애당인가

톈안먼 사건과 애국주의 교육

1978년 개혁개방 이후 문화대혁명에 대한 비판과 비모화非毛化 현상이 나타났다. 비모화는 마오쩌둥을 부정하는 현상을 말한다. 그리고 '미래 중국은 어디로 갈 것인가'에 대한 지식인들의 치열한 논쟁이 시작되었는데 이를 문화열文化熱이라 한다. 문화열의 주요 이론은 유학부흥론, 전반서화론全盤西化論, 서체중용론西體中用論, 종합창신론綜合創新論으로 구분할 수 있다. 유학부흥론은 중국 전통사상인 유학을 부흥하자는 것으로 크게 호응을 얻지 못했다. 전반서화론은 중국문명은 이미 요절했으니 서구문명을 받아들여 완전히 개조하자는 것이다. 서체중용론과 종합창신론은 정도의 차이는 있으나 중국과 서양을 조화롭게 합쳐 발전의 도구로 삼자는 것이다.

이들 이론 중 1980년대 가장 강한 영향을 미친 것은 전반서화론이다. 대표적인 논자로는 진관타오金觀濤, 간양甘陽, 허신何新 등이 있다. 이들은 공유제는 중국에 맞지 않으니 사유제를 실시하자고 주장하였고, 마르크스-레닌주의가 자유의 발전을 속박하였다고 주장하였다. 마오쩌둥이 건립한 신중국도 봉건 사회의 연장으로 보고 부정의 대상으로 여겼다. 중국문화의 특징을 초안정구조로 파악하고 중국인의 사회심리 구조에는 변화되기 어려운 요소가 자리 잡고 있기 때문에 철저한 부정과 파괴만이 현실을 변화시킬 수 있다고 주장하였다.

전반서화론자들의 주장을 가장 분명하게 볼 수 있는 것은 1988년 6월 중국 중앙텔레비전에서 방영한 다큐멘터리 〈하상河殤〉이다. 〈하상〉의 '河'는 '황하', '殤'은 '미성년으로 죽은, 주인 없는 귀신'이라는 의미다. 즉, 하상은 중국문명이 이미 오래전에 요절했다는 뜻이다. 이들은 중국문명은 이미 죽었으니 서양의 과학문명을 받아들여 완전히 개혁을 하자고 주장했다.

〈하상〉은 중국 전통문화뿐만 아니라 중국 공산당을 정면으로 비판했다. "마오쩌둥의 비과학적인 출산 장려정책으로 인간 자질의 하락을 가져왔다. 공유제는 중국에 맞지 않으니 사유제를 받아들여야 한다. 서구의 현대 공업문명을 수용하지 않은 것이 비참한 낙후를 가져왔다. 공산당의 관료주의와 특권사상이 부패 현상을 초래해 '4개 현대화'의 원대한 계획을 실현하지 못하게 했다. 중국이 발달한 국가가 되기 위해서는, 추상적인 사회주의 모델에 대한 미신과 사회주의가 우월하다는 사상으로 낙후한 중국의 현실을 숨기지 말아야 한다."

〈하상〉의 중국문명과 역사에 대한 부정은 중국 사회에 대단한 충격을 주었다. 특히, 공산당의 역사와 공산당의 업적에 대한 부정은 공산당 자체를 부정하는 것이어서 공산당은 우왕좌왕 했다. 공산당은 〈하상〉 방영 후 초기에는 민족허무주의를 조장한다며 비판하더니 1989년 말부터는 역사허무주의를 조장하였다며 맹렬히 비난했다. 역사허무주의는 중국의 위대한 역사를 부정한다는 의미인데, 특히 공산당이 인민을 이끌고 제국주의를 물리치고 신중국을 건립한 역사를 부정한다는 의미다.

〈하상〉이 방영된 1년 후 1989년 6월 톈안먼 사건이 발생했다. 자유주의 사조와 정치개혁의 부재, 경제정책의 실패, 관리들의 부정부패는 결국 1989년 톈안먼 사건으로 폭발했다. 톈안먼 사건은 중국 한복판에서 인민의 해방군이 인민을 향해 총을 겨누는 사건이다. 그리고 이는 공산당이 인민의 투쟁의 대상이 될 수도 있음을 보여준 사건이기도 하였다. 따라서 톈안먼 사건은 아직도 극도로 예민한 정치 용어다. 현재 중국에서 톈안먼 사건을 직접적으로 언급하는 것은 금지되어 있다. 연구논문에서도 톈안먼 사건은 '89년 동란' 또는 '89년 정치 풍파'라고 쓴다.

당시 지도자였던 덩샤오핑은 청소년에 대한 사상·정치 교육의 실패로 공산당에 대한 의심이 싹터 톈안먼 사건이 발생했다고 여겼다. 중국 공산당은 자본주의 국가의 정치, 경제, 문화의 유입으로 중국이 서양화되는 것에 고도의 경계심을 보였다. 민주화되고 자유화된다는 것은 결국 중국 공산당의 존립 근거가 사라진다는 것을 의미한다고 보았다. 덩샤오핑에 의해 차기 지도자로 선택된 장쩌민은 즉시 사상·정치 교육을 강화하기 시작했다.

중국 공산당은 소련이 서방국가에 의해 자본주의화된 것처럼 중국이 반대 세력에 의해 자본주의화 되는 것, 즉 공산당 정권의 몰락을 막기 위해 기존의 사회주의 이데올로기를 대체할 새로운 이데올로기를 찾았는데 그것은 바로 애국주의였다.

톈안먼 사건이 발생하고 20일이 경과한 시점인 1989년 6월 23~24일 베이징에서 열린 13기 사중전회四中全會에서 장쩌민이 중앙위원회 총서기로 선출되었다. 장쩌민은 리펑李鵬이 이끄는 중앙정치국이 제기한 〈자오쯔양趙紫陽 동지가 반당·반사회주의 동란 중에 범한 잘못에 대한 보고〉를 통과시켰다. 이로써 공산당 내 개혁파는 톈안먼 사건에 대한 책임을 지고 물러났다.

이 회의는 또 당이 견지해야 할 4가지 중요한 사항을 결의했다. 내용은 "톈안먼 사건과 같은 반혁명 폭동을 평정하고, 개혁개방을 견지하며, 사상 교육을 강화하고, 민주와 법치를 건설하겠다"는 것이었다. 이 중 특히 주목을 끄는 것은 세 번째 항목인 사상 교육과 관련된 내용이다. "애국주의, 사회주의, 독립자주에 대한 교육을 전개해 자산계급 자유화에 철저히 반대해야 한다." 이 회의에서 처음으로 애국주의 교육에 대한 의견이 제출되었다. 자산계급 자유화에 반대한다는 것은 마오쩌둥이 수정자본주의를 타도하기 위해 전개한 문화대혁명을 떠올리게 한다.

덩샤오핑은 톈안먼 사건이 일어난 지 석 달이 지난 1989년 9월 16일 리정다오李政道 교수를 만난 자리에서 "우리의 가장 큰 잘못은 교육에 있으며, 젊은이와 청소년들에 대한 교육이 부족했다"[1]고 했다. 리정다오 교수는 노벨물리학상을 받은 저명한 학자다. 1989년 9월 29일 중화인민공화국 건국 40주년을 기념하는 대회에서 장쩌민도 사상 교육을 제대로 시키지 못해 톈안먼 사건이 일어났다고 했다. 장쩌민은 "대대적으로 이데올로기 영역의 작업을 강화하고, 사상정치 작업을 개선하고, 끈질기게 전국 인민, 특히 청소년에게 애국주의·집체주의·사회주의·자력갱생·고난과 시련을 이겨내는 사상 교육과 혁명전통 교육을 해야 한다"[2]고 강조했다.

장쩌민은 1990년 5월 3일 5·4운동 71주년 기념식에서 〈애국주의와 우리나라 지식인의 사명〉을 강연했다. 이 강연에서 장쩌민은 "애국주의는 인민의 단결과 투쟁을 동원하는 데 좋은 수단임을 전제하고 현 단계에서 애국주의는 주로 사회주의 현대화 사업 건설과 조국의 수호와 통일사업을 촉진하는 데 헌신하는 것으로 표현된다"고 했다. 그리고 "새로운 역사조건에서 애국주의 전통을 계승하고 선양하기 위해서 광범위하고 철저한 애국주의 교육을 진행하는 것이 필요하다. 이러한 교육은 어린이부터 다잡아야 한다. 전국 인민, 특히 많은 청년들은 중국 역사, 특히 근대 이후 역사에 대해 열심히 공부하고 이해해야 한다. 중국 근대사와 현대사는 중국 인민의 애국주의 투쟁사이며 창업사다"라고 했다. 그리고 "애국주의 정신의 계승과 발전은 실제 행동으로 나타나야 한다. 고도의 민족 자존, 자신감, 자강정신을 수립해야 한다. 국가 통일을 파괴하고 민족 단결에 손해를 입히고, 사회주의 사업에 위해를 가하는 행동에 대해서는 결연히 맞서 투쟁해야 한다" 며 애국주의 교육 중 '지행知行'의 통일을 여러 차례 강조했다. '지행'의 통일은 애국을 머리로만 생각하지 말고 행동으로 실천하라는 뜻이다. 이 강연은 현재 중국에서 실시되고 있는 애국주의 교육의 방향을 제시한 것으로 중요한 지침이 되었다.

국가교위國家教委는 1991년 8월 27일 〈중소학생 중국 근현대사와 국정 교육國情教育 강화를 위한 전체 강요中小學加强中國近代, 現代史及國情教育的總體綱要〉를 발표해 유치원부터 대학생까지 중국 근현대사와 국정 교육을 강화할 것을 주문했다. 장쩌민은 1992년 10월 12~18일 베이징에서 거행된 14기 당대회 보고에서 "애국주의 교육을 통해 민족 자존심, 자신감, 자강정신을 강화해 자본주의와 봉건주의의 부패한 사상의 침식을 제어하고 정확한 이상과 신념, 가치관을 수립해야 한다"[3]고 했다. 현재 중국은 당의 14기 정신에 따라 청년 학생들에게 역사와 국정을 위주로 하는 애국주의 교육을 실시하고 있다.

장쩌민이 제시한 애국주의 교육의 핵심은 다음과 같다.

첫째, 애국주의, 사회주의, 집체주의는 본질적으로 통일된 것으로 이를 연계해서 교육해야 한다. 즉, 국가에 대한 사랑은 사회주의를 이끄는 공산당에 대한 사랑임을 교육해야 한다는 것이다.

둘째, 핵심 내용은 중국 근현대사와 국정 교육이다. 국정 교육은 국가 상황에 대한 교육을 말한다. 근현대사 교육을 통해 공산당에 대한 충성도를 높이고 국정 교육을 통해 중국은 반드시 공산당이 이끄는 사회주의 길을 가야만 한다는 점을 인식시키고자 했다.

셋째, 국가와 당을 위한 개인의 희생정신을 교육해야 한다.

넷째, 아동기부터 시작해야 한다. 장쩌민은 유치원부터 애국주의 교육을 시킬 것을 여러 차례 주장했는데 이는 공산당에 대한 충성을 세뇌시켜 다른 사고를 하지 못하도록 하기 위한 것이다. 실제로 애국주의 교육을 효과적으로 시키기 위한 방법으로 세뇌 교육의 일종인 '관수법灌水法'을 사용하고 있다.[4]

다섯째, 애국을 머리로만 생각하지 말고 직접 실천해야 함을 교육해야 한다. 만약 누군가 국가와 민족, 사회주의 사업에 해를 끼치는 것을 발견한다면 참지 말고 투쟁해야 한다는 것이다.

정리하면 애국주의 교육은 국가에 대한 충성 교육과 희생 교육을 유치원 때부터 실시해 세뇌시키는 것임을 알 수 있다. 1990년대 초반 중국 공산당은 정치적 위기를 모면하기 위해 애국주의라는 칼을 꺼내 들었다. 따라서 중국 애국주의 교육의 근본적인 목적은 온순하게 국가의 말을 잘 듣는 백성을 양성하는 것이다.

한 대학생 설문조사에 의하면 응답자의 52.9퍼센트는 애국주의가 중화민족의 정신적인 지주라고 생각하며 50.94퍼센트는 애국주의 교육이 매우 필요하다, 41.2퍼센트는 애국주의 교육이 필요하다고 해 둘을 합치면 92.18퍼센트에 해당한다.[5] 중국 정부의 애국주의 교육이 효과를 거뒀음을 뜻한다.

시진핑 주석도 애국을 강조한다. 2018년 5월 2일 베이징대학 교수·학생 좌담회에서 "애국이 첫 번째다. 애국은 인간세계에서 가장 심층적이고 가장 오랫동안 유지된 감정으로 한 사람이 덕을 쌓는 원천이며 공을 세우는 근본이다. 사람은 기개가 있고 인격을 갖추어야 한다고 하는데 기개도 좋고 인격도 좋지만 애국이 가장 중요하다"라고 말했다. 또 "언제나 국가를 생각하고 어디서나 인민을 생각하고 국가에 이익이 되는 것은 사랑하고 국가에 해가 되는 것은 증오해야 한다. 애국은 구호에만 머물러서는 안 되며 자신의 이상을 조국의 미래, 자신의 인생을 민족의 운명과 긴밀하게 연계하고 인민에 뿌리를 박고 국가에 헌신해야 한다"고 말했다.

세상에서 가장 중요한 것은 애국으로 항상 애국만을 생각하고 국가에 해가 되는 것은 증오하며 국가에 헌신해야 한다. 이것이 중국의 애국주의다.

애국과 애당은 구분이 없다

분노청년은 애국과 애당愛党을 말하기를 좋아한다. 국가를 사랑하고 공산당을 사랑한다고 한다. 분노청년이 그토록 열렬하게 사랑하는 애국과 애당은 어떤 관계일까?

애국주의는 '국가에 대한 사랑'이란 사전적 의미를 가지고 있다. 서양국가의 경우 헌법 애국주의 개념을 선호하는 경향이 있다. 헌법 애국주의는 민족이 아니라 인권과 민주주의를 지향하는 헌법을 애국심의 대상으로 삼자는 입장이다. 애국심이란 민족이나 민족공동체가 아니라 실제 삶을 영위하는 정치체제 또는 정치질서에 대한 애정이자 동일한 정치체제하에서 함께 생활하는 구성원들에 대한 애정을 불가피하게 포함한다.[6]

동양 국가들은 혈연을 기반으로 한 운명공동체인 민족을 중심으로 단결을 강화하고 국가에 대한 충성을 요구하는 경향이 있다. 특히, 중국의 애국주의는 국가주의적 성격을 띠고 있다. 국가주의는 국가를 최고의 가치로 보고 국가 통일, 안정, 질서가 민주와 자유보다 우선시되어야 한다고 주장한다. 개인은 반드시 국가에 복종, 충성할 것을 요구하며 심지어는 국가 이익을 위해 무조건 희생해야 한다고 주장한다. 중국의 국가주의자들은 국가가 전체 인민의 이익을 대표한다는 것을 믿고 당과 정부의 집권 능력을 강화할 때 중국은 위대한 부흥을 할 수 있을 것이라 한다. 그리고 민중이 단결해 외부에 대항하라고 독려한다.

중국에서는 "사회주의 중국은 하늘에서 떨어져 내린 것이 아니라 공산당이 인민을 이끌고 희생을 거쳐 오랜 고난 끝에 이루어낸 것으로, 공산당이 없다면 신중국도 없다. 따라서 국가에 대한 사랑, 사회주의에 대한 사랑, 공산당에 대한 사랑, 인민정부에 대한 사랑은 내재적으로 일치되어 있다"[7]고 한다. 중국에서 국가에 대한 사랑과 사회주의, 공산당에 대한 사랑은 통일된 것이다. 중국은 국가사회주의 국가다. 국가가 모든 통제권을 장악하고 사회주의를 실현하겠다는 입장을 가지고 있다. 따라서 애국은 애당이요, 애사회주의다. 중국에서는 공산당의 영도를 지지하는 것이 애국이다.

중국의 정치체제를 당국체제党國體制라고 한다. 당국체제Party State라는 개념은 정치학자인 조반니 사르토리Giovanni Sartori가 제기한 것으로 보통 공산주의 국가의 정치체제를 설명할 때 사용한다. 또한 독일 나치즘이나 이탈리아 파시즘과 유사한 정치체제를 설명할 때도 사용된다. 당국체제는 일당집권체제로 당이 국가를 압도해 입법, 행정기관의 기능을 가지고 있는 것을 말한다. 당국党國이라는 말에서도 알 수 있듯이 당이 국가보다 더 상위 개념으로 이러한 체제는 당 자체가 국가로 정부와 사회에 대해 전체적인 통제를 실시한다.

개혁개방 이후 중국 공산당과 중화인민공화국의 관계는 마르크스주의 이론과 중국의 국가 상황이 결합되어 형성된 '당이 국가를 이끄는 체제party-led state', 즉 당국체제를 유지하고 있다. 중국 정치에 대한 연구저술에 보면 중국 공산당과 국가의 관계에 대해 "당이 정부를 이끈다党領政", "당이 정부 위에 있다党在政上", "당이 국가를 다스린다以党治國", "당이 정부를 대신한다以党代政", "당과 정부는 구분되지 않는다党政不分"와 같은 말들을 사용한다. 이는 공산당이 국가 통치의 실질적인 권력을 가지고 있음을 말하는 것이다. 중국에서 국가의 가장 높은 지도자는 주석이라 하고 공산당의 지도자는 총서기라 하는데 실질적인 권한은 총서기가 가지고 있다. 후야오방胡耀邦과 자오쯔양趙紫陽은 총서기였지만 당시 주석이었던 이셴녠李先念보다 더 높은 권한을 행사했다.

당이 국가를 이끄는 상황에서 애국은 당연히 애당이다. 애국이 애당임은 중국의 여러 지도자의 말을 통해 알 수 있다. 덩샤오핑은 "어떤 이는 '사회주의를 사랑하지 않는 것이 애국하지 않는 것은 아니다'라고 말한다. 그렇다면 조국은 추상적인 것인가? 공산당이 이끄는 사회주의 신중국을 사랑하지 않는다면 무엇을 사랑하겠는가?"[8]라고 일침을 가했다.

덩샤오핑에 의해 후계자로 지목된 장쩌민도 덩샤오핑의 관점을 계승했다. 장쩌민은 "현대 중국의 애국주의와 사회주의는 본질적으로 통일된 것이다. 역사는 중화민족의 존엄을 수호하고 중국의 번영과 발전을 희망한 애국자는 대부분 충성스러운 사회주의자 혹은 사회주의가 의지할 만한 친구였음을 증명한다"[9]고 했다. 시진핑도 애국주의와 사회주의는 서로 통일되어야 한다고 강조했다. "오직 애국과 애당, 애사회주의 통일을 견지할 때만이 애국주의는 살아 있는 것이며, 진실한 것으로 이는 현대 중국 애국주의 정신의 가장 중요한 표현 형식이다"[10]라고 했다.

정확히 말하면 중국의 애국주의는 애당주의다. 애국주의 교육을 받은 분노청년은 국가, 정부, 정당의 개념을 혼동하고 있다. 2005년과 2006년 우한시 청소년을 대상으로 한 조사에서 우한시 청소년들 중 86.1퍼센트는 '조국에 대한 사랑과 사회주의에 대한 사랑은 본질적으로 통일된 것'이라는 관점에 찬성했다.[11] 이 조사로 미루어 현재 90퍼센트에 가까운 중국 학생들이 애국과 애당이 같은 개념이라는 것에 동의한다고 볼 수 있다. 공산당은 애국주의 교육을 통해 충성스런 지지자를 키워낼 수 있었다.

애국을 머리에 붓다

관수법灌輸法은 애국주의 교육의 중요한 수단이다. 관수법의 문자적인 의미는 '물을 대는 방법'으로, 특정한 사상을 머릿속에 물을 대듯이 부어 주는 것을 말한다. 우리말로 옮기면 세뇌 교육이라 할 수 있다.

관수이론은 마르크스주의의 중요한 원리이며, 관수법은 사상 정치 교육에서 가장 일반적으로 사용하는 방법이다. 관수이론은 러시아 혁명가 게오르기 플레하노프(1856~1918)가 처음 주장했다. 1844년 마르크스는 《헤겔 법철학 비판Zur Kritik der Hegelschen Rechtsphilosophie》〈서문Einleitung〉에서 "선진적인 이론은 자발적으로 생산되지 않으며 공산당은 반드시 노동자 계급에 대한 사상 이론 관수를 강화해야 한다"라고 주장했다. 마르크스와 엥겔스는 무산계급에서 사회주의 사상을 전파하는 과정에 관수라는 개념을 사용하고 관수이론의 기본적인 사상에 대해 논하였지만 과학적 이론으로 계통화 하지는 못했다. 마오쩌둥은 중국 관수이론의 창시자다. 중국 공산당은 혁명사상과 이론을 관수법을 이용해 인민에게 주입했다. 문화대혁명 때도 관수법을 사용했다고 한다. 현재는 관수법을 이용해 마르크스주의 이론 교육, 특히 덩샤오핑 이론 교육과 당의 노선 방침 정책 교육, 애국주의·집체주의·사회주의 교육을 하고 있다.

관수 방법은 문자 관수, 언어 관수, 이미지 관수가 있다. 문자 관수는 신문이나 서적을 이용한 것이고 언어 관수는 강연이나 좌담회를 이용한 것이다. 이미지 관수는 영화나 드라마를 이용한 것으로 가장 감염성이 강한 방법이다. 애국주의 교육도 문자, 언어, 이미지를 이용해 애국을 관수하고 있다. 초등학교와 중고등학교의 애국주의 교육은 사상 인성思想 品德 수업, 애국주의 영화 관람, 단체에 가입해 선서하기, 국기 게양의식 참여, 혁명가요 부르기, 혁명열사에 대한 회고, 학급회의, 기념관이나 박물관 관람, 강연과 보고회 참여, 중요한 기념일 활동, 군대와 연결활동 등을 통해 이루어진다.[12]

1993년 9월 13일 교육부를 비롯한 여러 기관에서 공동으로 선포한 문건인 〈우수한 영화를 이용한 전국 초중고등학생 애국주의 교육에 대한 통지〉에는 '초중등학생이 봐야 할 애국주의 교육 도서, 노래, 영화 목록이 있다. 초등학생 추천 애국주의 도서로는 혁

명지도자인 마오쩌둥, 류샤오치劉少奇, 저우언라이周恩來, 주더朱德
에 대한 전기가 있고,《노동인민의 착한 아들 레이펑勞動人民的好兒
子雷鋒》,《중화 애국선배 이야기中華愛國先輩故事》,《국기, 국장, 국가
이야기話說國旗國徽國歌》,《나는 오성홍기를 사랑한다我愛五星紅旗》
와 같은 책이 있다. 이들 책은 모두 공산당과 국가에 충성하라는
내용이다.

　노래를 통한 교육도 빠질 수 없다. 전국 중고등학생과 초등학생
추천 애국주의 노래 100곡 중 공통으로 불러야 하는 7곡은 다음
과 같다.

　1. 중화인민공화국 국가
　2. 공산당이 없으면 신중국도 없다没有共産党就没有新中國
　3. 단결은 우리의 힘團結就是力量
　4. 영광이여, 중국청년단光榮啊, 中國青年團
　5. 중국 소년선봉대 노래中國少年先鋒隊歌
　6. 조국을 노래하다歌唱祖國
　7. 우리는 길 위에 서 있다我們走在大路上[13]

　〈중화인민공화국 국가〉와 〈조국을 노래하다〉는 국가에 대한
찬양이다. 〈영광이여, 중국청년단〉의 중국청년단은 중국공산주
의청년단으로 중국 공산당이 이끄는 선진적인 청년들의 조직이
다. 소년선봉대는 어린이들 조직으로 역시 공산당 조직이다. 나

머지 노래들은 모두 공산당의 투쟁과 단결, 공산당 통치의 타당성을 주입하는 노래들이다. 사실, 애국이라기보다는 애당 노래다. 〈우리는 길 위에 서 있다〉는 1963년 처음 창작된 노래로 대약진 판, 문화대혁명 판, 현대 판이 있다. 대약진 판에서는 "마오 주석이 혁명대오를 이끄니 가시덤불을 헤치고 앞으로 달려간다"라고 했는데 현대 판에서는 "공산당이 대오를 이끄니 가시덤불을 헤치고 앞으로 달려간다"라고 바뀌었다. 마오가 공산당으로 바뀌었다.

반드시 봐야 하는 영화 16편도 선정했는데 제국주의 침략에 항거한 영화, 혁명 전통과 사회주의 교육에 대한 영화, 인물 전기가 있다. 영웅 인물로는 마오쩌둥, 펑더화이彭德懷, 네얼聶耳, 둥춘루이董存瑞, 레이펑雷鋒이 있다.[14] 영화는 공산당이 이끈 항일전쟁이나 신중국 성립, 공산당 혁명영웅을 미화하는 내용으로 애국주의 교육이라기보다는 공산당에 대한 충성 교육이라 할 수 있다.

영화를 통해 어린이들은 중국을 침략한 일본과 프롤레타리아 계급의 적인 부르주아 계급에 대한 적대감을 관수 받는다. 텔레비전에서 자주 방영하는 〈졸병 장가小兵張嘎〉라는 드라마가 대표적이다. 장가라는 이름의 소년이 유격대원으로 참여해 일본군과 싸우는 이야기다.

중국 정부는 2008년부터 매년 애국주의 교육의 핵심 주제를 선정해 영상물로 만들고 있다. 교육부와 중앙텔레비전은 공동으로 〈새 학기 첫 번째 수업開學第一課〉이란 영상물을 제작해 배포한다.

2008년부터 배포했는데 〈중국, 너를 사랑한다我愛你, 中國〉, 〈나의 꿈, 중국의 꿈我的夢, 中國夢〉, 〈영웅 불멸英雄不朽〉, 〈선배의 깃발先輩的旗幟〉, 〈중화민족의 자부심中華驕傲〉 등이 있다. 내용은 중국과 중화민족을 사랑하고 영웅들의 행적을 이어받아 중국의 꿈을 이루자는 것이다.

장편소설《웨이청圍城》의 작가인 첸중수錢鍾書는 "이전의 우민정책은 교육을 받지 못하게 하는 것이나 현대 우민정책은 오직 특정한 교육만 받게 하는 것이다. 교육을 받지 않은 사람은 글자를 모르기 때문에 사람 같으나 교육을 받은 사람은 글자를 알기 때문에 인쇄물 같다"[15]고 했다. 관수법은 애국주의로 찍어낸 인쇄물 같은 분노청년을 양산했다.

관수법으로 주입식 교육을 받은 분노청년은 관수된 애국주의 사상에 의해 움직인다. 이를 두고 랴오바오핑은 "분노청년은 애국의 도구가 되었다. '국가'가 무엇인지 모르지만 기꺼이 사랑하고, 기꺼이 국가의 도구가 되고 싶어 하고, 노예가 되고 싶어 한다. 이는 식칼이 주인의 의도를 따르는 것과 마찬가지인데 주인은 칼로 채소를 자를 수도 있고 사람을 죽일 수도 있다"[16]고 비판했다.

애국주의 교육은 많은 문제점을 가지고 있지만, 가장 큰 문제점은 스스로 옳고 그름을 판단할 수 있는 이성적 사유를 불가능하게 한다는 것이다. 주입된 특정 사상이 한 개인을 조정하게 되면 이성적 사유는 잠들게 되고 악마가 출현하게 된다.

憤怒
青年

18세기 말 에스파냐 화가인 프란시스코 고야Francisco Goya(1746~1828)는 '이성이 잠들면 악마가 출현한다'The Sleep of Reason Produces Monsters라는 제목의 에칭 작품을 발표하였다. 그는 수막염을 앓아 청력을 완전히 잃고, 전쟁의 참상을 경험한 후에 이 작품을 창작하였다. 작품에서 실신한 듯 책상에 엎드려 잠들어 있는 남자는 고야 자신으로, 그 위로 악마를 상징하는 박쥐들이 날아오르고 있다. 이 작품을 통해 고야는 이성이 사회를 통제하지 못하면 악마가 세상을 지배하게 됨을 경계하였다.

분노청년은 스스로 사고할 수 있는 능력을 잃어버리고, 오직 애국주의 프로그램에 의해 작동될 뿐이다. 머리에 애국을 붓자 이성은 짐을 싸서 나가버리고 분노만 하는 분노청년이 되었다.

'기이한 애국'[12].
머리에 애국을 붓자 이성은 짐을 싸서 나가고,
애국만을 외치는 분노청년이 되었다
(《중궈르바오왕中國日報網》 2016년 7월 25일).

憤
怒
青
年

05

공산당에 대한 충성 교육

초등학교의 사상·정치 교육

분노청년을 설명할 때면 애국, 애당, 희생, 증오와 같은 단어들이 떠오른다. 이와 같은 특징은 애국주의 교육을 통해 형성된 것이다.

초등학교에서 이루어지고 있는 애국주의 교육에 대해 산시성山西省의 JW소학교를 대상으로 진행한 연구 결과가 있다.[1] 중국의 소학교는 한국의 초등학교에 해당한다. JW소학교의 애국주의 교육의 목표는 "어린이들에게 당과 사회주의 조국을 열렬히 사랑하고 조국을 위해 자신의 역량을 바치겠다는 희생정신을 주입하는 것"이다. 이를 위해 JW소학교는 애국주의 교육을 정신문화·물질문화·행위문화·제도문화 4가지 부문에서 진행하고 있다.

물질문화는 학교 환경 자체를 애국주의 교육 기지로 만드는 것을 말한다. 학생들이 등교를 할 때면 교문에 쓰인 '나는 중화민족을 사랑한다我愛中華'라는 글자를 접하게 된다. 교문 옆 벽에는 "소년이 지혜로우면 국가가 지혜롭다少年智則國智", "소년이 강하면 국가가 강하다少年强則國强", "소년이 발전하면 국가도 발전한다少年進步則國進步"라는 글이 쓰여 있다. 이 글은 청나라 말기 민족운동가인 량치차오梁啓超가 〈소년중국설少年中國說〉에서 한 말로 국가의 운명에는 소년의 역할이 중요함을 강조한 것이다. JW소학교 학생들은 "조국의 흥망은 나에게 책임이 있다"라는 생각을 깊이 새기며 등교한다.

등교를 한 후에도 애국주의에서 벗어날 수 없다. 학교의 모든 벽은 애국주의 관련 그림들로 덮여 있다. 건물의 계단 벽과 복도 벽에 중국의 위대한 역사와 공산당의 업적을 찬양하는 '말을 하는 벽화會說話的墻壁'를 만들었다. '말을 하는 벽화' 중 역사문화 벽화의 내용은 다음 페이지 표와 같다.

역사문화벽에서 언급된 국가는 모두 정복왕조다. 그런데 중국 역사상 가장 넓은 영토를 확장한 원나라는 제외되었다. 역사문화벽에서 강조하고 싶은 국가는 소수민족이 세운 국가가 아니라 한족이 세운 국가이기 때문이다. 만주족이 세운 청나라는 정성공이 대만을 수복한 일을 설명하기 위해 언급한 것으로 보인다.

역대 왕조를 중심으로 배열한 역사문화벽에 국가가 아닌 항미원조抗美援朝가 들어간 것은 특이하다. 중국에서는 한국전쟁을 중국이 미국에 항거하고 북한을 도운 전쟁이란 의미로 항미원조라 부른다. 항미원조를 하나의 항목으로 선정한 것은 공산당이 미국

역사문화 벽화의 내용

학년	시대	위치	정치군사	경제	문화	과학기술
1	진나라	계단 벽	영정嬴政	이사李斯	이사李斯	몽골蒙话
		복도 벽	군현제의 실시와 대일통大一統의 실현	도량형의 통일	문자 통일	장성 축성
2	한나라	계단 벽	유방, 한신	장건	사마천	화타華佗, 장중경張仲景
		복도 벽	다시 한번 대일통 실현	비단길	《사기》,《한서》	제지술, 의학
3	당나라	계단 벽	이세민, 위정魏征	이세민	이백, 두보	손사막孫思邈
		복도 벽	정관지치, 과거제	정관지치	시선詩仙, 시성詩聖	《천금방千金方》, 《금강경》
4	청나라	계단 벽	정성공鄭成功, 임측서林則徐		공자진龔自珍	첨천우詹天佑
		복도 벽	타이완 수복, 아편 금기		《이해잡시己亥雜詩》	경장철로 京張鐵路 건설
5	항미원조	계단 벽	황지광黃繼光, 치우샤오윈邱少云			
		복도 벽	항미원조운동			
6	근현대	계단 벽	마오쩌둥	덩샤오핑	루쉰, 빙신冰心	위안룽핑袁隆平
		복도 벽	핑퐁외교	개혁개방	《자오화시스朝花夕拾》, 《판싱繁星》, 《춘수이春水》, 《즈샤오두저致小讀者》	핵폭탄, 미사일, 인공위성

과 싸워 승리한 전쟁을 선전하기 위해서다. 항미원조 시기의 위대한 인물로 선정된 황지광黃繼光은 한국전쟁에서 수류탄이 바닥나자 가슴으로 적의 총구를 막았다고 한다. 사망 당시 나이는 21세였다. 치우샤오윈邱少云은 잠복 중 근처에 날아온 폭탄을 몸으로 덮쳐 다른 부대원들의 죽음을 막았다고 한다. 그는 당시 26세였다. 이들의 행적은 중학교 역사교과서에 실렸다.

정치군사 분야의 영웅들은 모두 전쟁 영웅으로 영토 확장과 대일통大一統을 이룬 인물들이다. 영정은 진시황의 본명으로 최초로 중국을 통일한 인물이다. 그의 악행에 대해서는 여러 가지가 알려졌으나 중국의 대일통을 이루었으니 영웅이 될 수 있었다. 한나라의 유방도 대일통을 이룬 것을 업적으로 들고 있다. 당 태종 이세민의 치세는 중국 역사상 가장 번영했던 시기로 대당제국이라 부르니 그도 영웅이 될 수 있었다.

근현대 시기 과학기술 분야의 업적으로 핵폭탄, 미사일, 인공위성을 들고 있다. 현재 북한의 핵 개발에 대해 전 세계가 비난하고 있는 상황에서 자국의 핵 개발에 대해서는 위대한 업적으로 교육하고 있다. 그렇기 때문에 분노청년은 타이완을 핵으로 폭파시켜버리자, 일본이나 미국에 핵 공격을 하자는 이야기를 스스럼없이 하는 것이다.

교실에 들어간 후에도 애국주의에서 벗어날 수 없다. 각 학급의 이름은 공산주의 혁명을 주도한 인물로 정해 '사회주의 학급문화紅色班級文化'를 건설했다. 국가와 인민의 이익을 위해 피 흘리는 희생을 두려워하지 않는 혁명영웅주의 정신을 교육하기 위해서라고 한다. 각 반은 군대처럼 1중대, 2중대, 3중대라고 부른다. 항일운동이나 무산계급 혁명운동을 한 류보청劉伯承, 펑더화이, 네룽전聶榮臻, 양징위楊靖宇, 예팅葉挺 같은 인물로 반 이름을 정했다. 학생들은 국가와 당을 위해 희생한 인물들을 통해 자신들도 국가와 당을 위해 희생해야 한다는 심리적 압박을 받게 된다. 소학교의 군대문화는 분노청년의 호전적이고 폭력적인 성향을 양성했다.

수업시간에는 애국, 애당 교육을 한다. 국기에 대한 의례, 국가 제창, 붉은 네커치프紅領巾 매는 법 등을 교육한다. 그리고 공산당 총서기 이름, 공산당이 전국 인민을 이끌고 있으며 공산당은 위대하고 영광스러운 조직임을 교육한다. 많은 애국 영웅에 대해서도 교육하는데 주로 공산당 혁명운동이나 항일전쟁과 관련된 인물들이다. 애국주의 영화도 반드시 감상해야 하며 홍가紅歌도 배운다. 홍가는 홍색 가요의 줄임말로 사회주의와 공산당의 무산계급혁명을 찬양하는 노래를 말한다.

애국·애당 교육은 6학년에 이르러 완결된다. 학생들에게 개인은 집단의 일부로 집단의 규율에 복종하고, 국가를 위해 봉사하는 마음을 가져야 하며, 국가는 멀리 있는 것이 아니며 애국은 영웅만이 하는 것이 아니라 우리 모두의 권리이기도 하고 의무라는 정신을 수립하도록 한다.

"애국주의 교육의 핵심은 '중화혼中華魂을 수립하고 뿌리를 단단히 내리는 것이다樹魂立根'. 중화혼은 중화민족이 5천 년의 발전 과정 중 창조한 전통문화에 담긴 민족정신을 말한다고 한다. 중화혼의 핵심은 애국주의 정신이라고 하는데 중화혼이 무엇인지 정확한 설명은 없다. 중화혼은 연구영역보다는 교육과 문화영역에서 활발한 활동이 이루어지고 있다."[2]

중화혼을 수립하기 위해 JW소학교에서는 학년별로 국학 교육을 하고 있다. 전통문화 중 경전과 고시가를 학생들에게 낭송하게 하여 애국주의를 고취하고 있다. 저학년은《백가성百家姓》,《천자문》,《삼자경三字經》을 읽게 한다. 이들 서적에는 중국 전통의 문학, 역사, 철학, 천문지리, 인륜과 도리, 충효사상이 담겨 있는데 핵심 사상은 인仁, 의義, 성誠, 경敬, 효孝이다. 고학년은《입운대옹笠翁對韻》,《제자규弟子規》,《논어》를 선정하였는데, 선정한 이유는 중국 고대 전통문화의 정수를 담고 있기 때문이다.

이외에도 매 학년마다 반드시 암기해야 하는 고시가를 선정하여 매일 3시간씩 읽도록 한다. 학생들은 점심시간, 방과 후, 저녁 시간을 이용하여 스스로 3시간을 채워야 한다. 매 학기 학습한 것을 발표하는 대회를 개최한다. 1~3학년은 고대시가 경연대회를 하고, 4~6학년은 전통문화에 대해 시험을 보는 방식으로 경연대회를 한다.

중화혼을 수립하기 위해 소학교 학생들이 몸으로 느낄 수 있는 분야인 명절문화에 중점을 두고 교육을 하고 있다. 1학년은 중국의 찬란한 문화에 대해 2가지를 설명하고, 중국 전통 명절 1개를 이해해야 한다. 학년이 올라갈수록 이해해야 하는 숫자가 늘어난다. 5학년 때는 중국 전통 명절에 대한 교육이 끝나는 시점으로 전통 명절 5개를 이해해야 한다. 이 시기에는 중국 역사에 대한 교육도 강화한다. 6학년 때는 중국의 찬란한 문화 7가지를 설명해야 한다.

전통문화를 효과적으로 학생들에게 교육하기 위해 물질문화도 이에 상응하는 조치를 하였다. 계단 벽에는 중국 고시가를 전시하였다. 시가는 모두 46편으로 조국의 아름다운 강산을 찬양하는 것이 15편으로 3분의 1에 해당하여 가장 높은 비중을 차지한다. 우국우민憂國憂民, 즉 국가와 민족에 대한 걱정을 표현한 것은 9편으로 5분의 1을 차지하여 두 번째로 많다. 전통 명절과 조국에 대한 사랑을 표현한 것은 각각 6편으로 8분의 1에 해당한다. 인민의 부지런함과 용감함, 훌륭한 인격을 표현한 것은 각각 4편으로 11분의 1에 해당한다. 이들 고시가는 모두 중화민족주의를 강화하는 내용으로 채워져 있다.

JW소학교의 전통문화 교육은 전통문화를 열렬히 사랑하게 하고 이러한 감정을 기반으로 조국에 의존하고 사모하는 마음을 갖게 하기 위한 것이다.

수업시간 외에도 학생들이 직접 애국활동을 실천하도록 한다. 교사들은《나는 중화영웅을 사랑한다我愛中華英雄》라는 교재를 개발했다. 여기에는 영웅 67명의 이야기가 담겨 있다. 영웅들은 국가를 위해 희생한 이들로 가장 유명한 사람은 레이펑이다. 애국

영웅의 삶을 본받기 위해 2015년부터 3월 5일을 '레이펑을 배우는 날'로 정하고 각종 행사를 거행하고 있다.

레이펑은 1957년 중국공산주의청년단에 들어갔으며 농장이나 공장 등에서 봉사활동을 하다가 22세에 군인으로 순직했다. 죽은 후에 그가 쓴 일기에서 마오쩌둥의 말을 인용한 것이 발견되면서 마오에 의해 인민의 영웅이 되었다. 1963년 마오쩌둥은 레이펑 동지의 인민을 위한 희생정신, 근면, 당의 명령에 복종하는 정신을 배우라고 지시하면서 모범적인 군인으로 널리 선전하기 시작했다.

학교에서는 국기 게양의식을 특별히 중시한다. JW소학교 교장은 "학부모에게 아이들이 집에서 텔레비전을 볼 때 국기 게양을

신장성 우루무치시 벽에 그린 애국주의 교육 포스터. "당의 은혜를 소리 높여 부른다"는 내용이 적혀 있다(필자 촬영).

하면 무슨 일을 하고 있든 일어나서 경례를 한다는 이야기를 들었는데 그 이유는 학교에서 국기 게양 교육을 잘 했기 때문"이라고 한다.

학교에서 거행하는 예술제에서도 '나의 꿈, 중국의 꿈'이란 주제로 하고, 노래대회에서도 〈동방홍〉과 〈공산당이 없으면 신중국도 없다沒有共産黨就沒有新中國〉를 부르게 한다. 〈공산당이 없으면 신중국도 없다〉는 공산당이 항일투쟁을 통해 신중국을 건국했음을 찬양하는 노래다. 즉, 공산당이 서양 제국주의와 일본 침략자를 무찌르지 않았다면 지금의 중국은 없으니 공산당에 감사하라는 것이다. 노래대회를 위해 하루에 2~3시간씩 부르기 때문에 학생들은 자연스럽게 공산당에 감사하는 마음을 갖게 된다.

JW소학교는 학교 전체가 애국주의 교육의 전장戰場으로, 교육을 통해 애국병에 걸린 분노청년을 양성할 수 있었다. 국가, 국기, 역사, 전통 등을 통해 국가를 신성시하고, 공산당의 업적 홍보를 통해 공산당의 지도를 당연시 여기게 하고, 국가와 당을 위해 희생해야 한다는 정신을 뼛속 깊이 주입시켰다. 특히, 6학년 교육에서 강조하는 "국가는 멀리 있는 것이 아니며 애국은 영웅만이 하는 것이 아니다"라는 말은 분노청년이 자주 쓰는 "천하의 흥망은 필부에게도 책임이 있다"라는 말과 일맥상통한다.

증오의 씨앗을 심는 중·고교의 역사 교육

초등학교 애국주의 교육에서는 '인성과 사회品德與社會' 또는 '인성과 생활品德與生活' 과목에서 사상·정치 교육을 한다. 앞에서 살펴본 바와 같이 초등학교에서는 정규 과목 외에도 다양한 프로그램을 개발하여 학생들의 국가와 당에 대한 충성심을 양성한다. 중학교에 올라가면 역사를 중심으로 애국주의 교육을 실시한다. 분노청년은 외국에 대해 비이성적인 증오를 가지고 있는데, 그것은 중고등학교에서 이루어지는 역사 교육과 관련이 있다.

역사 교육에서 중시하는 것은 역사허무주의 비판이다. 역사허무주의는 1980년대 전반서화론자들의 주장이며 TV다큐멘터리 〈하상〉을 통해 구체화됐다. 〈하상〉에서 비판한 것은 고대사와 공산당이다. 고대사에 대해서는 중국을 상징하며 중국인들이 가장 자랑스러워하는 황하, 장성, 용으로 대표되는 황하문명은 이미 죽었다고 하였다. 공산당에 대해서는 관료주의와 부패, 마오쩌둥의 출산정책, 사회주의 모델에 대한 미신을 정면으로 비판하였다.

역사허무주의 비판을 목적으로 하는 고대사 교육의 핵심은 중화문명의 위대함을 교육하는 것이다. 교육 일선에서 학생들을 지도하는 교사들은 어떠한 목적을 가지고 교육을 하고 있는지 살펴보자. 한 역사 교사는 고대사 교육의 목적은 "중화민족의 유구한 역사와 강대한 응집력, 중화민족이 세계에서 가장 선진적인 문화를 창조했으며 풍부한 세계 문화유산을 가지고 있음을 교육하는 것"[3]이라고 한다. 역사 교육은 자국의 우수함을 선전하고 단결을 강화하는 데 목적이 있으니 이해가 되는 부분이 있다. 그러나 "중화민족이 가장 선진적인 문화를 창조하였다"라는 부분은 민족주의를 조장하는 내용이다. 또 다른 교사는 "학생들로 하여금 중화민족이 인류문명의 발전에 탁월한 공헌을 했음을 깊이 느끼도록 하고, 학생들에게 중화민족의 자부심과 역사적 사명감을 갖도록 배양하겠다"[4]고 한다. "중화민족이 인류문명의 발전에 탁월한 공헌을 하였다"는 것은 야만 상태에 있던 다른 문명은 우수한 중국 문명의 영향을 받아 야만을 벗어날 수 있었다는 것으로 이 또한 민족주의를 조장하는 발언이다.

근현대사 교육은 특히 중요시한다. 근현대사 중 공산당의 업적에 대한 이해가 부족하였기 때문에 당에 대한 불신이 생겼고 톈안면 사건이 발생했다고 보기 때문이다. 교사들의 역사 교육지침을 보면 근현대사 교육의 목표는 다음과 같다. "애국주의 교육은 중국이 침략을 당한 사실과 우수한 중화민족의 투쟁역사를 교육해 역사적 책임감을 가지고 사회주의 조국을 열렬하게 사랑하고 공헌하도록 하는 것이다. 공산당에 대한 충성 교육은 근현대 시기 공산당의 성과를 교육해 공산당이 없으면 신중국도 없으며, 오직 사회주의만이 중국을 구할 수 있음을 명확히 인식시켜 중국 특색 사회주의 국가를 건설하겠다는 확실한 신념을 갖도록 한다."[5] 근현대사 교육은 서양 제국주의의 침략사에 대한 교육과 이를 물리친 공산당의 업적이 핵심 키워드임을 알 수 있다.

중국의 역사 교육을 총체적으로 보면 위대한 고대사와 근대 침략자에 대한 증오, 공산당에 대한 충성으로 구성되어 있음을 알 수 있다.

공산당에 충성하는 21세기 홍위병을 만들기 위해 중국 역사 교육은 "학생들의 마음속에 증오의 씨앗을 묻어놓았다."[6] 근대 중국의 불행과 현대의 가난은 모두 서양 제국주의와 일본 때문이라며 철저하게 증오하도록 교육한다. 애국주의 교육은 국치國恥를 잊지 말고 분발하자는 것이 목적이나 이러한 교육을 받은 학생들은 외국에 대해 비이성적·감정적·극단적·폭력적 성향을 갖게 된다.

위대한 고대와 굴욕적인 근대에 대한 기억은 감수성이 여린 청소년들 마음속에서 끊임없이 마찰을 일으켜 극도의 분노를 유발한다. 서양국가에 대한 과도한 원한과 보복 교육은 중국을 제외한 모든 나라를 악마화했다. 유명한 시사평론가인 옌례산鄢烈山은 "침략당한 역사에 대한 기억과 제국주의 침략을 준비하는 애국주의는 증오 철학이 청소년들을 지배하여 이성을 상실하게 하였다. 애국이라는 이름으로 하는 행위가 사실은 나라를 해치는 일이 될 것이다"[7]라고 하였다.

심리학 연구에 의하면 "화를 잘 내는 사람들은 '다른 사람들이 항상 나를 존중하고 있음을 보여줘야만 한다', '다른 사람들은 내가 요구하는 것을 해야만 한다'라고 믿는다"[8]고 한다. 분노청년도

憤怒
青年

세상이 중국을 존경해야 하고 중국이 요구하는 것을 해야 한다고 생각한다. 중국은 위대한 고대문명을 가지고 있으며 사회주의 대국이다. 그런데 세상이 중국을 존경하지 않고 중국이 원하는 대로 하지 않는다. '정말 화가 난다, 생각할수록 화가 난다.' 분노청년은 스스로 생각하는 중국과 세상이 보는 중국 사이에 괴리가 너무 크기 때문에 분노한다.

위대함과 굴욕에 대한 선택적 기억과 망각은 정서화된 민족주의를 강화했고 청소년들의 가슴에 증오의 씨앗을 심어놓았다. 애국주의 교육 중 역사 교육은 중국문명과 서양문명을 침략당한 자와 침략한 자로 단순화해 적과 나를 분명하게 구분하게 했다. 분노청년은 자신 앞에 선명하게 드러난 적을 향한 증오심으로 복수의 날만을 기다리게 되었다.

온순한 백성 만들기 프로젝트

중국에서 "애국주의는 조국에 충성스럽고 열렬하게 보답하는 일종의 집체 감정으로 애국주의의 가치 방향은 조국의 이익을 높이고 모든 것을 인민을 위해 복무하는 것"[1]이다. 중국 애국주의의 핵심은 국가에 대한 '희생'이다. 이러한 애국주의 관점은 역대 중국지도자들의 말을 통해서도 알 수 있다.

마오쩌둥은 "개인 이익은 집체 이익에 종속되고, 국부 이익은 전체 이익에 종속되고, 눈앞의 이익은 항구적인 이익에 종속된다. 국가, 집체, 개인을 함께 고려해야 하며 국가 이익, 집체 이익을 우선순위로 해야지 개인 이익을 첫 번째로 할 수 없다"[10]고 했다. 마오의 입장은 덩샤오핑으로 이어졌다. 덩은 "국가, 집체, 개인의 이익은 근본적으로 일치하는 것으로, 만약 모순이 있으면 개인의 이익이 집체나 국가 이익에 종속되어야 한다"[11]고 했다. 역시 개인이 국가와 사회를 위해 희생할 것을 요구했다.

장쩌민 역시 개인이 국가를 위해 희생을 할 것을 강조하였다. 1990년 5·4운동 71주년 기념식 강연에서 "애국주의는 사회주의 현대화 사업 건설과 수호, 조국 통일사업에 헌신하는 것"이라고 강조하였다. 후진타오는 '사회주의 영욕관' 8개 항목을 제시했는데 그중 첫 번째가 "조국을 열렬히 사랑하는 것은 영광이고, 조국에 해를 끼치는 것은 부끄러운 것이다"[12]라고 했다. 시진핑은 "애국은 언제나 국가를 생각하고 어디서나 인민을 생각하고 국가에 이익이 되는 것은 사랑하고 국가에 해가 되는 것은 증오하는 것이다. 애국은 구호에만 머물러서는 안 되며 자신의 이상을 조국의 미래, 자신의 인생을 민족의 운명과 긴밀하게 연계하고 인민에 뿌리를 박고 국가에 헌신해야 한다"[13]고 하였다.

중국 지도자들의 일관된 요구는 개인이 국가를 위해 희생하라는 것이다. 중국 지도자들은 국가에 이익이 되느냐, 해가 되느냐에 따라 정의와 사악, 영광과 치욕, 애국과 매국을 나누고 개인이 국가를 위해 희생하는 것이 애국이라고 했다. 그런데 중국에서는 애국과 애당, 애사회주의가 삼위일체이니, 결국 공산당을 위해 희생하라는 얘기가 된다.

1994년 8월 중공중앙中共中央 중앙선전부에서 작성한 〈애국주의 교육 실시 강요〉를 보면 중국 애국주의 교육의 핵심 내용을 파악할 수 있다. 〈강요〉는 개혁개방 이래 애국주의 교육 관련 가장 종합적이고 권위 있는 지도 문건으로 애국주의 교육의 기본 원칙, 과정, 목표, 방법 등을 명확히 제시했다. 애국주의 교육의 내용은 전통 및 역사 교육, 국정國情 및 공산당의 업적 홍보, 민족 단결 및 국가 통합, '사회주의 정신문명'의 강조로 구성되어 있다.

전통 및 역사 교육에서는 중국의 우수한 전통문화와 고대사, 근현대사에 대한 교육을 실시한다. 전통문화는 초등학교 과정에서 중국의 전통 명절, 위대한 인물에 대해 공부하고 고시가를 암송하는 형태로 진행된다. 역사 교육은 위대한 고대사와 굴욕적인 근대사, 공산당의 업적사로 구성되어 있다. 신성시된 중국과 침략의 치욕과 공산당의 구원이라는 주제로 구성된 역사는 인민을 설득하기에 충분하다. 중국 공산당은 역사를 적절하게 활용하면 사회통제 수단으로 사용할 수 있다는 것을 잘 알고 있다.

국정 및 공산당 홍보 교육에서는 중국의 특수한 국가적 상황에서 성급한 민주화는 오히려 사회의 분열을 초래할 수 있으며 사회 안정과 경제 발전을 위해서는 강력한 공산당의 일당독재가 필요함을 강조한다.

애국주의 교육은 역사와 국정 교육을 결합해 애국과 애당, 애사회주의가 변증법적 통일관계에 있음을 인식시키고 학생들의 애국주의 감정을 고조시키고 있다. 특히, 개혁개방 이후 공산당의 현대화 건설의 거대한 성과와 성공 경험을 교육해 사회주의에 대한 신념을 더욱 확고히 해 당의 기본 노선을 따르도록 하고 있다. 이러한 과정을 통해 중국 공산당이 가장 높은 애국 역량과 민족 자부심을 수호할 수 있는 존재임을 강조한다.

민족 단결과 국가 통합에서는 "한족은 소수민족을 떠날 수 없으며, 소수민족은 한족을 떠날 수 없다"며 소수민족의 분리를 용납할 수 없으며 타이완도 중국 영토임을 교육한다. 분노청년이 타이완 문제, 티베트 문제에 극도로 예민한 것은 이와 같은 교육의 영향이다. 이러한 교육의 영향으로 중국인들은 독재보다 영토 분리를 더 싫어한다. "공산당도 싫지만 소수민족의 분리를 막으려면 공산당의 독재는 어쩔 수 없다"는 얘기도 종종 한다.

애국주의 교육을 통하여 역사상 공산당의 업적이 지대했음을 선전하고, 섣부른 민주화가 사회 분열을 가지고 올 것이며 오직 공산당의 통치만이 완전한 영토의 조국과 민족통일, 이상적인 사회주의 국가를 실현할 수 있다고 가르친다. 그러기 위해서는 인민은 당에 의존하고, 신뢰하며 당을 위해 희생해야 한다고 강조한다.

애국주의 교육은 교실에서만 이루어지는 것은 아니다. 박물관, 혁명열사기념관, 거리의 담벼락, 은행 전광판을 막론하고 중국 전체가 애국주의 교육의 전장이다. 예를 들어 2018년 중국 신장성 우루무치시에서는 벽화, 플래카드, 전광판 등 공산당에 충성을 요구하는 애국주의 선전물을 곳곳에서 볼 수 있었다. 내용을 보면 다음과 같다.

- 중국이 이토록 강한 것은 공산당과 어떠한 관련이 있는가?
- 공산당이 없으면 신중국도 없다.
- 공산당을 따라서 중국몽을 향해 달려간다.
- 공산당의 은혜에 감사하는 노래를 높이 부른다.
- 어린이의 마음은 공산당을 향하고 있다.
- 신시대 중국 특색 사회주의의 위대한 승리를 쟁취하자.

벽화로 그려진 선전물로
"어린이의 마음은 공산당을 향하고 있다"라고
쓰여 있다(필자 촬영).

한 청소년 의식 조사[14]에 의하면 '개인 이익이 국가 이익, 집체 이익과 모순이 발생할 경우 개인 이익을 국가 이익, 집체 이익에 종속시킬 것인가' 하는 질문에 14.6퍼센트는 '매우 찬성', 46.5퍼센트는 '찬성'으로 합해서 61.1퍼센트가 긍정적 답변을 했다. 13.1퍼센트는 찬성하지 않으며 2.6퍼센트는 강렬하게 반대했다. 23.2퍼센트는 정확히 말할 수 없다고 했다. 우한시 청소년을 대상으로 한 설문 조사[15]에서는 87.1퍼센트 청소년이 명확히 '개인의 일은 아무리 큰일도 작은 일이고 국가의 일은 아무리 작은 일도 큰일'이라는 관점에 찬성했다. 약 87퍼센트의 학생이 국가를 위해 언제라도 희생할 준비가 되어 있다는 것이다.

노장사상 연구자이며 작가인 장위안산張遠山은 중국에 진짜 분노청년이 적은 이유를 "서양의 전통은 주류 문화에 비판하고 도전하는 전통을 격려하고 관용하나 중국의 정치 환경은 비주류 문화에 대해 엄격하게 억압하기 때문"이라고 했다. 그리고 "중국의 분노청년은 기본적으로 '황제의 명을 받들어 비판奉旨批判'하는 것으로 문화대혁명 시기의 가짜 분노청년도 사실은 기세가 사납게 왕을 위해서 길을 쓸어준 노비, 졸개, 건달, 무뢰한, 불량배, 부랑자일 뿐이다. 현대의 분노청년은 더욱 음흉하고 교활한데 싸움을 걸고 비판하는 주요 대상은 비주류 문화 — 예를 들면 자유주의자, 총체적으로 보아 약자 — 이며 가끔 공연을 하는 것처럼 주류문화를 비판하는데 이는 한계가 있다. 중국에 진짜 분노청년은 정말로 적다"[16]고 했다.

"황제를 위해 길을 쓸어주는 것"은 고대 중국의 풍속이다. 실제 길을 쓸어주는 것이 아니라 황제가 행차하기 전에 앞에서 각종 악기를 두드리며 악귀를 쫓아내는 것을 말한다. 홍위병이 마오쩌둥을 위해 정적을 제거해주었다면, 분노청년은 공산당을 위해 국내외를 불문하고 반공산당 세력을 저지하는 역할을 하고 있다. 그런 의미에서 분노청년은 21세기 공산당의 신新노비다.

憤怒青年

06

절대적 진리, 사회주의

사회주의에 대한 절대적 믿음

중국의 출판물에는 극좌極左의 '좌左' 자에는 작은따옴표가 있으나 극우極右의 '우右' 자에는 따옴표가 없다. 이는 좌가 우보다 좋은 것이라는 의미를 담고 있다. 오랜 기간 중국인은 일반적으로 '급진'은 혁명의 진보적인 자세이며 보수는 반동적이고 낙후한 행위라고 생각했다.[1]

중국 공산당은 건국 이후 '좌경화' 교육을 통해 반서양화와 계급투쟁을 독려했다. 청소년들에게 계급투쟁 교육, 충성 교육, 혁명이상 교육과 같은 정치사회화 교육을 실시했다. 정치사회화 교육이 본격화된 것은 1962년이다. 1962년 당의 8차 십중전회十中全會(9월 24~27일) 이후 계급투쟁 사상은 전국 모든 사업의 지도방침이 되었다. 1962년 겨울 사회주의의 기본 가치를 재도입하고 일

반대중을 교육해 혁명정신을 드높이고자 사회주의교육운동이 시작되었다. 1963년 2월에 열린 당 중앙위원회 공작회의에서 마오쩌둥은 "수정주의의 출현을 막을 유일한 방법은 계급투쟁뿐"이라고 했다. 학교에서는 정치 과목을 개설해 학생들이 '좌경' 정치이론을 신뢰하고 충성하도록 교육했다. 학교 정치사상 교육의 핵심은 계급투쟁 교육이었다.

당시 정치사회화 교육을 일으킨 이유는 소련과 관계 악화 등 다양한 원인이 있지만 가장 큰 이유는 대약진운동 등 각종 사회주의운동이 계속 실패함으로써 야기된 민심 이탈을 방지하기 위한 것이었다. 대약진운동 당시 얼마나 많은 사람이 사망했는지 자료에 따라 편차가 있지만 5,000만 명에 이른다는 주장도 있다. 이는 현재 한국 인구에 해당하는 것으로 그야말로 대재앙이라 할 수 있다. 이와 같은 상황에서 사회주의의 장점을 대중에게 교육하고 계획경제 테두리 밖에서 일어나는 경제활동을 탄압하고 정권 강화를 위해 정치사회화 교육이 시작되었다.

계급투쟁 교육은 무산계급의 관점과 감정을 양성하는 것으로 학생들에게 프롤레타리아 계급의 적에 대한 증오를 심었다. 계급투쟁 교육을 통해 학생들은 혁명을 최고 가치로 인식하게 되었고 파괴와 투쟁 같은 과격한 수단을 통해 혁명을 실현하고자 했다. 계급투쟁 교육 중 좌경화 교육은 홍위병운동이 일어나고 발전하는 데 절대적인 영향을 미쳤다.

우선 인위적으로 학생들에게 계급에 대한 증오를 조성했다. 계급투쟁 교육에는 노인들을 초청해 자산계급 지배하에서 고생했던 일화를 듣고 당시 먹었던 질 낮은 음식을 먹는 활동이 포함됐다. 비록 기근에 시달리지만 예전에 자산계급에 착취당하던 시절보다는 공산당이 통치하는 현재가 행복하다는 것을 주입하기 위한 교육이었다. 학생들은 "계급의 고통을 잊지 않고 피눈물로 맺힌 원한을 가슴에 새겼다." 이러한 교육을 통해 학생들은 자산계급에 대한 증오를 키워갔다.

청년들에게 자신의 가정사를 들려주며
자신과 청년들이 계급에 대한 원한을 영원히 기억하고
당과 마오 주석을 더욱 열렬히 사랑할 것을 다짐하는 모습이다.
뒤쪽에는 "계급의 고통을 잊지 말고
피눈물로 원한을 기억하자"라고 써 있다.[2]

정치사회화 교육이 청소년에게 미친 악영향은 다음과 같다. 첫째, 청소년들이 마오쩌둥에 대한 개인숭배 관념을 갖게 했다. 둘째, 청소년들이 헌신적인 정신은 남아돌지만 독립적인 사고가 부족하게 되었다. 셋째, 정치결벽증을 양성해 청소년들이 시야가 좁고 자기중심적인 성향을 갖게 되었다. 결과적으로 의견이 다르거나 다른 사상은 이단이라고 간주해 심한 비난을 하기에 이르렀다.[3]

'계급투쟁 확대화' 이론의 지도 아래 지나친 '좌경화' 교육은 인위적으로 적을 만들어냈고, 청소년들이 혁명의 열정을 쏟을 대상을 찾게 했다. 홍위병에 참여했던 이들은 모두 혁명이상주의자였다. 이들은 자신들의 행동이 착취와 억압이 없으며 조금의 사심도 없는 이상적인 사회를 만들 것이라고 확신했다.

반서양화 교육은 서양 자본주의에 대한 적대감을 키우는 것이다. "분노청년이 국제문제를 투쟁 방식으로 해결하려 하는 것은 중국인의 골수와 정신에 뿌리 깊게 박힌 '좌'의 사유 방식이 영향을 주고 있기 때문이다. 중국 교육에는 '좌'에 대한 오래된 내용들이 있고 '좌경화' 교육을 받은 이들은 성년이 된 후에도 벗어나지 못한다."[4] 신권위주의의 대표적인 학자인 샤오궁친蕭功秦은 한 대학원생으로부터 "자신은 어렸을 때 정치교육 과목政敎課에서 '프롤레타리아 사상을 고취시키고 자본주의 사상을 타도하자興無滅資'는 내용을 배웠기 때문에 대학생이 된 후에도 현실의 불평등을 초등학교 교과서에서 받은 교육으로 평가한다"[5]는 말을 들었다고 한다. 즉, 이 대학생은 사회의 불평등의 원인이 집권자의 실정이나 권력의 부패 등의 문제가 아니라 자본주의와 자본가의 착취가 문제라고 인식한다는 것이다.

분노청년은 어려서부터 자본주의와 자본가에 대한 증오를 관수 받았기 때문에 성인이 된 후에도 사회주의에 대한 절대적 믿음을 가지고 있다. 단순하게 재단해 사회주의는 좋은 것이고 자본주의는 나쁜 것이라고 한다. 분노청년은 서양은 세계의 병균이며, 침략, 약탈, 노역, 유언비어, 불평등을 대표한다고 주장한다. 그리고 서양인은 중국인과 다른 종족으로 마음도 반드시 다르다고 생각한다. 분노청년이 서양에 대해 비이성적 분노를 가지고 있는 것은 사회주의에 대한 절대적 믿음도 주요 원인이다.

국가주의 좌익, 신좌파

중국은 경제적으로는 자본주의 길을 가고 있지만 정치적으로는 사회주의 노선을 따르고 있다. 톈안먼 사건 당시 덩샤오핑이 개혁파인 자오쯔양을 제거하고 보수파인 리펑의 손을 들어줌으로써 중국의 정치 개혁은 요원해졌다. 청나라 말기처럼 경제 개혁은 했으나 정치 개혁은 이루지 못했다. 이러한 상황을 중국 정부는 중국 특색 사회주의라고 한다. 중국은 1992년 10월 거행된 14차 당대회에서 사회주의 시장경제 건설을 국가 개혁의 새로운 목표로 제시했다. 1992년 이후 중국은 계획경제 국가가 아니다.

현재 중국 사회를 이끄는 사조는 중국 특색 사회주의, 자유주의, 노좌파, 신좌파, 급진 좌파, 신유가, 민족주의가 있다. 중국 특색 사회주의는 앞에서 살펴 본 바와 같이 중국 정부가 주장하는 것으로 중국 사회의 주류 이데올로기다. 아마도 중국 특색 사회주의는 공산당이 집권하는 한 중국의 지도사상으로 역할을 할 것이다. 반면 자유주의자들은 시장경제를 지지하고 중국이 더욱 개혁개방해야 한다고 주장한다. 이들은 좌파사상에 대해 부정적인 입장을 취하고 맹렬한 비판을 하였지만, 이젠 세력이 약해졌다.

위의 사조 중 중국 특색 사회주의, 신좌파, 급진좌파, 신유가, 민족주의는 분노청년과 관련이 있다. 분노청년의 성향에 따라 각각의 색채가 강한 경우도 있으나 대체로 혼합된 형태를 보인다. 분노청년이 주장하는 애국주의는 좌파사상과 중화주의가 혼합된 형태이다.

노좌파는 스탈린의 사회주의 모델을 따르는 이들로 초기 공화국을 건설한 혁명가나 당원으로 이미 노인세대가 된 이들이다. 이들은 전 소련 모델의 경직된 체제를 고수하여 계획경제와 공유경제를 지지하고 시장경제와 사유제를 강렬히 반대하였다. 따라서 이들의 주장은 중국 정부가 시장경제를 추구하는 상황에서 발전하기 어려웠으며 쇠락의 길로 들어섰다.

신좌파는 노좌파가 쇠락으로 들어선 경계선에서 전통 사회주의에 대한 반성과 자본주의를 비판하면서 1990년대 중반에 등장했다. 신좌파의 노선을 따르는 이들이 신좌파 분노청년이다. "이들은 대부분 대학교 때 마르크스주의 이론을 전공한 학생이나 교수다."[6] 신좌파의 대표적인 인물은 추이즈위안崔之元, 쥐다페이左大培, 창스궁强世功, 추이즈위안崔之元, 간양甘陽, 한위하이韓毓海, 왕후이汪暉, 왕샤오광王紹光 등이 있다. 이들은 베이징대학, 칭화대학, 중국사회과학원 등에 근무한다. 그중 쥐다페이는 중국 신좌파 경제학의 기수다. 신좌파는 숫자가 많지 않다.

서양의 신좌파는 마르크스 저작에서 출발해 사회주의는 마땅히 상품·화폐가 존재할 수 없으며 시장경제를 할 수 없다고 주장한다. 신좌파는 좌익 평균주의사상을 이론적 기초로 하며 평등과 공평을 핵심 가치로 한다. 객관적으로 볼 때 신좌파 사상은 사회 약자에 관심을 갖고 사회적 공정과 평등을 추구하며 인민의 민주주권의 내재적 가치를 추구한다. 신좌파는 세계 자본주의화, 국제자본의 세계 확대, 신자유주의, 시장경제가 사회에 침투하는 것에 반대한다.

중국 신좌파의 사상 자원은 서양의 신좌파와 신마르크스주의에 있으며 프랑크푸르트학파, 영미 신좌파들과 맥을 함께한다. 초기 중국 신좌파는 개혁은 자본주의 착취를 받아들이는 것이고 개방은 제국주의와 식민주의의 착취를 받아들이는 것이라고 주장했다.[7] 자본주의 국가는 처음부터 다른 나라를 착취하고 노예로 삼아 발전했으며 현재도 식민지시대처럼 세계를 착취하고 있다고 했다. 현재 중국 사회는 자본주의 혹은 시장경제로 세계 자본주의체제의 일부가 되었으며 외국 자본은 중국 인민경제에 중

대한 영향을 끼치고 있는데 이는 절대로 가벼운 일이 아니라고 했다. 시장경제를 비판하고 덩샤오핑의 발전주의를 반대하고 중국이 세계무역기구에 들어가는 것을 반대했다. 신좌파는 중국이 시장경제로 전환하는 과정에 출현한 빈부격차, 관료와 상인의 결탁, 사법 부패, 사회의 불공평, 사회규범의 상실 등 문제를 국제자본주의가 중국 사회에 미친 악영향 때문이라고 했다. 일부 신좌파는 자본의 사악한 통치를 억제하기 위해 문화대혁명을 다시 한번 일으켜야 한다고 주장하기도 했다.

신좌파는 처음에는 중국 정부의 개혁개방과 시장경제화를 비판하고 민주화를 요구했다. 그러나 "2008년 중국모델中國模式이 제기된 후 과거 개혁개방에 대한 질문과 비판을 뒤집고 우르르 몰려들어 중국모델을 격찬하고 관련 서적을 출판하고 중국 개혁개방의 경험을 총결하였다. 이와 같은 변화는 왜 일어났는가? 어떤 학자는 신좌파의 기본 입장은 서양 자본주의와 서양의 민주화를 반대하는 것으로, 현재 그들은 중국모델에 대한 찬양을 통하여 중국이 서양의 길을 거부하고 보편적인 가치universal value에 도전하였으며 또한 성공을 거두었다고 보기 때문이라고 하였다. 결론적으로 신좌파의 목적은 서양에 반대하는 것으로, 개혁을 지지하느냐 반대하느냐는 수단일 뿐으로 목적에 도달하기 위해 어느 것이 더 유리한 것인가만을 보았다는 것이다."[9] 쉬지린許紀霖은 신좌파 인물들이 집단적으로 우파로 전향하여 국가주의를 주장하고 있음을 지적하였다.[10]

憤怒
靑年

중국모델은 사회주의 일반원칙과 중국 특색 사회주의 길을 통일한 것으로 "쓰는 사람에 따라 구체적인 뜻에 차이가 있지만, 정치적 안정을 무엇보다 중시하는 권위주의적 일당체제 아래 자유시장 자본주의를 도입하는 방식을 말한다."[11] 즉, 경제적 자유와 정치적 억압으로 정리된다. 신좌파는 중국모델이 서양식을 거부하고 중국의 길을 가는 것이라 생각하기 때문에 이후 국가주의자가 되어 정부를 열렬히 지지하고 있다.

추이즈위안은 1994년 매사추세츠대학 정치학부 조교이던 시절 "중국이 개혁개방 정책에 따라 무비판적으로 구미의 제도를 도입해 왔음"을 비판하고 "인민공사 등 사회주의시대의 시책을 중국의 전통에 적합한 것"이라고 평가하는 논문을 발표하였다. 그는 문화대혁명과 그 이전 극좌노선에 대한 비판을 부정하고, 심지어는 "문화대혁명 중 합리적인 요소를 발전시켜야 한다", "7~8년간의 문화대혁명이 다시 돌아와야 한다"고 주장하기도 했다.

홍콩 중문대 교수인 왕샤오광은 1993년 칭화대 교수 후안강胡鞍鋼과 함께 출판한 《중국 국가능력 보고》에서 "국가는 자기의지를 실현할 능력을 강화해야 한다"고 강조했다. 그는 처음에는 민주주의자였으나 이후 민주주의를 비판했고, 국가주의를 지지했다. 각종 민주 형식 중 선거가 가장 나쁘다고 하며 응답식響應式 민주주의를 주장했다. 응답식 민주주의는 인민의 요구가 있으면 정부는 의견을 듣고 일을 처리하는 방식으로 이를 마오쩌둥의 군중노선이라 했다.

칭화대학 교수 왕후이는 전 지구화, 관료화, 중국의 발전주의를 비판했으나 지금은 도리어 당국체제黨國體制를 지지한다. 그는 당국체제가 중국의 성공을 보증한다고 주장한다. 런민대 교수 류샤오펑劉小楓은 칼 슈미트 사상을 중국에 들여와 슈미트 바람을 일으켰으며 국가주의 씨앗을 뿌렸다. 슈미트Carl Schmitt는 독일의 정치학자로 전체주의적 국가론으로 히틀러의 독재체제에 이론적 토대를 제공한 인물이다. 베이징대 연구주임 창스궁은 "정치는 먼저 적과 나를 구분하는 문제로 정치는 복종과 불복종의 문제로 네가 나에게 복종하지 않으면 너를 진압해야 한다"고 말한다. 창스궁은 또 중국의 국가의지는 바로 당국의지党國意志로 "당은 영혼이고 국가는 육체"라고 한다. 베이징대 교수 판웨이潘維는 서양은 권력 위주이고 중국은 책임의식, 책임 위주라고 한다. 책임 위주라는 것은 국가가 백성을 위해 책임을 지고 일하는 것을 말한다.

신좌파는 공산당에 유리한 주장을 했기 때문에 성장할 수 있었다. 2008년 이후 신좌파는 시장경제와 공산당의 일당독재를 지지한다. 이들은 국가주의자로 자유화를 제한하고 권력을 국가에 귀속시켜야 한다고 주장한다. 이들은 강력한 국가권력으로 민간의 부를 장악하고 재분배해야 한다는 입장을 가지고 있다. 자본주의 국가인 미국과 일본을 공격하는데 이는 반제국주의를 이념적 기반으로 하는 공산당과 의견이 일치한다. 이와 같이 신좌파는 주적을 외부에 둠으로써 공산당의 든든한 동지가 되었다.

소환되는 마오쩌둥

노좌파는 소리를 죽이고 은둔하고, 신좌파는 학계로 회귀해 좌익 진영은 길을 잃고 공백기에 든 것처럼 보였다.[12] 그러나 이러한 틈을 타서 신좌파보다 더 강한 주장을 들고 급진 좌파가 등장했다. 급진 좌파 분노청년은 마르크스주의가 아니라 마오쩌둥 사상을 따른다는 점에서 신좌파 분노청년과 다르다. 그리고 이들은 신좌파처럼 국가 이익을 중시하기는 하지만 인민의 이익을 가장 중시한다는 점에서도 차이가 난다. 분노청년 중 급진 좌파는 가장 많은 수를 차지하고 있다.

급진 좌파는 극단적인 성향을 띠기 때문에 극좌파라고도 하고, 마오쩌둥 사상을 따르기 때문에 마오쩌둥 좌파라고도 부른다. 급진 좌파가 민간에서 일어난 것은 노좌파의 권력 자원이나 신좌파의 지식 자원과 관련이 없으며 오직 급진적인 입장, 급진적인 주장, 급진적인 지향 등의 상표를 이용해 하층 민중들의 쌓인 분노와 원한을 발산하고 집합한 것으로 오합지졸인 하층 민중을 흡수했다.[13]

급진 좌파의 정치적 입장은 극단적이고 편파적이며 확고하다. 그들은 마오쩌둥 사상을 바탕으로 부역자와 우파를 공격하는 데 집중한다. 급진 좌파는 '마오쩌둥치즈왕毛澤東旗幟網'과 '우여우즈샹烏有之鄉' 등의 인터넷 공간이 있다. 이들은 인터넷 공간에서 자신과 견해가 다른 이들을 전투를 치르듯 공격한다. 지하의 유사

● 산시성山西省 윈청시運城市 샤현夏縣
우임금 사당에 모셔진 마오쩌둥 사진이다.
제단 옆쪽에는 마오쩌둥을 상징하는 노래인
〈동방홍〉의 가사가 적힌 악보도
세워져 있다.

●● 사당에 세워져 있는 입간판으로
2015년 12월 26일 마오쩌둥의 생일을
기념하기 위해 만들었으며
"제1회 마오 주석 성탄절"이라고 써 있다
(필자 촬영).

출판물을 간행하고, 독서회, 주말 혁명영화 감상, 마오 주석 탄생과 서거 추모회 등의 행사를 개최한다. 2017년 급진 좌파는 마오쩌둥 탄생 124주년을 이용해 후난湖南, 산둥山東, 허난河南, 산시陝西, 허베이河北 등지로 진입해 극단적이고 격렬한 극좌 발언을 선전했다. 급진 좌파는 극단 민족주의와 포퓰리즘을 이용해 하층 민중을 조직화하여 언제라도 계급혁명이 일어나기를 바라고 있다.[14]

급진 좌파는 중국은 이미 자본주의 국가이며 미국 주도의 자본주의 폐해를 극복하기 위해서는 하층 민중을 핵심으로 제2의 문화대혁명을 일으켜야 한다고 주장한다. 이들의 사상, 말, 행동은 문화대혁명 시기 사람과 같으며, 마오쩌둥의 모든 것은 정확하고 오류가 없다고 믿는다. 문화대혁명의 극좌 이데올로기 중 계급투쟁, 자본주의와의 투쟁, 수정주의 노선, 자본주의 노선을 따르는 당권파 등의 개념을 이용해 부패한 이들을 자본주의 길을 가는 당권파, 주자파走資派라고 공격한다.[15] 이들은 혁명을 최고의 도덕으로 생각해 법률보다 높다고 생각하며, 혁명적인 행위라면 살인과 방화도 가능하다고 생각한다.[16]

급진 좌파는 경제적으로 시장경제를 반대하고 빈부의 차이가 없는 평등한 상태를 요구한다. 전형적인 구호는 '너는 사람이고 나도 사람인데 너는 돈이 그렇게 많으냐?'이다. 사유화한 재산을 공유화하고 토지를 국유화하고 계획경제를 회복하자고 한다.

급진 좌파는 하층 민중에 영합하는 극단적인 포퓰리즘을 주장할 뿐만 아니라 강한 민족주의적 색채를 띠고 있다. 이들은 중국이 세계 패권을 장악해야 한다고 주장한다. 그들 눈에 서양국가는 아직도 그들을 망가뜨릴 마음이 사라지지 않은 제국주의 국가로 타도해야 할 대상이다. "중국은 미국, 일본에 핵폭탄 공격을 해야 한다", "타이완에 인민해방군을 상륙시켜 점령해야 한다" 등의 극단적인 주장을 한다. 이들은 무력을 이용해 현행 국제질서를 바꾸어 중국이 세계를 지배할 권리를 쟁취해야 한다고 주장한다.

현재 급진 좌파의 주장은 현실화되고 있는 것으로 보인다. 2010

• 산시성陝西省 황제릉에서
  마오쩌둥 얼굴이 인쇄되어 있는 티셔츠를
  입고 여행을 즐기고 있는 관광객들
  (필자 촬영).

•• 문화대혁명을 소재로 인테리어를 한 식당.
  벽면에는 마오의 사진과 문화대혁명 시기
  사진이 걸려 있다. 마오의 얼굴이 있는 그림에는
  "혁명은 마오 주석의 사상에 의존한다"라고
  써 있다(필자 촬영).

년 이후 문화대혁명의 주역인 마오쩌둥 붐이 일고 있다. 곳곳에서 문화대혁명 시기 물건을 팔고, 마오쩌둥 얼굴이 프린트 된 티셔츠를 입은 관광객들을 발견할 수 있다. 문화대혁명 시기의 특징을 살려 실내를 장식한 식당들도 종종 발견된다. 각종 시위에는 마오쩌둥의 사진을 들고 마오의 어록을 외치는 이들이 등장하였다.

이와 같이 중국에서 문화대혁명 시기의 각종 현상들이 다시 등장하는 이유는 무엇일까? 하나는 가난하지만 모두가 평등했던 시절에 대한 향수다. 문화대혁명 시기에는 최고 부자와 가장 가난한 사람의 차이가 10배가 나지 않았다고 한다. 그런데 지금은 극심한 빈부격차를 겪고 있다. 그리고 앞에서 지적한 바와 같이 문화대혁명에 대한 제대로 된 평가가 이루어지지 않은 것도 원인으로 볼 수 있다. 문화대혁명의 이론적 잔재가 그대로 남아 있어 급진 좌파가 등장하는 발화점이 되었다. 여기에 어려서부터 받은 좌파 경향의 정치 교육도 중요한 역할을 했다.

2018년 신장성新疆省 일대를 답사했는데 곳곳에서 문화대혁명 관련 포스터를 볼 수 있었다. 우루무치시의 신화서점에는 문화대혁명 당시의 포스터가 걸려 있었다. 이 포스터는 신화서점을 선전하는 포스터로 "수업이 끝난 후에 남문에 있는 신화서점 3층에 가서 책을 보자"라고 써 있었다. 그런데 이 소년은 인민복을 입고 홍소병紅小兵 완장을 차고 있다. 신화서점에는 마오쩌둥의 어록인 "열심히 공부해 매일 매일 발전하자"라고 쓰인 액자도 걸려 있었

放学后，让我们一起去
南门新华书店三楼看书吧

好好学习
天天向上
——毛泽东

신장성 우루무치시의 신화서점에 있는 선전물이다.
위는 문화대혁명 시기 홍위병을 이용해 신화서점을 선전하는 포스터이고,
아래 사진은 마오쩌둥 어록이 쓰인 액자다(필자 촬영).

다. 이 어록은 문화대혁명 시기 전 인민이 암송한 것이다.

저우샤오위는 "급진 좌파가 조직화하려는 주요 대상은 대학생, 국유기업 실업자, 도시의 농민과 공인으로 이들은 도시생활 중 가장 무력하고 조직을 갖지 못한 방대한 집단이다. 만약 실업으로 생활의 압력이 증가하고, 빈부격차가 계속 존재한다면 급진 좌파의 포퓰리즘 발언은 시장을 얻게 될 것이고 하층 민중을 대변한다는 신분과 기능은 더욱 두드러지게 될 것이다"[18]라고 했다.

憤怒青年

07

'악마'의 존재에 대한 믿음

대국의 자존심을 건드린, 미국

1972년 2월 21일 리처드 닉슨은 미국 대통령으로서는 최초로 '적
성국'인 중국을 방문해 마오쩌둥 주석을 만난다. 1950년대 중반
까지 마오는 친소련 일변도를 걸으며 영국을 뛰어넘고 미국을 따
라잡는 정책을 내세웠다. 그러나 1956년 이후 이념문제와 사회
주의 국가 종주국 문제로 소련과 불화를 겪게 되자 마오는 미국
을 이용해 소련을 견제하고자 했다. 미국 역시 소련을 견제하기
위해 중국을 끌어들이기로 했고 두 정상의 접촉이 이루어졌다.
1978년 12월 18일에서 22일까지 거행된 제11기 삼중전회三中全
會에서 중국 공산당은 개혁개방을 선언하고 농업, 공업, 국방, 과
학·기술 4개 분야의 현대화 노선을 채택했다. 1979년 1월 1일 미
중 수교가 이루어졌다. 1980년대에는 비록 개혁개방을 했으나 본

격적인 변화가 이루어지지 않았다. 1992년 덩샤오핑이 남순강화를 통해 적극적인 개혁개방을 천명한 후 중국 사회도 외국과의 접촉이 많아졌다.

1990년대는 중국의 애국주의가 표면화된 시기로 주로 중미관계에서 나타났다. 미국과의 관계에서 인허호 사건, 5·8사건, 미중 군용기 충돌 사건은 반미 정서가 고조되는 데 중요한 역할을 했다. 1993년 7월 23일 발생한 인허호 사건은 중국이 미국으로부터 처음 무시를 당한 사건이다. 미국 클린턴 정부는 중국의 화물선 인허호가 화학무기 원료를 중동으로 운반하고 있다는 혐의를 포착하고 공해상에서 군함과 군용 헬기로 포위한 채 33일간 강제로 정박시키고 검사했다. 결국 미국은 의심할 만한 물질은 찾지 못했지만 사죄와 배상을 거부했다.

당시 분노청년은 별다른 반응이 없었다. 1993년은 톈안먼 사건이 발생한 지 얼마 되지 않은 시기로 아직도 사회주의 분위기가 물씬 풍기던 시절이다. 일상 속에서도 '동지'라는 표현을 자연스럽게 사용했고, 사람들은 정부에 대해 말할 때면 입조심을 했다. 때문에 인허호 사건에 대해 젊은이들이 뭉쳐서 어떤 식으로든 분노를 표출하는 것은 불가능한 상황이었다.

그런데 1995년 5월 8일 자 《중궈칭녠보中國靑年報》 등이 중국 청소년의 정치관·국제관을 조사한 바에 따르면 87.1퍼센트의 청소년이 미국이 가장 나쁜 나라라고 했으며, 57퍼센트가 미국에 가장 반감이 있다'고 대답했다고 한다. 약 90퍼센트의 학생이 "미국이

가장 나쁜 나라"라고 한 것이다. 이 시기는 애국주의 교육이 실시
된 초기로 이와 같이 미국에 대한 부정적 견해가 많은 것은 1993
년 발생한 인허호 사건이 중요한 영향을 끼친 것으로 보인다.

타이완 해협 위기는 1995년 6월 7일 타이완 총통 리덩후이의
미국 방문을 계기로 시작된다. 리덩후이는 미국 방문을 신청했지
만 중국의 반대로 무산되었다. 결국 미국 의회의 동의를 얻어 개
인 신분으로 미국을 방문해 모교인 코넬대학에서 강연했다.

중국은 리덩후이의 방미를 미국이 허락한 것은 양국체제를 인
정하고 '하나의 중국'을 부정한 것이라 주장했다. 사실 미국 정부
는 중국의 입장을 고려해 코넬대학에 강연을 하러 오겠다는 리덩
후이의 비자 발급을 거부했다가, 의회의 결정이 난 후에야 비자
를 내주었다. 정부 차원의 환영이나 접촉을 제한했으며, 리덩후
이가 뉴욕을 경유하지 못하게 했고, 코넬대학에 타이완 국기를
걸거나 국가를 부르는 것도 허락하지 않았다.

그러나 중국 정부는 다양한 방식으로 미국에 불만을 표시했을
뿐만 아니라 타이완 해협 근처에 인민해방군을 배치하고 미사일
을 발사해 긴장을 고조시켰다. 이에 미국도 항공모함을 파견했
다. 중국과 미국은 1995년부터 1996년까지 타이완 해협에서 군
사적으로 충돌했다. 1996년 리덩후이와 국민당의 압승으로 선거
가 끝나서야 자연스럽게 긴장이 완화되었다. 푸젠성福建省에 배치
되었던 인민해방군도 원래 주둔지로 돌아가고 미국 해군도 본래
작전구역으로 복귀했다. 군사위기 이후 1997년 빌 클린턴은 '하

나의 중국' 원칙을 재확인해주며 중국을 안심시켰다.

중국인들은 타이완 문제를 영토 안전문제라고 생각한다. 타이완과 중국문제가 한반도의 남북 분단과 같은 민족상잔의 비극이라 한다. 중국에서는 타이완을 중국에 속한 하나의 성省이라 생각해 타이완성臺灣省이라 부른다.

5·8사건은 1999년 5월 7일, 베이징 시간 5월 8일에 나토 소속의 미국 B-2폭격기가 유고슬라비아 중국대사관을 오폭해 중국 기자 3명이 사망하고 20여 명이 부상을 입는 등 대사관이 심각하게 파손된 사건을 말한다. 이 사건으로 '5·8애국운동'이 전국적으로 일어났으며 분노청년이 본격적으로 활동하기 시작했다.

미국에 대한 반감과 증오가 극에 달해 전국에서 대규모 반미 시위가 일어났고 일부 도시에서는 과격한 행동도 있었다. 많은 학생들은 중국 주재 미국대사관과 다른 나토 회원국 대사관에 가서 시위를 했다. 베이징대학의 경우 학교버스로 학생들을 수송하기도 했다. 미국대사관 앞에는 무장경찰이 있었지만 학생들의 시위를 막지는 않았다. 학생들의 시위는 점점 더 격렬해져 미국 국기를 불사르고 대사관 유리창을 깨고 대사관 차량을 부수었다. 이들은 "중국은 만만치 않다, 중화민족을 욕되게 하지 마라!"고 외쳤다. 베이징대학 학생은 "토플시험을 보지 않을 것이고 GRE(미국 일반대학원 입학을 위한 예비시험)를 보지 않을 것이며 한마음으로 미제를 타도할 것이다"라는 대자보를 붙였다.

2001년에는 미국 정찰기와 중국 전투기가 충돌하는 사건이 발생했다. 4월 1일 미국 EP-3정찰기가 중국 하이난도海南島 부근에서 정찰을 하던 중 중국 해군 J-8 전투기와 충돌했다. 이 충돌로 중국 전투기 조종사는 실종되고, 미국 정찰기는 하이난도 비행장에 불시착했으며, 미국인 승무원 24명이 억류됐다. 중국 정부는 미국이 고의로 중국 전투기와 충돌했다고 주장했다. 미국은 공해상에서 근접 비행을 감행한 중국 정부를 비판하며 인질 송환을 요구했다. 그러나 중국 정부는 미국에 사과를 요구했고 미국의 유감 표시를 받은 뒤 11일 만에야 인질을 풀어줬다. 미국은 2~3개월간의 교섭 끝에 정찰기를 돌려받았다. 이 사건 후 분노청년은 미 제국주의를 물리치자고 외쳤으며 미국과 전쟁을 하자는 사람도 있었다. 자유주의자를 매국노라 비판하고 중국을 봉쇄하는 시대로 돌아가자는 주장도 등장했다.[2] 그러나 미국이 승무원 24명의 목숨을 중국인 1명의 목숨과 바꾸지는 않았을 것이기에 이 사고는 우발적인 것으로 보는 게 타당하다.

이밖에도 미국 정부의 달라이 라마 초청도 분노청년을 분노하게 했다. 미국 대통령이 처음 달라이 라마를 만난 것은 1991년이다. 아버지 부시(재임 1989~1992)는 한 차례, 클린턴(재임 1993~2001)은 다섯 차례, 아들 부시(재임 2001~2009)는 네 차례, 오바마(재임 2009~2017)는 두 차례 만났다. 클린턴이 집권하던 시기인 1990년대 달라이 라마와 만난 일이 많았는데 이 또한 분노청년이 미국에 부정적인 인식을 갖게 했다. 이외에도 미국이 중국의 WTO 가입을 반대한다든지, 인권문제를 빌미로 중국에 내정간섭을 한다든지 하는 이유로 분노청년은 미국에 분노했다.

2001년 이후 미중관계는 좋아져 합작과 투자를 하는 관계가 되었다. 몇몇 사건이 있었지만 1990년대와 같은 극한 대립은 없었다. 2008년 라싸 3·14사건 때 미국이 중국에 대해 부정적인 보도를 한다고 해 해커들이 CNN을 공격했다. 같은 해 코카콜라가 중국 음료회사인 후이위안滙源을 인수하는 것을 반대했는데 목적은 "민족 상표를 보호하는 것"이었다. 2016년 남중국해 중재안에서 중국이 손해를 봤다고 느끼자 인터넷에서는 필리핀, 미국, 일본에 대한 불매운동이 일어났고, 미국산인 애플사 핸드폰을 부수고, 켄터키치킨 앞에서 반미 구호를 외쳤다.

미국에 대한 분노는 비정상적 형태로 나타나기도 한다. 2001년 미국에서 9·11테러가 발생했을 때 분노청년은 서로 소식을 전하며 기뻐했다. 2009년 4월 미국 뉴욕에서 총격 사건이 발생해 13명이 사망했다. "중국 네티즌의 80퍼센트가 이 보도를 보고 기뻐했으며 전국 인민에게 3일 휴가를 주어 축하하자"[3]고 했다. 증오와 분노는 인간에 대한 보편적인 연민과 사랑마저 잃게 했다.

최근에는 미국과 무역전쟁으로 다시 미국에 대한 부정적인 인식이 증가했다. 그런데 미국에 대한 비판을 주도하고 있는 것은 분노청년이 아니라 중국 정부라는 특징이 있다. 미국을 바링霸凌국가라 하는데 '바링'은 영어 bully'를 음역한 것으로 깡패, 양아치, 불량배라는 의미다. '바링국가'는 국제 무역분쟁에서 자신보다 힘이 약한 나라를 모욕하고 압력을 가하는 방식으로 국가 간

憤怒
青年

의 모순을 해결하는 국가를 말한다.

2019년 5월 16일 통신사 신화왕新華網은 〈무역으로 중국을 괴롭히고자 하는 미국의 망상은 끝났다!〉라는 전문가 사설에서 "현재 중국은 미국의 깡패 같은 행동에 대해 인내와 자제를 하고 있으나 이는 중국 정부와 인민이 나약하거나 굴복을 했음을 말하는 것은 아니다. 중국은 자신의 핵심 이익을 지킬 능력을 가지고 있다. 무역 탄압으로 중국의 발전을 막겠다는 미국의 망상은 끝장날 것이다!"[14]라고 했다.

퇴직한 관리이며 시인인 자오량톈趙良田은 미중 무역전쟁 발생 후 1960년대 제작한 항일영화 〈디다오잔地道戰〉의 주제곡을 개사해 〈마오이잔貿易戰〉이란 노래를 만들었다. 〈마이오잔〉은 '무역전쟁'이란 뜻이다. 〈디다오잔〉은 일본과 전쟁할 때 약세인 상황에서 땅을 파고 숨어 견딘 끝에 승리했다는 내용이다. 문화대혁명 시기에는 소책자로 출판하기도 했는데 전투 중 위기에 처하면 《마오 주석 어록》을 펴 그 안에서 해답을 찾았다.

무역전쟁! 헤이! 무역전쟁!
그의 난폭한 도전은 두렵지 않다!
헤이! 그의 난폭한 도전은 두렵지 않다!
태평양에서 무역전쟁이 벌어졌네
일대일로는 연결되어 한 편이 되고
트러블 메이커는 감히 공격을 하네

이 노래에서는 일대일로에 참여하는 국가들이 한편이 되어 미국에 대항한다고 노래한다. 미국은 트러블 메이커로 묘사하였다. 많은 항쟁가요 중 〈디다오잔〉을 〈마오이잔〉으로 개사한 것은 미중 무역전쟁으로 중국 경제상황이 나빠질 수 있으니 장기전을 준비하자는 의미를 담고 있는 것이다.

최근에는 예전에 방영했던 항미원조 영화를 재방영하고 있다. 그중에는 마오쩌둥의 지시로 1956년 제작한 《상간링上甘嶺》이란 영화도 있다. 내용은 1952년 한국 철원군 김화읍 오성산 일대에서 미군과 중공군 사이에 벌어진 24일간의 전투에서 중공군이 승리했다는 것이다. 이 영화에서 한국과 북한은 완전히 무시되었으며 한국전쟁은 미국과 중국의 전쟁으로 묘사되어 있다. 미군들은 전쟁 중에 누워서 비키니를 입은 여자 사진이나 보고 중공군에게 공격을 당하기 일쑤인 멍청이로 묘사된다.

그렇다면 분노청년이 미국에 분노하는 이유는 무엇일까?

첫째, 대국의 자존심을 상하게 했다. 분노청년은 중국이 세계에서 가장 위대한 국가라고 생각한다. 근대 이후 잠시 비참한 날들이 있었지만 중국은 여전히 세상의 중심이라고 생각한다. 그들 마음속에 중국은 위대한 문명고국이며, 가장 넓은 영토를 가진 대국이며, 사회주의 강국이다. 그런데 미국은 중국을 대국으로 대접하지 않을 뿐만 아니라 오히려 무시하였다. 미국이 중국을 존중하지 않는 것을 알았을 때 분노청년은 심한 굴욕감과 좌절감을 느꼈다.

憤怒
靑年

분노청년은 미국을 비롯한 서방 국가들이 중국의 인권문제에 의견을 표현하는 것도 대국에 대한 예의가 아니라고 생각한다. 서방 언론이 노벨평화상을 수상한 반체제 인사 류샤오보劉曉波의 석방을 주장하는 것을 분노청년은 내정간섭으로 이해한다. 1995년 힐러리는 베이징에서 열린 제4차 세계여성대회에서 여성 인권에 대한 연설을 하였다. 그런데 분노청년은 중국의 인구정책은 마땅히 역사적인 안목과 지혜를 가지고 미래지향적으로 이해하고 분석해야 할 일이지 결코 '일개 여편네의 관점'에서 가타부타 할 성질의 것이 아니다"라고 비난했다. 힐러리가 비판한 것은 중국의 인구정책이 아니라 여성 인권문제였다. 분노청년은 힐러리가 중국의 치부를 드러내고 주제넘게 간섭한다고 생각하였기 때문에 즉각 분노하였다.

　둘째, 미 자본주의에 대한 부정적 인식이다. 자본주의는 악이고 병균이 만연한데, 특히 미국은 이들 자본주의 국가의 수괴로 더욱더 나쁜 나라라고 생각한다.

　셋째, 미 제국주의가 중국을 멸망시키려 한다고 생각한다. 미 제국주의의 중국 침략은 경제적 침략과 영토 침략으로 구분할 수 있다. 경제적 침략은 미국이 화평연변和平演變을 통해 중국 사회주의를 멸망시키고 미국의 경제적 노예로 삼으려 한다는 것이다. 이들은 현재 국제 경제체제를 미국 중심의 불평등하거나 혹은 변형된 제국주의라고 생각한다. 이들은 경제적인 문제도 정치적인 문제로 이해해 제국주의가 침략전쟁을 벌이는 것이라 한다.

영토 침략은 주로 타이완과 티베트 문제로 나타났다. 분노청년은 어려서부터 영토 안전 교육을 받아 소수민족의 분리나 타이완의 독립에 대해 민감한 반응을 보인다. 미국이 중국 영토인 타이완과 티베트의 독립을 도와 중국을 분열시키려 한다고 주장한다. 리덩후이나 달라이 라마의 미국 방문은 미국이 타이완이나 티베트를 독립국가로 인정한 것이 아님에도 불구하고 분노청년은 매우 예민하게 반응하였다.

최근에는 홍콩도 중요한 영토 안전문제로 부각되었다. 홍콩 시위대는 민주화와 자유화를 요구하고 있으나 분노청년은 이들을 '홍콩 독립주의자港独分子'라고 비판한다. 중국 정부는 홍콩 독립주의자들이 경제 침체, 사회 혼란, 법치 붕괴를 가져왔으며 미국을 비롯한 서양이 이들의 독립을 지지하고 있다고 주장한다. 분노청년은 홍콩 문제에 대해 중국 정부와 동일한 목소리를 내고 있다. 홍콩 시민들은 공산당을 반대하는 것이나 분노청년은 이를 중국으로부터 독립을 요구하는 것으로 생각하고 있다. 이는 분노청년이 중국과 공산당을 동일시한 결과다. 애국주의 교육의 애국과 애당은 통일된 개념이라는 주장이 효과를 발휘한 것이다.

피해자의 역사 기억, 일본

중국 분노청년이 가장 적대시하는 국가는 일본이다. 2000년대 들어 분노청년의 주적이 미국에서 일본으로 바뀐 것은 일본이 미국에 비해 상대적으로 약한 나라인 것도 원인 중 하나다.

21세기 벽두를 장식한 사건은 중국의 유명한 영화배우인 자오웨이趙薇 사건이다. 2001년 12월 《스좡時裝》 잡지에 자오웨이가 일본 욱일기 도안이 그려진 원피스를 입은 사진이 게재되자 비난 여론이 폭발하면서 인터넷에서는 그녀를 저주하는 글이 쏟아졌다.

난징대학살 생존자 모임은 자오웨이에게 잘못을 인정하고 사과할 것을 요구하고 자오웨이와 잡지사를 고소했다. 12월 7일 장쑤성江蘇省의 《셴다이콰이보現代快報》는 가장 먼저 '금지령'을 내려 자오웨이가 정식으로 사과하기 전에는 자오웨이 관련 기사를 싣지 않겠다고 했다. 결국 그녀는 2001년 12월 10일 방송을 통해 사과를 했고 다음 날인 11일 《스좡》 잡지의 총기획자인 쩌우쉐鄒雪가 사과하고 사직했다. 중앙텔레비전의 금지령으로 자오웨이는 3년 동안 영화를 찍지 못했다. 2005년 〈징화옌윈京華煙雲〉에 출연함으로써 해금이 되었고 그 후 〈화피畵皮〉를 찍었다. 2002년 자오웨이는 "나는 어떻게 지내야 할지 몰랐다. 매일이 악몽이었다"라고 했다.

2003년은 분노청년이 참으로 분주한 한 해였다. 8월에는 베이징에서 상하이를 잇는 고속철도인 징후京滬고속철도에 일본의 신칸센 기술을 도입한다는 사실이 알려지면서 인터넷에서 일본 기술을 사용하는 것에 반대하는 서명운동을 했다. 같은 달 헤이룽장성 치치하얼시齊齊哈爾市에서는 일본이 남기고 간 독가스탄으로 인해 여러 명이 상해를 입는 사건이 발생했다. '아이궈저퉁멍愛國者同盟' 사이트 등 5개의 웹사이트는 베이징시 둥청구東城區에서 중국인에 대한 배상과 독가스탄을 철저히 제거할 것을 요구하는 백만 명 서명운동을 벌였다. 9월에는 광둥성 주하이珠海에서 일본 관광객 380여 명이 단체로 성매매한 사건이 발생했다. 이 사건은 과거 중국 위안부를 떠올리기에 충분했다.

2003년 사건 중 가장 대표적인 사건은 시베이西北대학 사건이다. 사건은 2003년 10월 29일 저녁 제3회 외국어문화제外語文化節에서 발생했다. 일본 남자 교수와 일본 유학생 3명이 저속한 춤으로 중국을 모욕하는 내용의 공연을 했다. 이들은 브래지어를 입고 생식기를 의미하는 종이컵을 하복부에 찼다. 공연 중에는 브래지어 안에 넣었던 종이 조각을 관중석을 향해 던지고, 저속한 춤을 추었다. 등에는 일본어로 "이 사람이 바로 중국인이다"라는 글을 써 붙였다. 즉, 저속한 춤을 추는 사람이 중국 사람이라는 뜻이다. 그리고 "국치를 잊지 말자, 중국인은 돼지다"라고 외쳤다. 시베이대학 교수와 학생들은 공연을 중단시켰다.

다음 날 아침 시베이대학 학생들은 유학생 기숙사로 몰려가 항의했다. 학교는 일본 교수는 해직하고 일본 유학생은 추방했다. 수천 명 학생들은 학교의 처리에 불만을 품고 유학생 기숙사로 몰려가 항의했다. 이 과정에 항의를 하던 여학생이 경찰에 잡혀 맞는 일이 발생했다. 학생들은 여학생을 풀어줄 것을 요구했으나 풀어주지 않았다. 결국 가두시위로 이어져 시베이대학, 시안뎬쯔커지西安電子科技대학, 시베이궁예西北工業대학, 시안자오퉁西安交通대학, 창안長安대학 등이 연합시위를 했다. 이들은 시위과정에서 일본이 투자한 기업을 부수고, 무고한 일본 유학생을 구타하고, 유학생 기숙사와 시베이대학을 파손해 큰 손실을 입혔다.

2005년에는 일본이 침략 역사를 미화하는 내용을 교과서에 싣고 고이즈미가 야스쿠니 신사를 참배하는 일이 겹치면서 반일 기조가 일어났다. 사람들은 베이징 중관춘中關村에 모여 일본 제품 불매운동을 벌이고 대규모 반일 시위를 거행했다. 이 시위는 3일 동안 계속되었으며 중관춘 상가는 영업을 정지했다. 전국 각지에서 분노청년이 조직한 대규모 시위가 벌어졌다. 백만 명에 이르는 네티즌이 일본이 UN 안전보장이사회 상임이사국이 되는 것을 반대하는 데 서명했다.

댜오위다오 문제도 일본과 중국 사이의 뜨거운 감자다. 분노청년이 처음 댜오위다오에 관심을 가진 것은 2003년이다. 2003년 12월 26일 '중궈918아이궈中國918愛國'와 '아이궈저퉁멍' 사이트는 샤먼廈門에서 대표 30인을 선정하고 중국 민간 댜오위다오 보위연합회中國民間保釣聯合會를 결성했다. 2004년 6월 이 단체는 처음으로 댜오위다오에 상륙해 수호하는 활동을 했다. 같은 해 8월 말에는 베이징과 상하이의 일본대사관과 공사관 앞에서 일본 국기를 불사르고 시위를 했다. 2010년 9월 7일 댜오위다오 근처에서 중국 어선과 일본 순시선의 충돌 사건으로 다시 반일 감정이 폭발했다.

2012년 9월 10일 일본 정부가 댜오위다오 국유화를 결정함에 따라 180개 도시에서 대규모 반일 시위가 일어났다. 일본상품 불매운동이 일어나고 일본에 대한 경제 제재가 이루어졌으며 곳곳에서 일제 차를 파괴하고 일본 식당도 부수고 일본 제품을 불살랐다.

2009년 3월 21일에는 기모노를 입고 우한대학 벚꽃 앞에서 사진을 찍던 중국인 모녀를 우한대학 학생들이 욕을 하고 쫓아낸 사건이 발생했다. 우한대학 2학년 남학생은 "일본 기모노를 입고 우

2012년 반일 시위 모습.
"중국 자전거를 탈망정 일본 자동차를 타지는 않겠다",
"가전제품은 오직 중국이 제조한 것만 사용할 것이며, 나는 일본제품을 필요로 하지 않는다"와
같은 팻말을 들고 행진을 하고 있다. 여기서 주목할 만한 것은
마오쩌둥의 사진을 들고 있다는 것이다(《중귀칭녠보中國青年網》).

한대학에서 사진을 찍지 마라", "기모노를 입은 일본인은 꺼져라"라고 소리쳤다. 주변에 있던 사람들도 참여해 규모가 커졌다. 모녀는 반박을 하지 못하고 즉시 기모노를 벗고 자리를 떠났다. 모녀는 기모노를 입고 사진을 찍은 이유를 그저 "예뻐서"라고 했다.

이후에도 중국 남성이 일본 군국주의 티셔츠를 입고 등산을 하다 주변 사람들에게 몰매를 맞는 사건이 발생했다. 2018년에는 중국 청년들이 일본군 군복을 입고 욱일기를 들고 사진을 찍는 일이 벌어지자 중국 당국은 일본 군국주의를 찬양하는 행위에 대한 제재에 나섰다. 1937년 일본군에 의한 대학살의 참상을 경험한 중국 난징시南京市는 욱일기와 같은 군국주의 상징물 소지와 일본의 침략이나 군국주의를 찬양하는 행위를 금지하는 내용의 국가공제보장조례國家公祭保障條例를 시행하기로 했다.[6]

중국인 입장에서 일본 군국주의를 떠올리는 복장을 한 사람을 보면 기분이 좋지 않을 수 있다. 그러나 기분이 나쁜 것과 직접 폭력을 행사하는 것은 다른 일이다. 이는 앞에서 지적한 바와 같이 "애국을 머리로만 생각하지 말고 행동으로 실천하라"는 애국주의 교육의 영향으로 볼 수 있다.

분노청년이 일본에 대해 가지고 있는 생각은 다음 페이지 그림으로 확실히 표현된다. 인터넷에서 분노청년이 만든 동영상이나 그림을 쉽게 볼 수 있다. 그중 '기이하게 강한 세제奇强洗衣粉' 광고는 매우 유명하다. 그림의 왼쪽 하얀 천에 붉은 얼룩이 묻은 것은 일본 국기다. 중국의 강한 세제로 빨았더니 깨끗해진 모습이

오른쪽 그림이다. 아래쪽에는 "중국인, 기이하게 강하다!"라고 써 있다. 이는 강한 중국인이 일본이라는 오점을 깨끗하게 제거했다는 뜻이다. 이 그림은 일본이란 존재 자체를 완전히 제거해버리고 싶은 분노청년의 마음을 표현한 것이다.

분노청년이 일본에 대해 분노하는 가장 큰 이유는 일본이 중국을 침략했기 때문이다. 그런데 .일본은 사죄는커녕 댜오위다오를 점령하고, 총리는 야스쿠니 신사를 참배하고, 교과서에서는 침략사를 미화하고 있으니 용서해서는 안 된다고 생각한다. 일본은 가장 증오하는 나라이기 때문에 가장 고약한 말로 저주한다.

　– 일본이 원자탄 폭격을 맞은 것은 당연하다.

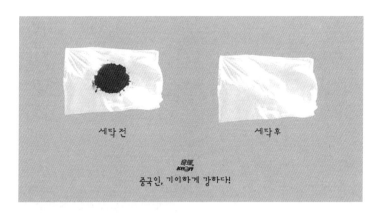

세제 광고를 이용해 반일 감정을 표현한 그림.
치창奇强 세제는 중국에서 실제로 판매하는 세제다.
중국산으로 가격도 싸기 때문에 소비자들이
많이 찾는 제품이다.

- 일본 여자를 모두 강간하자.
- 일본 남자를 모두 죽이자.
- 도쿄 대학살을 감행하자.
- 일본인은 열등 민족이며 대부분 나쁜 사람으로 대대로 적으로
  삼아야 한다.
- 일본 창녀를 사서 강간을 해 원수를 갚자.

분노청년의 분노는 일본만을 향하는 것은 아니다. 2002년 마리청馬立誠은 중일관계에서 역사문제를 차순위로 두자고 제안했다가 인터넷에서 매국노라고 비판을 받았다.[7] 일부 극단적인 사람들은 "일본이 좋다고 하는 사람은 모두 싫으며, 중국과 일본의 평화적인 우호를 주장하는 사람들은 모두 매국노라고 생각한다. 좋다! 일본이라는 말만 들어도 나는 화가 난다"[8]라고 말한다.

분노청년은 어려서부터 애국주의 교육을 받아 중국 공산당이 인민을 이끌고 항일전쟁을 벌여 일본 침략자를 물리친 역사를 잘 알고 있다. 피해를 입었다는 역사 기억은 일본을 용서해서는 안 될 증오와 분노의 대상으로 만들었다.

분노청년은 말한다. "타이완을 공격하면 한 달 월급을 손해 보아도 좋고, 미국을 공격하면 일 년 월급을 손해 보아도 좋으며, 일본을 공격하면 생명을 내놓아도 좋다."[9]

문화 도둑, 한국

분노청년이 일본을 제외하고 가장 욕을 많이 하는 나라는 한국이다. 일본만큼 증오로 가득 차 있는 것은 아니지만 함부로 해도 된다는 생각을 가지고 있다. 한국은 미국처럼 강국이 아니니 마음껏 분풀이를 해도 무서울 것이 없다. 아래 글은 분노청년이 한국에 대한 분노를 표현한 글이다. 제목은 '성형 관음증의 나라, 한국'이다.

오늘은 한국에 대해 말해보겠다. 세상을 속여 남의 명예를 훔쳐가는 위선적인 2분의 1의 작은 반도국! 어떤 사람은 한국은 '만년 속국으로 세 성 씨의 가노였다"고 한다. 한국문화는 외래에서 들어온 잡탕으로 중심은 중국의 유가문화이고, 후에 일본과 미국의 요소가 더해졌다. 이는 이해가 되는 것으로 한국의 전신인 고려 왕국은 봉건시기 장기간 중국의 속국이었으며, 후에 일본인의 침략을 받았고, 2차 세계대전으로 일본이 항복한 후 미국의 보호 아래 숨죽이며 여생을 살고 있다.

명나라 이전에는 글자가 없어 한자를 사용했으며 조선시대 세종대왕이 훈민정음을 만들었다. 한글을 만든 목적은 한자를 배우기 위한 발음부호로 한글은 세계에서 가장 이른 한자 발음부호에 지나지 않는다. 위대하고 찬란한 문명을 선전하기 위해 한국인은 오직 중국 것을 도용한다.

憤怒
青年

한국의 역사는 6,000년으로 중국보다 1,000년이 길다고 하며 맘대로 한성韓城[10]도 없애버렸다. 단오절은 한국이 발명한 것이며 중추절도 한국이 발명한 것이라고 한다. 중국 중의中醫를 한의韓醫라 하며 《본초강목》에서 기원했다고 하는데 이는 모순이다. 그들은 자신들이 중원에서 상나라를 건립했다고 하는데 혹 우임금을 자신들의 조상이라 하는 것은 아닌지 모르겠다. 공자를 자신들의 조상이라 하며, 황제와 전쟁을 벌인 치우를 조상이라 한다. 요즘에는 불교에 관심을 가져 석가모니가 고려에서 탄생했다고 한다.

한국인이 가장 숭배하는 민족 영웅인 명성황후는 위안스카이의 첩이었으며, 일본 낭인에게 강간을 당하고 살해되어 나체로 불살라졌다. 민족의 정신적인 지도자인 명성황후도 이와 같은 대단한 인생을 살았으니 가오리빵즈高麗棒子는 체면을 살릴 수 없어 다른 나라의 역사를 훔치려 한다. 남의 것을 빼앗지 않는다면 한국의 지도자는 어찌 애국주의 정서를 배양할 수 있겠는가?[11]

위의 글에는 필자가 중국에 살면서 들었던 이야기가 대부분 들어 있다. 일부 내용은 한국의 유사역사학에서 주장한 일이 있는 것이고 일부는 전혀 근거가 없는 것이다. 유사역사학자들 중에 상나라를 한국인의 선조인 동이족이 세운 나라라든가, 치우가 한국인의 조상이라고 주장하는 이들이 있다. 필자에게 이를 따지는 중국인에게 "그런 주장을 하는 사람도 있지만 대부분은 그렇지 않다"라고 대답을 해도 믿지 않는다.

"한국은 만년 속국으로 세 성 씨의 가노였다"라는 말은 한국이 중국, 일본, 미국의 속국이라는 말이다. 이와 같은 말은 기차를 타고 가는 중에 청년들로부터, 대학원 시절 박사과정 동료로부터, 시골 농민으로부터도 들었다. 2017년에는 트럼프 미국 대통령을 만난 시진핑 주석이 "한국은 중국의 일부였다"라고 발언한 일도 있다. "한국이 중국의 속국이었다"는 견해는 중국의 최고지도자부터 농민에 이르기까지 대부분의 중국인이 가지고 있는 생각임을 알 수 있다.

앞에서 언급한 〈상간링〉은 1956년 제작된 이후 광범위하게 상영했기 때문에 모든 중국인이 봤다고 해도 과언이 아니다. 1993년 9월 13일 중국 정부가 〈초등학생이 봐야 할 애국주의 교육 영화 목록供小學生觀看的愛國主義敎育系列片目(試行)〉에 포함되어 있다.[12] 이 영화에서 한국은 전쟁의 주인공이 아니다. 중공군의 공격 대상은 미국으로 한반도는 그저 두 나라에 전쟁터를 내어주었을 뿐이다. 초등학생 때부터 이런 내용의 영화를 보고 또 왜곡된 역사교육을 받기 때문에 한국을 속국으로 인식하는 것은 당연하다고 할 수 있다.

2000년대 분노청년이 한국에 대해 가장 분노한 것은 중국의 속국이며 문화적 세례를 받은 한국이 이제 와서는 "중국문화를 훔쳐간다"는 것이었다. 예를 들면 "단오절을 한국이 발명한 것이며 중추절도 한국이 발명한 것"이라 우긴다는 것이다. 단오제는 한국에서 강릉단오제를 유네스코 세계 무형문화유산으로 신청하면

서 문제가 되었으나 중추절의 경우는 중국 연구자들끼리 논쟁을
한 문제로 한국은 알지도 못하고 지나간 이야기다.[13]

단오제 사건은 강릉단오제를 세계 무형문화유산으로 신청하
기 위해 국제학술대회를 준비하는 과정에서 벌어졌다. 당시 필자
는 이 행사에 깊이 관여하고 있었기 때문에 일련의 과정을 자세
히 알고 있다. 우리는 이때 중국의 저명한 민속학자인 우빙안烏丙
安 교수를 학술대회에 초청하기로 했다. 문제는 우 교수가 중국의
신문과 한 인터뷰에서 시작되었다. 2004년 5월 6일 중국《런민일
보》는 동북지역의 한 대학교수가 문화부에 급한 소식을 전해왔다
고 보도했다. 내용은 "아시아의 한 국가가 단오절을 세계 무형문
화유산에 등록하려 하고 있다"는 것이다. 후에 우 교수는 필자에
게 "한국이 자국 문화를 중시하는 것처럼 중국도 관심을 가져야
한다"고 말했는데 기자가 자기 식대로 해석해 기사를 작성한 것
이라고 했다.

진위야 어떻든 우 교수의 인터뷰로 촉발된 갈등은 문화부 부부
장인 저우화핑周和平의 개입으로 더욱 들끓게 되었다. 그는 중국
민족민간문화보호프로젝트中國民族民間文化保護工程 회의에서 매우
격분해 "단오절은 중국의 오랜 역사를 지닌 전통 명절로 다른 나
라에서 등록에 성공한다면 얼마나 난처한 일인가? 우리는 무슨
얼굴로 조상님을 뵐 것인가"라고 말했다. 저우화핑의 이 말은 중
국 학술계와 민간에 지대한 영향을 미쳤다.

중국의 일부 학자가 중국 단오절과 한국 단오제의 차이점을 강

조했으나 중국 언론이나 민간은 듣지 않고 한국을 문화침략자라고 했다. 당시 《난팡일보南方日報》에 보도된 내용을 보면 다음과 같다.

한국이 유네스코에 보낸 신청서에도 강릉단오제는 중국에서 기원한 명절로 기록되어 있다. 일부 학자는 중국과 한국의 단오제는 완전히 다른 것이라 하나 나는 이러한 주장이 실제와 부합하지 않는다고 생각한다. 만약 서로 다르다면 왜 단오라고 부르는가? 이는 중국 단오의 주변 국가에 대한 영향을 말하는 것이다.

2005년 한국 강릉단오제가 세계 무형문화유산에 등재되자 기다렸다는 듯이 중국의 모든 매체와 인터넷은 "한국은 다른 나라의 문화를 훔쳐간 무지한 민족이며 문화침략자"라고 비판했다. 중국인의 입장에서는 한국의 단오제가 세계 무형문화유산에 등재된 것을 절대로 용납할 수 없었고 결국 한국 드라마 시청 거부, 한국 물건 불매운동으로 나타났다. 중국 언론에서는 "한국이 중국의 혼천의渾天儀를 훔쳐갔고, 중국의 중의中醫를 한의韓醫라고 부르며, 중국의 한자를 훔쳐가려 한다"고 보도했다. 인터넷에서는 "한국의 어느 교수가 공자가 한국 사람이라고 주장했다"고 하고 "쑨원, 마오쩌둥도 한국인의 후예라고 주장한다"고 했다.

일반적으로 한국인들은 한국과 중국 사이에 가장 큰 갈등은 고구려 문제일 것이라고 생각한다. 그러나 실제 중국인들은 고구려

憤怒
靑年

문제에 대해서는 잘 알지 못한다. 고구려 문제가 발생했을 때 중국 정부 차원에서 대대적인 비난이나 민간에서 구체적인 항의 시위가 벌어지지 않았다. 당시 필자는 고구려 유민에 대한 연구를 하고 있었기 때문에 고구려 관련 기사들을 찾아보곤 했는데 댓글의 내용은 좀 의외였다. 한국인들이 고구려가 한국 역사라고 한다면 마땅히 한국인을 욕해야 하는데 많은 댓글에서 "조선족을 몰아내자"라고 주장했다. 이후 한국과 중국 정부가 타결을 한 후에는 중국 정부에서 아예 댓글 창을 차단했기 때문에 더 이상의 댓글은 볼 수 없었다.

2005년 이후 단오절은 중국에서 매우 중요한 명절이 되었다. 단오절이 되면 텔레비전에서는 단오절의 용주 경기를 생중계하고 현지 상황을 수시로 보도했다. 2008년에는 단오절을 법정 공휴일로 지정했고, 결국 2009년 중국 단오절도 세계 무형문화유산에 등록되었다.

지금 와서 돌이켜보면 중국인들은 한국이 단오제 등재에 성공한다면 자신들은 신청할 자격이 없는 것으로 잘못 판단한 것 같다. 그리고 중국인들은 한국문화는 중국의 영향을 받았을 것이라고 인식하고 있기 때문에 한국 강릉단오제와 중국 단오절의 차이를 알려고 하지 않았다. 한국의 강릉단오제는 제의적 성격이 강하고, 중국의 단오절은 세시명절이라는 성격이 강하다. 결국, 강릉단오제 사건은 두 나라 국민들 사이에 깊은 상처를 남기게 되었다.

2005년 한국 정부의 요구로 서울을 표기하는 중국 명칭을 한청漢城에서 서우얼首爾로 바꾸었다. 분노청년은 이를 중국에 대한 내정간섭이라고 주장했다. 중국이 어떤 식으로 한국의 수도를 부르든 그것은 중국의 권리라는 것이다. 한청에 '漢' 자가 들어가는 것은 중국의 일부임을 증명하는 것이라고도 했다. 현재까지 분노청년은 이를 받아들이지 않고 있으며, 특히 인터넷에서는 '한청'이라는 말을 쓰고 있다. 어떤 분노청년 홈페이지는 '서우얼'이라는 말을 입력하면 자동적으로 '한청'으로 바뀌게 되어 있다.

69성전聖戰은 2010년 5월 30일 아이돌 보이그룹 슈퍼주니어의 상하이 엑스포장 공연으로 야기되었다. 원래 입장권 1,000장을 나눠주기로 했는데 500장만 나누어 주어 혼란이 일어났다. 팬들은 발을 구르며 공연장으로 들어가려 했고 이를 막는 무장경찰에게 침을 뱉었다. 분노청년은 슈퍼주니어의 팬들이 충돌과정에 밀치고 욕을 하는 추태를 보여 중국인의 체면에 손상을 입혔다며 인터넷에서 공격했다. 69성전이라 하는 이유는 6월 9일 바이두百度, 마오푸貓扑, 톈야天涯, 소후닷컴Sohu, 시나닷컴Sina, 텅쉰騰訊, 런런人人, 훙터롄멍紅客聯盟, 헤이커롄멍黑客聯盟, 군사 관련 블로그 등의 해커들이 공동으로 슈퍼주니어와 팬을 공격했기 때문이다.

2016년과 2017년에는 사드THAAD(고고도미사일 방어체계) 배치 문제로 다시 한번 갈등이 시작되었다. 중국 정부는 한국 연예인이 중국에서 활동하는 것, 새로운 한국 문화산업에 대한 투자, 한국 아이돌이 만 명 이상 관객 앞에서 공연하는 것, 한국드라마와 종합예술 프로그램의 새로운 계약, 한국 연예인이 등장하는 프로그램을 방송하는 것을 금지하는 한한령限韓令을 내렸다. 뿐만 아니라 한국 관련 여행상품을 금지했다.

롯데가 사드 배치에 장소를 제공한 사실이 알려지면서 중국 롯데마트에 대한 불매운동이 시작되었다. 중국 롯데그룹 홈페이지가 디도스 공격을 받아 마비되었으며 롯데마트에 대한 영업정지가 이루어졌다. 중국산 상품은 롯데마트에서 철수했다. 중국 포털사이트 '소후닷컴'에는 중국 롯데마트 매장에서 상품을 훼손하는 영상 100여 개가 올라왔다. 해당 영상 중에는 한 여성이 롯데마트 식품코너를 돌며 상품을 훼손하는 모습이 담겼다. 스낵 코너에 진열된 과자를 부숴놓는가 하면 몰래 뜯어 먹고 다시 제자리에 놓기도 한다. 또 라면 봉지를 뜯어놓거나 음료수 뚜껑에 씹던 껌을 붙여놓기도 한다. 블로그에는 아주 인기 있는 동영상이 있다. 예를 들면 식당에서 한국 할아버지에게 욕을 하거나 20여 명이 한국 마트에 뛰어들어 한글이 있는 물건을 던지고 발로 밟는 것이다.[14]

스포츠 경기도 두 나라 사이의 대립 요소다. 분노청년이 응원을 하는 한국 유학생들에게 야유를 보내고 구타를 하는 사건도 종종 발생했다. 2000년대는 분노청년의 분노가 가장 극에 달했던 시기로 축구경기도 분노의 대상이 되었다. 2006년 필자는 중국 우한에 머물고 있었으며 느긋하게 월드컵 경기를 텔레비전으로 보고 있었다. 이탈리아와 오스트레일리아의 16강전 경기가 막바지에 이르렀을 때 눈을 의심하지 않을 수 없었다. 중계방송을 하던 황젠샹黃健翔이란 아나운서는 갑자기 탁자를 치면서 고성을 지르기 시작했다. "이탈리아가 승리했습니다! 오스트레일리아를 격파했습니다! 이탈리아는 히딩크 앞에서 두 번 다시 무릎을 꿇지 않았습니다! 위대한 이탈리아! 이탈리아 만세! 오스트레일리아는 지옥으로 떨어져라!" 급기야 탁자가 부서지고 그는 의자에서 넘어져 화면에서 사라졌다.

황젠샹은 왜 이토록 흥분한 것일까? 히딩크 때문이었다. 당시 오스트레일리아의 감독은 히딩크였고 그는 바로 2002년 월드컵 때 한국 팀 감독이었다. 황젠샹은 2002년 월드컵 경기를 중계하면서 "공동 개최국인 대한민국이 심판을 매수해서 준결승전까지 진출했다"는 발언을 하는 등 한국에 대한 지나친 비하 발언을 계속해 중국 주재 한국대사관의 항의를 받기도 했다.

요즘에는 김치와 한복이 중국에서 기원하였다며, 한국을 문화도둑이라 비난하고 있다.

한국이 중국보다 잘 나가는 것을 보면 배가 아프고, 절대로 용납할 수 없는 것이다. 거기다 한국은 약소국이니 자신들이 마음껏 분노를 표출해도 어찌하지 못할 것이라는 생각을 가지고 있다.

분노청년은 현대 국제관계는 큰 나라나 작은 나라나 모두 동등한 권리를 가지고 있다는 것을 알지 못한다. 자신들의 행위가 얼마나 비신사적인 것인지도 알지 못한다. 그들은 새로운 국제질서에 맞는 새로운 외교원칙을 배워야 한다.

민족분열주의자, 프랑스

1990년대만 해도 중국인들의 프랑스에 대한 인상은 매우 좋았다. 프랑스는 사회주의 성격이 강한 나라이기 때문에 중국인들의 입장에서는 동지애 비슷한 것을 느낀 것 같다. 일설에 의하면 중국이 핵 개발을 할 때 프랑스가 도와줘 사이가 좋다고도 한다.

중국 분노청년이 프랑스에 대해 극단적인 분노를 드러내는 일은 2008년 발생했다. 2008년 4월 7일 베이징올림픽 성화가 파리에 도착했을 때 중국의 장애인 여성 펜싱 선수인 진징金晶이 휠체어를 타고 성화를 봉송했다. 그런데 티베트 독립을 주장하는 사람들이 갑자기 나타나 성화를 빼앗으려 했다. 이 일로 성화가 봉송되는 곳마다 성화를 보호하는 시위대가 등장했다. 주로 중국 유학생들이 집단으로 모여 성화 봉송 보호에 참여했다. 4월 27일 성화가 서울에 도착했을 때 출발점이었던 올림픽공원 주변과 도착지였던 서울시청 근처에는 수백~수천 명의 중국 시위대가 운집했다. 이들은 국내 인권단체, 서양인, 티베트·타이완인, 전경들에게 폭력을 행사했다.

당시 중국에서는 중앙텔레비전을 통해 성화 봉송 상황을 생중계했는데 아나운서들은 중국 젊은이들이 용감하게 성화를 지키고 있다며 옹호하는 발언을 했다. 아무리 자국에 이익이 되는 것이라 해도 공영방송에서 폭력을 옹호하는 발언을 하는 것은 이해하기 어려웠다. 어쨌든 파리에서 벌어진 성화 봉송 저지 사건으로 인해 프랑스는 중국의 민족분열을 조장하는 민족분열주의 국가가 되었다.

2008년 4월 16일 우한시 홍산광장洪山廣場에 오성홍기가 조기로 게양된 사진이 등장했다. 가운데는 조기로 게양된 오성홍기이고 양 옆에는 프랑스 국기와 까르푸 깃발이 걸려 있었다. 분노청년은 이 사진과 함께 다음과 같은 글을 퍼 날랐다.

- 만약 당신이 이 내용을 받는다면 반드시 다른 사람에게 전해 중국인의 결심을 알게 하라.
- 중국 인민이 맹렬하게 까르푸를 배척하는 애국활동을 거행했는데 까르푸는 도리어 오성홍기를 조기로 게양해 반격을 했다.
- 이는 우리 전 세계 중화 자손들이 절대로 용납할 수 없는 모욕이다!
- 이는 우리 중화 민족사에 전례가 없는 모욕이다!
- 까르푸는 중화인민공화국을 향해 사과해야 한다!
- 까르푸는 반드시 전 세계 중화 자손에게 사과해야 한다!
- 반드시 까르푸를 중국에서 쫓아내야 한다!
- 만약 지금 이후 까르푸 문을 들어간다면 너는 중국인으로서 자격이 없다!!!

2008년 4월 18일 오후 7시 학생 차림을 한 많은 젊은이들이 홍산광장 까르푸 앞에서 플래카드를 펼치고 구호를 외치며 까르푸

광고판을 부수었다. 이날 시위는 안후이安徽대학과 허페이궁예슝
肥工業대학 학생들이 주도했다. 마트 안의 계산대와 10여 개 점포
를 공격했다. 경찰은 안전문을 설치하고 사람들을 해산시키려 했
다. 이날 시위에 2만 명 정도가 모였으며 매우 격앙되었다. 프랑
스에 대해 '양놈鬼子(외국의 침략자를 욕하는 말)', '팔국연합군'이라
며 비난했다. 까르푸 담당자는 현지 매체에 "이는 오해다. 국기를
게양하고 내리는 줄은 깃대의 아래쪽에 묶여 있기 때문에 누구라
도 국기를 내릴 수 있다. 까르푸 직원이 한 일이 아니다. 아마도
누군가 고의로 국기를 내리는 자작극을 벌인 것이다"라고 했다.

성화 봉송 사건 외에도 프랑스 대통령 사르코지가 달라이 라마
를 만난 것, 까르푸 대주주가 달라이 라마를 지원한다는 소문이
반프랑스운동으로 이어졌다. 분노청년은 호소했다.

5월 8일에서 24일은 베이징올림픽이 열리기 3개월 전으로, 모든
사람은 까르푸에 가서 물건을 사지 말라. 까르푸 주주는 달라이
라마를 지원하고 티베트 독립을 지지했다. 까르푸 불매운동은 17
일간 지속할 것인데 이 기간은 베이징올림픽이 거행되는 기간과
같다. 그들에게 중국인과 중국 인터넷의 역량을 보여주자. 위와
같은 내용을 20건 전달하면 당신은 나라를 가장 사랑하는 중국인
이다.

분노청년은 이 내용을 계속 퍼 날랐고 빠른 속도로 중국 대륙으

로 퍼져 나갔다. 그러나 이는 어떠한 증거도 없으며 까르푸는 후에 성명을 발표해 부정했다. 분노청년 또한 어떠한 증거도 제시하지 못했다.[15] 그러나 분노청년은 개의치 않고 신속하게 프랑스 제품 불매운동으로 항의했다. 특히, 까르푸 상품 불매를 통해 애국 감정을 표출했다. 어떤 이는 까르푸 입구에서 매장에 들어가거나 물건을 사는 것을 저지하고 이 장면을 찍기도 했다. 심지어 혼란한 틈을 타 유리문을 깨고 물건을 약탈하기도 했다. 프랑스 물건을 사는 사람, 프랑스 기업을 지지하는 사람들을 모두 매국노라고 했다. 분노청년의 '애국활동'으로 까르푸는 영업을 할 수 없었다.

그러나 이들의 애국심은 얼마 가지 못하였다. 까르푸가 다시 문을 열었을 때 예상치 못한 일이 벌어졌다. 2008년 12월 20일 베이징 스징산石景山 완다광장萬達廣場 까르푸가 오전 8시 문을 열자 밖에서 기다리던 손님들이 몰려들었다. 까르푸에서는 새로 개장을 하면서 주민들에게 전단지를 돌렸는데 그 안에는 5위안짜리 상품권도 있었다. 그리고 기름, 쌀, 밀가루, 고기를 할인가격으로 팔았다. 너무 많은 사람들이 몰려들어 서로 빼앗듯 물건을 낚아챘다. 고객이 너무 많아 매장에서는 마음대로 움직일 수 없었으며 계산대 옆 진열대가 여러 차례 쓰러졌다. 엘리베이터도 정원 초과로 인해 멈춰 섰다. 밖에도 수백 명의 사람이 줄을 섰고 점점 더 늘어났다. 무장경찰은 안전을 위해 난간을 세우고 사람들을 이끌고 안으로 들어갔다. 결국 오후 4시 까르푸는 문을 닫았는데 그 이유는

"내부 정리를 위해 잠시 영업을 정지한다"는 것이었다. 5위안짜리 상품권과 할인된 물건은 어느새 애국심을 사라지게 했다. 위로부터 주입된 애국주의의 한계를 여실히 보여주는 장면이었다.

2008년 3월 14일에는 라싸에서 라마승이 앞장서서 종교의 자유, 티베트 민주화 시행, 티베트 전통문화 보장을 요구하며 평화 행진을 했다. 중국 정부는 반혁명, 반사회주의, 분열주의라는 죄목으로 무력 진압을 했다. 당시 필자는 베이징을 방문했는데 중앙민주대中央民族大는 공안이 둘러싸고 있어 들어갈 수 없었다. 대학 안에서는 티베트 학생들이 진압을 멈춰줄 것을 요구하며 촛불집회를 열고 있었다. 학생들의 요구는 자신들이 촛불집회를 하고 있음을 외국 방송에 보도해달라는 것이었다. 이들은 며칠간 아무 말도 하지 않고 눈물만 흘리며 티베트의 안전을 위해 기도했다.

2008년 티베트에서 일어난 사건은 티베트 독립을 요구한 것이 아니었다. 라싸에 철도가 개통하면서 많은 한족들이 몰려들었고 티베트 지역의 상권을 한족이 장악하게 되었다. 시위 당시 주공격 대상은 은행이었는데 시위의 목적이 무엇인지 보여주는 것이다. 방송에서는 티베트 반란자들이 큰 칼을 들고 시위를 하고 있다고 보도했는데 티베트인들은 평소에 칼을 차는 습관이 있다는 것을 무시한 것이다. 중국 정부는 후에 승복을 입힌 가짜승려들에게 외국 기자들과 인터뷰를 하게 했다. 라싸가 평화를 찾은 것처럼 보이게 만들기 위한 술책이었다.

분노청년이 분주한 한 해를 보내고 2009년 출판된 책이《중국은 불쾌하다中國不高興》이다. 이 책은 프랑스에서 성화 봉송이 저지당한 사건에 대한 반응으로 펴낸 책이다. 이 책 제목의 직접적인 의미는 "중국이 화났다"이다.

저자인 왕샤오둥王曉東은 성화 봉송 저지 사건과 라싸 3·14사건을 언급하며 서양인들이 중국의 심판자가 되려고 한다고 비난했다. "그렇다면 마음대로 해봐라. 왜 우리 중국인들이 당신들에게 호감을 사야 한단 말인가? 이제는 당신들이 중국인에게 호감을 사는 방법을 깊이 고민해봐야 할 때다. 당신들이 우리의 호감을 사지 못한다면 우리는 당신들을 가만 두지 않을 것이다. 서양인들은 1959년 티베트를 중국이 강제로 차지했다고 하는데 그렇다면 어떻게 할 거냐? 능력이 있으면 와서 빼앗아봐라. 티베트 독립분자나 신장 독립분자들, 그리고 일부 중국 지식인들이 미국이 와서 중국을 해체시켜주길 바라고 있는 것도 사실이다."[16] 분노청년은 티베트 문제를 오직 서양이 티베트를 독립시켜 중국을 분열시키려는 책동으로만 생각한다. 사실 티베트인들이 분노하는 것은 경제적 침탈과 민주화 같은 내부 문제인데 말이다.

분노청년이 프랑스를 공격한 이유는 프랑스가 티베트의 독립을 지지한다는 것이 이유였다. 즉, 중국의 영토 안전 문제에 개입한다는 것이다. 그러나 이는 표면적인 이유고 실제 목적은 다른 데 있었던 것으로 보인다.

2008년은 근대 이후 100년간 중국인에게 가장 뜻 깊은 해였다. 근대 서양 제국주의에 의해 유린된 후 공산당의 영도를 따라 최선을 다하였지만 1990년대 초반까지 중국은 낙후와 빈곤을 벗어나지 못했다. 그런데 20여 년간 고도의 경제성장을 기반으로 세계인이 주목하는 올림픽을 개최하게 된 것이다. 중국인들은 내적으로 충만한 자신감과 자부심을 프랑스를 이용하여 전 세계에 과시하고자 했다.

분노청년은 까르푸가 일부러 오성홍기를 조기로 게양하였다든지, 사르코지가 달라이 라마를 만났다든지, 까르푸가 달라이 라마를 지원하였다든지 하는 이유를 들어 프랑스를 공격했다. 그런데 이들 사건이 사실이 아닌 것으로 드러났음에도 불구하고 프랑스에 대한 공격을 멈추지 않았다. 그 이유는 프랑스를 공격한 진짜 목적이 중국의 힘을 세계 만방에 과시하기 위한 것이었기 때문이다.

분노청년은 2008년 반프랑스 시위를 "대단하였다"고 평가했다. "2008년 성화 봉송 저지 사건은 중국 젊은이들이 모처럼 기백 있는 행동으로 세계를 경악하게 했다. 개혁개방 이후 30년 이래 중국 젊은이들이 처음으로 서양인에 반발한 행동이다. 즉시 서양에 대항했을 뿐만 아니라 그 목표도 매우 정확했다."[17] 분노청년은 자신을 무시하는 자들에게는 응분의 대가를 치르게 했다는 것에 자부심을 느꼈다.

憤怒青年

08

희망의 설득, 중국몽

국가는 가정이다

2000년대 분노청년은 온라인 공간을 벗어나 거리에서 집단 시위를 하기 시작하였다. 중국 정부는 날로 심각해지는 사회적 대립과 갈등을 해결하기 위해 새로운 상징 조작이 필요함을 절실하게 느꼈다. 불교는 외국에서 들어온 종교라 부적당하고, 도교는 중국에서 비롯되고 성장한 종교이지만 미신화해 적당하지 않았다. 유교는 중국에서 발생한 사상이면서 세속화되지 않았기 때문에 중국 사회를 통합하는 데 적합하다고 생각했다.

　중국 정부는 유교 속에서 분노청년을 비롯한 사회 분열을 잠재울 묘약을 찾아냈다. 그것은 바로 유교의 공동체이론이었다. "현대 서양의 공동체주의에서 말하는 공동체는 주로 사회공동체를 말하는 것으로 시민 사회 혹은 지역 사회를 말한다. 그러나 유가에 있어 공동체는 국가공동체를 말한다. 유가의 공동체주의와 중국 민족주의에 내재되어 있는 사상의 연관성, 즉 '국가공동체' 의식은 가족과 국가가 하나라는 관념, 부모에게 효도하듯이 나라에 충성한다는 관념으로 표현된다."[1]

국가를 한자로 '國家'라고 쓰는데 정치기구인 '國'과 혈연조직인 '家'가 결합한 것으로 한자에만 있는 것이다. 유가에서는 국가와 가정은 동일한 구조를 가지고 있다고 생각하며 종법제에 의해 혈연과 항렬에 의한 질서를 형성했다. 친족은 가정이 확대된 것이고, 국가는 친족이 확대된 것이다. 고대 중국은 하나의 성씨를 가진 사람들이 통치하는 왕조국가로 가족통치를 했다. 황제는 가장의 신분으로 자신의 친족들을 지방 제후로 임명했다. 국가는 확대된 가정으로, 결국 중국 역사에서 국가는 황제의 가정이라 할 수 있다. 따라서 국가는 황제의 소유물로 인식되었으며 국가에 충성하는 것은 황제에게 충성하는 것과 구별되지 않았다.

국가와 가정을 같은 구조로 보는 환경에서 가정의 가족과 국가의 백성에 대한 요구는 같았다. 즉, 충과 효는 통하는 것이다. 충과 효는 모두 절대권력에 대한 무조건적인 순종과 감사를 요구한다. 《예기》〈제통〉에 의하면 "충신은 임금을 섬기고 효자는 어버이를 섬기는 것이 비備의 근본이다"[2]라고 한다. 이 문장에서 말하는 비備는 "모든 일에 순종하는 것無所不順者謂之備"을 말한다. 즉, 충은 황제에 복종하는 것이고 효는 부모에 순종하는 것이다. 그리고 부모가 낳아주고 길러주었기 때문에 부모에 감사하고 봉양

憤怒
青年

하는 것처럼 국가에 감사하고 국가에 희생해야 한다. 《거영국》[3]의 저자인 우즈훙武志紅은 "효는 순종의 철학으로 복종만을 요구한다. 자식은 효도를 반드시 해야 하는 도덕으로 본 후에는 관계의 불평등을 필연적인 것으로 받아들이게 된다. 효도는 모든 불평등한 관계의 근원이다"라고 했다.

량치차오는 "중국에는 조정만 있고 국가가 있다는 것을 알지 못했다"[4]고 했다. 근대 시기 량치차오, 장타이옌章太炎, 샤쩡여우夏曾佑 등 민족주의자들은 국가라는 말로 조정을 대체하고, 국민이라는 말로 신민臣民을 대신했으며, 애국이라는 말로 충군忠君을 대신했다. 고대 사회에서는 황제가 국가를 소유했다면 현대 중국은 공산당이 국가를 소유한다. 현재 중국에서는 중국을 '중화민족 대가정'이라 한다. 즉, 국가는 커다란 가정일 뿐이다. 중국이란 국가는 가정이고, 시진핑 주석은 부모에 해당한다. 결국 시진핑 주석의 착한 아이들인 중국 인민은 순종을 하고 헌신해야 한다는 결론이 나온다.

'국가와 가정을 동일시하는 관념'을 이용해 무생물의 정치기구인 국가는 피가 흐르는 혈연조직이 되었다. 이제 국가는 살아 있는 생명체처럼 따뜻하게 인식되며 정다운 이야기를 나눌 수 있게 되었다. 중국인들은 종종 말한다. "나는 중국을 사랑한다我愛中國", "조국, 안녕하세요!祖國好!", "중국을 아주 사랑한다大愛中國." 이러한 문구들은 모두 중국이란 무생물인 국가를 마치 인격체처럼 표현했다는 특징이 있다. 이제 중국은 역사의 질곡을 벗어나, 미래에 대한 꿈으로 벅차오르는 피가 흐르는 생명체가 되었다.

시진핑 주석은 강연을 통해 가정과 국가가 일체임을 강조했다. 시 주석은 2016년 강연에서 "가정에 대한 사랑과 국가에 대한 사랑은 일치하는 것으로, 가정의 미래는 국가, 민족의 운명과 긴밀하게 연결되어 있다. 따라서 국가가 잘 되고 민족이 잘 되어야 가정이 잘 될 수 있다는 것을 명심해야 한다"고 했다. 그는 스스로를 '시 다다習大大', 즉 '시진핑 큰아버지'라 칭하며 모든 중국인의 아버지임을 자청했다. 2014년과 2015년에 '시 다다'라 부르는 신문기사가 많았다.

2014년 2월 18일부터 베이징시는 관영 온라인 매체인 첸룽왕千龍網에 〈시 주석의 시간은 모두 어디로 갔을까習主席的時間都去哪兒了〉라는 만화를 게재했다. 이 만화에서 시 주석은 '시 다다'로 불리면 서민 행보를 보이고 있다. 시 다다는 소수민족과도 친밀하

"중국을 아주 사랑한다"는 문구가 쓰인 선전문구.
이런 문구는 중국 도처에서 벽을 장식하고 있다.

시 다다가 하이난도海南島
리족黎族의 밀짚모자를 쓰고 있다.

시 다다가 비가 오는데
바지를 걷고
시찰을
하고 있다.

시 다다가 줄을 서서
만두를 샀다.

시 다다가 환경미화원과 악수를 했다.

시 다다가 칠순 노인에게 음식을
가져다주고 있다.

시 다다가 재해를 입은 지역
아이에게 뽀뽀를 한다.

게 지내며 고난을 마다하지 않고 인민을 돌보고 있다. 시 다다는 지위가 높은 사람임에도 불구하고 줄을 서고 환경미화원과도 악수를 한다. 시 다다는 노인에게 음식을 가져다주고, 재해지역의 아이를 돌보는 한 집안의 가장이다.

2013년 이후 중국 곳곳에서 볼 수 있는 공익광고가 있다. '꿈꾸는 아이'라는 의미의 멍와夢娃는 진흙으로 빚어 만든 인형이다. 2013년 중선부中宣部 선교국宣敎局과 중국인터넷방송국中國網絡電視臺은 멍와 인형을 모델로 공익광고 여러 편을 제작했다. 이 공익광고는 사회주의 핵심 가치관을 선전하는데 그중에는 '국가는 가정이다國是家'와 '효도가 첫 번째다孝當先'라는 내용도 있다.

멍와의 외침은 도처에서 볼 수 있다. 공원에서, 문화광장에서, 버스에서, 기차에서, 공항에서, 상점에서, 톈안먼 광장에서……. 중국 어디에서도 이 어린 소녀로부터 벗어나는 일은 쉽지 않다.

중국의 사상문화 전통에서 국가와 황제는 구분되지 않는 개념으로 오늘날까지 계속되고 있다. 황제에서 공산당 또

멍와가 "국가는 가정이다"와 "효도가 첫 번째다"라는 내용을 율동으로 표현하고 있다.

는 지도자로 약간의 변화가 있었다는 것이 차이점이다. 현재 중국 사회는 유교 사회주의 국가라 할 수 있다. 유교 사회주의는 유교적 국가관은 그대로 유지한 채 공산당이 황제의 역할을 대신하는 국가를 말한다. 중국 정부는 국가와 가정을 동일시하고 국가 지도자와 부모를 동일시함으로써 순종적인 효를 강요하고 헌신을 요구할 수 있게 되었다. 세상을 집어삼킬 듯 분노하는 분노청년도 부모에게 순종하는 착한 아들이 되어야만 한다.

가정과 국가를 동일한 구조로 보고 순종과 헌신만을 요구하는 사회는 반드시 부패를 가져오게 된다. 집권자는 절대권력을 행사하기 때문에 독재정치를 펼칠 가능성이 높다. 이런 사회는 모든 권력이 황제, 즉 지금으로 말하면 시진핑 주석에게 몰려 있기 때문에 부패를 방지하기 어렵다. 이와 같이 국가를 인격화하고 집권자를 국가의 화신으로 보며 복종만을 요구하는 사회는 잠시잠깐 국민의 눈을 속일 수는 있으나 오래 지속되기 어렵다.

희망의 설득, 중국몽

사실 중국인 중에 시진핑 주석을 진짜 부모처럼 생각하는 사람은 많지 않을 것이다. 효를 통해 순종적인 인간으로 만드는 것도 한계가 있는 것이다. 이들을 이끌고 가기 위해서는 더 강력한 마약이 필요하다. "국가나 세계를 변혁하려는 사람들은 부푼 희망에

불을 지피고 일으키는 방법을 알아야 한다. 천국의 희망이건 지상낙원의 희망이건 막대한 부를 차지할 수 있다는 희망이건 엄청난 성취나 세계 정복의 희망이건 상관없다. 공산주의가 유럽과 전 세계 많은 지역에서 승리한 것은 그들이 불만을 자극하는 방법이나 증오를 퍼뜨리는 방법을 알아서가 아니라 희망을 설득할 줄 알았기 때문이다."[6] "모든 성공한 대중운동에는 미래에 희망이 있고 대중의 초조함을 달래줄 마약품이 필요하다."[7] 시진핑 주석은 중국 인민을 위해 새로운 '마약품'인 중국몽을 발명하였다. 중국몽은 국가의 뜻에 순종하고 국가에 헌신하는 것은 중국의 위대한 꿈을 이루기 위한 것이니 참고 견디라고 한다.

중국몽은 '중국의 꿈'이라는 뜻이다. 중국몽이라는 말은 아메리칸 드림에서 착안한 것이다. 중국몽이 처음 등장한 것은 2006년이다. 당시 중국의 급속한 성장으로 서양에서 '중국 위협론'이 등장했다. 2005년 9월 15일 후진타오 주석은 유엔총회에서 조화로운 세계[和諧世界] 개념을 제시했다. 와이자오학원外交學院 원장이었던 우젠민吳建民은 서양인과 소통하려면 먼저 서양인의 사유 방식, 사상 관념, 역사문화를 이해해야 한다며 미국의 발전사에 '아메리칸 드림'이라는 말이 있음을 지적하고 중국몽이라는 말을 쓸 것을 제안했다.[8]

아메리칸 드림이 기회의 땅으로 미국 이민자들의 꿈을 의미했다면 중국몽은 중국인들이 노력하면 부자가 될 수 있다는 희망을 의미한다. 시진핑은 2012년 11월 29일 국가박물관의 '부흥의 길'

전시회를 관람할 때 본격적으로 중국몽 개념을 제시했다.

사실 중국 정부가 중화민족의 부흥에 대한 야망을 드러낸 것은 그 이전부터다. 공산당의 공식 문건에 '중화민족의 부흥'이 등장한 것은 1997년 제15차 당대회가 처음이다. 이후 장쩌민은 같은 해 하버드대학 강연, 그리고 2001년 공산당 창당 80주년 기념식 등 주요 행사에서도 주된 화두로 사용했다.[9] 후진타오 정부가 들어선 이후 덩샤오핑이 제시했던 도광양회韜光養晦에 더 이상 연연하지 않고 중국이 '해야 할 일은 하겠다'는 유소작위有所作爲를 주장하기 시작했다. 후진타오는 대국의 꿈을 숨기려 하지 않았으며 '중화민족의 위대한 부흥'을 강조했다. 2006년에는 중국 중앙방송이 포르투갈, 스페인, 네덜란드, 영국, 프랑스, 독일, 일본, 러시아, 미국이 강대국으로 성장하는 과정을 다룬 〈대국굴기大國崛起〉라는 다큐멘터리를 제작, 방송했다. 다큐를 방송한 이유는 중국도 이들을 배워 대국으로 성장하자고 설득하기 위해서다.

2017년 10월 18일부터 24일까지 열린 19차 당대회에서 시진핑 주석은 중국몽의 개념을 다음과 같이 정의했다. "중국몽은 중화민족의 위대한 부흥을 실현하는 것으로 근대 이후 중화민족의 가장 위대한 꿈이다. 중국몽은 중국인의 오랜 소망이 응집되어 있는 것으로 중화민족과 중화 인민의 전체 이익을 구현하고 모든 중화의 아들과 딸이 공통으로 기대하는 새로운 시대를 만드는 게 중국 공산당의 역사적 사명이다. 그 본질은 국가 부강, 민족 진흥, 인민 행복을 실현하는 것이다. 중국몽을 실현하기 위한 기본적인 요구는 반드시 중국의 길을 가며, 중국 정신을 발휘해 중국의 역량을 응집해야 한다는 것이다."[10]

그리고 실천 방안으로 100년간 분투할 목표 두 개를 제시했다. 두 개의 100년은 공산당의 창당과 중화인민공화국의 건국 100년이 되는 해를 말한다. "공산당이 출범한 지 100주년이 되는 2020년까지 소강사회를 완성하고, 건국 100주년이 되는 2050년경에는 부강한 민주문명과 조화롭고 아름다운 사회주의 현대화 강국을 완성한다. 소강사회는 이른바 '등이 따뜻하고 배부른 상태'를 넘어 정치·경제·문화적으로 만족할 만한 상태를 의미한다. 이 시기 중국은 종합 국력과 국제 영향력에서 선두주자가 되며, 전체 인민이 공동으로 부유해지는 것을 실현하고, 중화민족이 세계 민족이라는 숲에 더욱 드높은 자세로 우뚝 서게 될 것이다."[11]

그런데 선두주자는 도대체 어느 정도의 위치이며, 어느 정도 단계가 되어야 공동으로 부유해지는 단계에 이르는 것이며, 세계 민족의 숲에 우뚝 서는 것은 어떤 상태를 말하는 것인지 모호하기만 하다.

에릭 호퍼는 "강령은 난해하지 못하다면 모호하기라도 해야 하며, 난해하지도 모호하지도 않다면 증명할 수 없는 것이어야 한다. 천국에서나 아주 머나먼 미래에 강령이 옳았는지가 판명되어야 한다"[12]라고 갈파한 바 있다. 중국 공산당 문건을 보면 대체로 장문이며 주장이 직접적이지 않고 모호한 느낌을 준다. 중국몽 문건 역시 지나치게 장문으로 이해하기 힘든 모호한 문장으로 되어 있다. 문건에서는 중국몽이 실현되는 시기를 먼 미래, 최소한 30년 이후로 상정해 중국인들이 미래의 환상을 좇아 전진하기를 독려하고 있다.

그럼에도 중국몽이 어떠한 마력을 가지고 있는지 살펴보도록 하자. 중국몽의 목표인 '중화민족의 위대한 부흥'이 무엇을 말하는지는 마지막 부분의 "중국의 국력이 세계에서 선두에 서고 중화민족이 세계 민족의 숲에 우뚝 서게 되는 것"이라는 말을 통해 추측할 수 있다. "중화민족이 세계의 선두에 서게 되는 것"이 중국몽인데, 이는 새로운 것이 아니라 과거의 위대함을 재현하는 것이라고 한다. '부흥'은 '다시 일어난다'라는 뜻으로 중화민족의 위대한 부흥은 과거의 영광을 되살리겠다는 것이다.

그렇다면 '중화민족의 위대한 부흥'은 어떠한 상태를 말하는가? 우리는 그 단서를 '중화민족'과 '위대한'이라는 말을 통해 추측해볼 수 있다. 중화민족은 근대시기 중화사상과 민족이 결합해 생성된 용어로 당연히 이 단어는 중화사상을 담고 있다. 중화사상은 화華와 이夷는 구분이 있다는 것으로 화는 문명을, 이는 야만을 의미한다. 중화의 '華'는 고대어에서 '花'와 같은 의미로 사용되었다. 따라서 중화는 "세상의 중심에 있는 꽃"이라는 의미다. 이는 세상은 중국을 중심으로 움직여야 한다는 것으로 고대에는 등급제도인 조공체제로 구체화되었다.

그러나 근대 이후 중국은 절대적 위치에 있던 '중앙 왕국'에서 아무에게나 유린당하는 주변국가로 떨어졌다. 근대의 굴욕사와 항쟁사를 거쳐 공산당을 좇아 신중국 건설에 박차를 가했다. 그러나 문화대혁명이 끝나고 문을 열었을 때 중국인들은 자신들이 매우 낙후했음을 확인하고 다시 한번 커다란 좌절감에 빠졌다.

이러한 좌절감은 다른 나라 사람들은 이해할 수 없는 것이다. 중국인들은 중화주의로 똘똘 뭉쳐 있기 때문에 자신들이 세계의 중심이 아니며 세계를 호령할 수 없다는 것을 받아들이지 못한다. 중국인들은 중화문화는 가장 선진적이었으며 세계가 중화문화에 의해 구원되었다고 생각한다. 그들은 위대한 역사와 문명에 기대어 자신을 연민한다. 중국에서 애국주의 교육이 쉽게 효과를 볼 수 있었던 것도 중국인들의 심리에 중화사상이 깔려있기 때문이다.

'중화민족의 위대한 부흥'은 중화민족이 가장 위대했던 시기를 다시 한번 재현하는 것을 말한다. 그 시기는 천하관에 입각한 중화질서가 세계를 지배하던 시기다. 리콴유가 그의 조언을 듣고자 했던 수백 명의 중국 관리들이 공유하는 세계관을 요약한 바에 따르면, 그들은 '마치 각 지역의 가신들이 조공을 가지고 베이징을 찾았을 때처럼, 중국이 다른 나라들 위에 군림하고 다른 나라들은 자기네보다 우월한 나라에 탄원을 올리는 입장이라고 여기는 세계를 떠올린다'고 했다.[13]

시진핑 주석도 중국 관리들의 생각과 다르지 않다. 그는 2017년 치사에서 "중국인은 대단하다. 5,000여 년 장기간의 역사를 이어왔으며 세계 고대문명 중 유일하게 중단되지 않고 현재에 이르렀다. 고문헌에는 세계에서 중화민족이 경제, 과학, 문화, 예술 등 여러 방면에서 가장 앞섰고, 인류문명의 발전을 위해 위대한 공헌을 했다고 기록되어 있다"[14]고 했다. 2012년 11월 중국 공산당 18차 당대회 때 제기한 후 "인류 운명공동체를 건설하자"고 주장하고 있다. 2014년에는 "아시아의 일을 처리하고, 아시아의 문제를 해결하고, 아시아의 안전을 수호할 사람은 아시아 사람이다"[15]라고 했다. 이는 중국이 아시아의 주인이니 미국은 더 이상 아시아 문제에 간섭하지 말라는 뜻이다. 2014년 또 시 주석은 "중국은 반드시 자신의 특색이 있는 대국 외교를 해야 하며 중국 특색, 중국 스타일, 중국 기백을 선명하게 드러낼 것이며 중화민족의 위대한 부흥과 인류 운명공동체를 실현하겠다"[16]고 하였다. 이와 같은 시 주석의 외교 전략은 세계질서의 참여자에서 주도자로 태세 전환한 것임을 말한다.

시 주석이 평소 가지고 있는 민족주의적 사고나 그동안의 발언으로 보아 인류 운명공동체는 중국몽의 해외 확장판임을 알 수 있다. 표면상으로는 세계 평화를 이끌겠다고 하지만 속내는 중국이 세계를 이끌겠다는 것이다. 즉, 중화질서를 회복하겠다는 것이다. 시 주석의 주장은 분노청년의 주장과 별반 다르지 않다. 세계를 장악해 맘껏 실력을 행사해 보겠다는 것이다. 중국몽은 머지않은 미래에 중국이 세계의 맏형 역할을 하게 될 것이라며 분노청년을 설득하고 있다.

2010년 류밍푸가 쓴 《중국몽》에서는 중국몽이 무엇인지 좀 더 구체적으로 설명하고 있다. 이 책에서 "중국은 전쟁을 통해 강국

• "중국의 꿈은 나의 꿈이다".
멍와는 두 손을 모아 '중국의 꿈'이
이루어지기를 빌고 있다.
공익광고 영상을 보면 잠들어 있는
멍와를 두 마리 새가 날아와 깨우고
멍와는 잠에서 깨어나
"중국몽은 아름답고 즐겁다"고
노래한다.

•• 신장성 우루무치시에 있는
벽에 그려진 선전물이다.
"중국몽은 소의 정신"이라며 하단에는
"나는 중국의 소로 세상은
나의 의지대로 움직인다"라는 말이
쓰여 있다. 중국몽은 세상을
중국의 의지대로 움직이는 것임을
알 수 있다(필자 촬영).

신장성 우루무치의 벽화형 선전물이다.
노부부가 망원경으로 앞을 보고 있다.
할아버지가 "무엇이 보이는가?"라고 묻자
할머니는 "나는 나의 꿈이 보인다"라고
대답한다. 그림의 오른쪽에는
"중국몽이 앞에 있다"라고 써 있다.
"나의 꿈인 중국몽"이 바로 앞에 있음을
설명해 적극적으로 참여하라고
촉구하는 포스터다(필자 촬영).

이 되는 방법을 배제하지 않는다. 군사적으로 강국이 되지 못하면
경제적으로 강국이 될 수 없다. 21세기 중국과 미국은 결전을 벌
일 것이며 중국은 미국을 무력으로 제압해야 한다. 중국이 세계의
지도자 지위를 확보해 국제 사회를 이끌어야 한다"[17]고 주장한다.
물론 이 책의 저자 입장이 중국 정부에서 주장하는 중국몽과 완전
히 일치하는 것은 아니지만 속내를 들여다볼 수 있다.

시 주석의 책사이며 일대일로를 제안한 후안강胡鞍綱은 "2050년
이 되면 중국은 전체적으로 사회주의 현대화를 실현할 것이며 중
화민족의 위대한 부흥을 맞이할 것이다. 중국문명은 중국 역사와
세계 역사에서 상상할 수 없는 거대한 영향을 미치고 세계문명사
의 최고봉에 이를 것이다"[18]라고 했다. 에둘러 표현했으나 중국몽
은 중국이 세계 최고의 자리를 차지하는 것임을 밝히고 있다.

중국몽! 이 몽환적인 단어는 과거 당나라의 대당제국을 떠올리게도 하고 경제가 고도로 발달한 먼 미래의 사회주의 중국을 떠올리게도 한다. 분노청년이 꾸는 중국몽은 어떤 모습일까? 정확히 알 수는 없지만 중국이 세상을 호령하고 세계 모든 나라가 쩔쩔매며 중국의 안색을 살피는 그런 상황이 아닐까 한다. 아마도 몽환적인 이 단어의 매력은 당분간 계속될 것으로 보인다. 어쩌면 중국이 영원히 깨고 싶지 않은 꿈일지도 모르겠다.

제2의 문화대혁명은 일어날 것인가

그런데 중국몽을 실현하기 위해서는 전제조건이 있다. 이는 '중국의 방식대로 그리고 중국 특색의 사회주의 길'을 가는 것이다. 학생들에게 중국몽을 교육할 때는 반드시 "중국몽은 나의 꿈과 연계되어 있으며 국가가 좋고 민족이 좋아야 나도 좋다"는 내용을 교육하도록 하고 있다. 후안강은 "공산당이 없으면 중화민족의 위대한 부흥도 없다"[19]며, 공산당에 충성할 때만이 중국몽을 이룰 수 있다고 직접적으로 말한다. 결국 중국몽은 공산당의 지도를 따르라는 애국주의, 즉 애당주의의 시진핑 버전이라 할 수 있다.

중국에는 3대 권력집단이 있다. 태자당은 공산혁명 원로의 자손들로 시진핑 주석이 대표적이고, 상하이방은 상하이를 정치 기반으로 하는 그룹으로 장쩌민 전 주석이 있으며, 공청단은 공산당이 청소년 인재를 양성하기 위해 설립한 공산주의청년단으로 후진타오 전 총서기가 있다. 현재 상하이방은 장쩌민이 물러난 이후 뚜렷한 인물을 배출하지 못하고 있으며, 공청단도 태자당에 의해 장악된 상태다. 19차 당대회를 통해 시진핑은 집단지도체제를 1인체제로 바꾸고, 연임을 가능케 했다. 그리고 2018년 3월 11일 전국인민대표대회에서 국가주석 3연임 금지 조항을 폐지하는 개헌을 통해 장기 집권의 길을 열었다. 시진핑은 3월 17일 국가주석과 중앙군사위 주석에 재선출되었다. 그야말로 시진핑, 아니 시 황제習皇帝시대가 열린 것이다.

시 주석의 권력 장악을 위한 시도는 곳곳에서 발견된다. 가장 눈에 띄는 것은 마오를 따라 한다는 것이다. 마오처럼 자신을 숭배하게 하기 위한 다양한 조치를 취하고 있다. 2017년 제19차 당대회 폐막 후 시 주석의 흉상을 판매하고 있는데 이는 마오의 흉상이 만들어진 후 처음 있는 일이다. 2018년 춘절을 앞두고《런민일보》와 중앙텔레비전은 시 주석을 주인공으로 하는 〈런민의 영수人民領袖〉를 방송했다. 영수領袖는 중국에서 최고의 지도자를 지칭하는 말이다. 마오 이후 '영수'로 지칭된 것은 시 주석이 처음이다. 시 주석은 2017년 10월 당대회 이후 열린 첫 정치국 회의에서 영수 칭호를 부여받았다.

〈런민의 영수〉에서 시 주석은 청소년기부터 현재까지 오직 인민만을 걱정하고 인민의 행복을 위해 살아왔다고 한다. 그리고 인민은 시 주석을 "부패한 자들의 천적, 전국 인민의 복성福星이라고 부른다"고 한다. 복성은 사람들에게 행복과 희망을 가져다주는 신을 말한다. 이제 인민 사이에서 성장해, 오직 인민만을 걱정하고, 인민의 행복만을 추구하는 시 주석을 따라 전진하자고 선동한다.

〈런민의 영수〉를 보다 보면 데자뷰처럼 떠오르는 것이 있다. 바로 문화대혁명 시기 마오의 모습이다. 당시 홍위병들은 "우리의 위대한 스승, 위대한 지도자, 위대한 통솔자, 위대한 영도자인 마오주석"이라고 외쳤다. 이제 인민은 시 주석을 부패의 천적이며 행복을 가져다 주는 신이라고 부른다. 마오가 현실의 지도자를 표방했다면, 시 주석은 한 단계 업그레이드 되어 스스로 '신'이라 불리고자 하고 있다.

시 주석은 마오에 이어 자신의 이름을 딴 사상을 생전에 당헌에 넣은 두 번째 지도자가 되었다. 2018년 3월 11일 전국인민대표대회에서 자신의 이름을 딴 '시진핑 사상'을 국가 지도이념으로 헌법 서문에 포함시켰다. 시진핑 사상의 전체 명칭은 '시진핑 신시대 중국 특색 사회주의 사상'이다. '시진핑 신시대'라는 말을 통해 지금 이 시대를 시진핑 본인의 시대로 인식하고 있음을 알 수 있다. 중국에서 최고지도자의 이름이 당의 지도사상이 된다는 것은 일체의 오류가 없음을 의미하며 누구도 비판할 수 없는 존재가 되었다는 것을 말한다. 혹 실수가 있다면 이는 주석의 실수가 아니라 보좌하는 사람들의 잘못이다. 마오를 대신해 사형을 언도받은 장칭은 "나는 마오의 개였다. 마오가 물라면 물었을 뿐이다"라

憤怒
靑年

고 울부짖었다. 시 주석은 이제 마오의 반열에 올랐다.

최근 중국에서는 시진핑 판 '소홍서小紅書'가 나왔다. '소홍서'는 마오의 어록을 적은 붉은 책으로 중국 전체가 학습을 했고 홍위병들은 톈안먼 광장을 붉게 물들이기도 했다. 시 주석의 어록과 사상을 담은 온라인 '소홍서'인 〈쉐시창궈學習强國〉가 2019년 1월 개설됐다. '쉐시창궈'는 '강국이 되는 법을 배우자'는 뜻이다. 그런데 이 웹은 시 주석에 대한 각종 선전물과 기사, 사상, 업적 등을 텍스트와 영상으로 서비스하고 있다.

신중국 건립 70주년이 지난 며칠 후인 2019년 10월 7일 〈쉐시창궈〉 홈페이지는 시진핑 주석 어록을 방불케 했다. 화면 중앙에는 시 주석이 톈안먼 망루에 올라 연설을 하는 장면이 있었다. 이 화면 위쪽에는 "시진핑과 북한의 가장 높은 영도자인 김정은이 중국과 북한이 국교를 수립한 지 70주년을 맞이해 서로 축전을 보냈다"는 내용이 실려 있었다. 스웨덴에서 북미 실무회담이 결렬된 다음 날이니 시 주석의 한반도에 대한 입장을 알 수 있는 내용이다. 화면의 아래쪽에는 최근 시 주석의 활동과 관련된 신문기사가 스크랩되어 있었다. 그 밖에도 인민 마음속의 시진핑, 세계인의 눈에 비친 시진핑, 시진핑과 동시에 들다, 시진핑의 족적, 시진핑의 일기와 같은 폴더를 만들어 쉽게 클릭할 수 있도록 했다.

내용은 대체로 비슷비슷해 시진핑 주석의 어록과 행보를 소개하는 것이다. '세계인의 눈에 비친 시진핑' 폴더에는 "국제 사회 시진핑 강연 고도 중시", "아베는 시진핑이 일본을 방문해 중일관계에 새로운 장을 열기를 기대하고 있다", "세계는 중국의 성취에 '좋아요'를 누른다"와 같이 시 주석을 선전하는 내용 일색이다. '시진핑과 동시에 듣다'는 시 주석이 강연한 내용을 녹음해 제공하고 있다. '시진핑의 족적'은 18차 당대회 이후 국내외 활동을 지도에 점을 찍어 표시했는데 클릭하면 자세한 활동을 볼 수 있다. '시진핑의 일기'는 2012년 이후 시진핑의 행적을 날짜별로 정리한 것이다.

공산당원들은 출근하면 이 사이트에 접속하는데 접속과 동시에 가산점이 붙는다. 퀴즈도 풀 수 있으며 성적이 좋으면 승진 등에서 우대를 받는다. 이 사이트에는 사용자의 핸드폰을 감시하는 백도어가 깔려 있어 사상 검열을 하고 있다는 설도 있다.

시 주석은 마오의 화법도 흉내 내고 있다. 2018년 12월 18일 개혁개방 40주년 대회의 강연[20]에서 "중국 특색 사회주의의 위대한 깃발을 높이 들고 초심을 잊지 말고 사명을 깊이 새기고 개혁개방을 끝까지 이루어내야 한다.……신시대 중화민족의 새로운 기적을 만들어내 전 세계인들이 더욱 많은 기적에 깜짝 놀라게 하자"라고 했다. 문화대혁명 시기에는 "마오쩌둥 사상의 위대한 붉은 깃발을 들고, 마오의 저작을 가슴 깊이 새기고, 무산계급의 혁명을 끝까지 이루어내어, 미 제국주의를 타도하자"고 했다. 마오쩌둥 사상이 중국 특색 사회주의로, 마오의 저작이 공산당의 초심으로, 미 제국주의 타도가 새로운 기적, 즉 중국몽으로 바뀌었을 뿐 화법은 동일하다.

시진핑은 마오를 흉내 낼 뿐만 아니라 문화대혁명을 재현하고 있다. 사상 통제도 곳곳에서 이루어지고 있다. 대학에는 수업 내용을 감시하는 CCTV가 설치되고 학생 중에 프락치를 양성하여 강의 중 정부를 비판하는 내용이 있으면 학교에 신고하도록 하고 있다. 산둥의 한 대학교수는 "정부에서 말하는 통계를 모두 믿으면 안 된다"는 얘기를 했다가 자리를 잃었다고 한다. 출판물에 대한 통제도 심해져 시진핑의 우상화에 걸림돌이 되는 연구물은 출판을 금하고 있다.

문화대혁명의 대표적인 상징적 인물인 레이펑도 재소환되고 있다. 레이펑의 희생정신을 선전하는 시설물을 중국 도처에서 발견할 수 있다. 2019년 중국 동북부와 산시성山西省 지역을 답사했을 때 곳곳에서 레이펑 관련 선전물을 발견할 수 있었다. 랴오양시遼陽市 바이탑白塔 근처에 있는 서비스센터에는 "레이펑을 배워 새로운 기풍을 세우자"라는 시 주석의 말이 적혀 있었다. 다퉁시大同市 박물관의 안내판에는 '레이펑을 배우는 날'이라는 문구의 전광판 공익광고가 있었다. 우리가 여기서 주목해야 하는 것은 공공시설에 레이펑이 등장하였으며 시 주석이 직접 레이펑을 배우라고 했다는 것이다.

2019년 3월 22일 공청단중앙共靑團中央은 〈농촌 활성화와 청소년 개발에 대한 의견〉을 각 성의 공청단과 행정, 금융, 교통 등 관련 기관에 발송했다.[21] 중점 프로젝트는 모두 6가지로 그중 하나가 '삼하향三下鄕' 프로젝트다. 삼하향 프로젝트는 문화, 과학기술, 위생 세 개 부문에서 농촌에 봉사하겠다는 것으로, 올해부터

2022년까지 지원자 중 대학생(전문대생 포함) 1,000만 명을 선발해 농촌으로 보낼 계획이라고 한다. 이들은 혁명 성지, 빈곤한 지역, 소수민족 지역으로 가게 되며 그곳에서 농민을 위해 봉사하며 자신의 능력을 키울 것이라고 한다.

이 문건에 따르면 이 사업의 목적은 "청년들이 시진핑 신시대 중국 특색 사회주의 사상을 가슴 깊이 새기고, 당의 말을 듣고 당의 정책을 따르도록 유도하고, 농촌의 현대화를 위해 청춘 역량을 바치도록 하는 것"이라고 한다. 정치사상 교육을 위해 젊은이들을 농촌으로 하방시킨다는 점에서 문화대혁명 시기 지식청년을 떠올

위쪽 사진은 랴오양시의 서비스센터이고, 아래 사진은 다퉁시 박물관의 공익광고이다. 군복을 입고 모자를 쓴 사람이 레이펑이다(필자 촬영).

리게 한다. 마오는 용도 폐기된 홍위병을 지식청년이라는 이름으로 농촌으로 보냈다. 시 주석 본인도 지식청년이었다.

2019년 5월 내몽골자치구 츠펑시赤峰市 남쪽에 있는 닝청현寧城縣을 방문했는데 여름방학에 하향할 학생들을 위해 준비한 실천기지를 볼 수 있었다. 밭은 아직 아무것도 심지 않은 상태로 구획을 나눠 구체적으로 어떤 것을 심을지 계획이 마련되어 있었다. 이 실천기지에 7종류의 코스모스를 심을 예정이라고 한다. '닝청현 공청단 생태 실천기지' 간판에는 "당이 부르면 공청단은 행동한다"라고 써 있었다. 그리고 닝청현 공청단위원회에서 실천기지

위쪽은 하향할 학생들이 농사를 지을 땅임을 알리는 표지판으로 '닝청현 공청단 생태 실천기지'라고 써 있다. 아래쪽은 '5·4정신은 내가 계승한다'라고 쓴 깃발이 걸려 있다.

를 설립한 것은 "시진핑 총서기가 북부 변경지역 풍경을 더욱 아름답게 만들라"는 지시를 따른 것이라고 한다.

학생들뿐만 아니라 전 인민을 대상으로 한 사상 통제와 교육도 이루어지고 있다. 2015년 7월 1일 전국인대 상위회全國人大 常委會는 〈중화인민공화국 국가안전법〉 제14조 규정에 따라 매년 4월 15일을 '전 국민 국가안전교육일'로 정했다. 〈국가안전법〉에서는 정치 안전, 국토 안전, 군사 안전, 문화 안전, 과학기술 안전 등 11개 영역의 국가 안전에 대한 의무를 명확히 했다. 국가의 안전은 모든 인민의 책임이며, 만약 국가 안전을 해치는 행위를 발견하면 바로 신고를 하라고 한다. "의심스런 사람이 과학기술·경제·기업 등의 정보 수집, 해외 방송국·텔레비전·인터넷 등 매체의 선동과 유언비어 날조, 해외조직과 인물이 중국의 비밀정보 수집, 해외조직이나 인물이 군사·비밀단체 주변에 자주 출현해 비밀정보와 소식을 몰래 취득, 해외 배경을 가진 조직이나 인물이 군중의 불만 정서를 이용해 정부와 대항할 것을 선동하는 것을 보면 바로 보고하라." 이 내용으로 보아 신고 대상은 중국에 대한 첩보를 수집하는 사람과 반정부 정서를 고취하는 내외국인으로 정리할 수 있다. 표면상으로는 국가안전법이지만 실제로는 반공산당 인사 색출법이라 할 수 있다.

요즘 베이징에는 "폭력과 범죄를 척결해 국가와 국민을 이롭게 하자", "범죄자를 신고하는 것은 모든 사람의 책임이다"라는 포스터가 자주 보인다. 정부가 붙인 것으로 이전에는 볼 수 없었던 것

憤怒
靑年

이다. 폭력과 범죄를 저지른 사람도 있겠지만 더 본질적인 것은 반정부 활동을 하는 이들을 신고하라는 의미로 보인다. 마오가 홍위병에게 수정주의자, 주자파를 색출하라고 지시한 일이 떠오른다.

'전 국민 국가안전교육일'에는 다양한 활동이 이루어지는데 그중에는 혁명에 참여했던 노인을 초청해 강연을 듣는 것도 있다. 2016년에 허베이성의 지저우시冀州市 신두학교信都學校에서는 혁명군인이었던 왕리신王立信 노인을 초청해 학생들에게 전쟁 경험 이야기를 들려주어 학생들의 국가 안전의식을 고양하도록 했다.[22] 노인을 초청해 이야기를 듣는 것은 문화대혁명 시기 시행되었던 정치사회화 교육을 연상하게 한다. 당시에는 국민당 시절 고통스런 삶을 듣는 것이었지만 지금은 공산당이 제국주의를 물리친 역사와 혁명 역사로 내용이 바뀌었다.

그렇다면 시 주석이 제2의 문화대혁명을 일으키려는 이유는 무엇일까? 현재 가장 유력한 설은 시진핑 일인독재하의 장기 집권을 위한 정치 환경을 조성하기 위한 것이라는 것이다. 시 주석은 이미 헌법 개정을 통해 장기 집권이 가능한 상황을 조성하였다. 그러나 정치 상황은 녹녹치 않다. 중국인들은 정치에 대해 매우 냉소적이다. 현재 중국인들은 공산당이 옳은 말을 해도 믿지 않고 옳지 않은 말을 해도 믿지 않는 상황이다. 공산당 통치 80년에 대한 평가인 것이다. 경직된 사회체제와 감시, 사상 통제는 공산당에 대한 냉소주의를 증폭시켰다. 여기에다 극심한 경쟁, 고용

불안과 낮은 임금, 사회적 불평등, 빈부격차 등은 공산당에 대한 냉소주의를 가속화했다.

　냉소주의가 팽배한 정치 상황에서 일인독재 장기 집권을 시도하려면 좀 더 강력한 조치가 필요하다. 시 주석은 다시 한번 문화대혁명을 일으켜 사상 통제를 하려 하고 있다. 시 주석에게 문화대혁명은 아주 익숙한 문화다. 시 주석은 1953년 출생으로 저우언라이의 최측근이며 국무원 부총리였던 시중쉰習仲勛의 아들로 태어났다. 그는 어려서 중난하이에서 생활하였으며 공산당 간부의 자녀들이 다니는 81중학을 다녔다. 그러나 아버지가 1965년 정치적 이유로 하방下放됨에 따라 81중학에서 '암흑세력의 자식'이라는 비판을 받게 되었다. 1969년 16세에 지식청년이 되어 산

2016년 3월 31일 자
미국 시사주간지 《타임》 표지 사진.
시진핑 주석이 가면을 벗고
마오쩌둥의 얼굴을
드러내고 있다.

시성陝西省 량쟈허梁家河에서 7년간 농민생활을 했다.

　시 주석의 청소년 시기는 문화대혁명 시기와 맞물린다. 아마도 문화대혁명은 어린 시 주석이 사고를 형성하는 데 중요한 작용을 하였을 것이다. 그는 어쩌면 중난하이에서 생활했던 어린 시절을 떠올리며 21세기 마오쩌둥이 되어야겠다는 생각을 하게 되었을 지도 모를 일이다.

　문화대혁명은 마오쩌둥이라는 매력적인 지도자, 부의 평균화라는 포퓰리즘, 세계 사회주의 국가의 리더가 되겠다는 중화민족주의, 마오쩌둥 사상의 세뇌 교육, 영웅의식으로 가득 찬 홍위병이라는 요소가 결합되어 일어났다. 당시와 현재를 비교해 보면부의 평균화는 중국모델, 세계의 리더가 되어야 한다는 주장은 중국몽 그리고 애국주의 교육을 통해 양성된 분노청년은 홍위병을 대신할 준비가 충분히 되어 있다. 물론 시 주석도 마오를 대신할 준비를 차곡차곡 하고 있다.

　《미성숙한 국가》[23]의 저자인 쉬즈위안은 "중국 정권의 본질은 한 번도 변한 적이 없으며, 단지 일시적으로, 힘의 부족 때문에, 비교적 온화한 표정을 내비쳤을 뿐이다. 그리고 자신감을 얻게 된 순간 즉시 본래 가지고 있던 억압의 본질을 여지없이 드러내고 있다"라고 하였다. 고도의 경제성장으로 자신감을 얻은 시 주석은 제2의 문화대혁명을 통해 일인독재 장기 집권을 꿈꾸고 있다.

憤
怒
青
年

09

시진핑의 '착한 아이들'이 될 것인가

악의 평범성을 경계하다

2차 세계대전 당시 나치 독일의 유대인 수송 담당자였던 아이히만은 분노청년과 마찬가지로 애국 무죄를 주장하였다. 그는 600만 명의 유대인을 죽음으로 내몰았는데, 놀랍게도 자신은 죄가 없다고 하였다. 아이히만은 "신 앞에서는 유죄라고 느끼지만 법앞에서는 아니다"[1]라고 하였다. 그가 내세운 논리는 "나치 독일의 공무원으로서 상부에서 시킨 일을 했을 뿐"이라는 것이다. 《예루살렘의 아이히만》의 저자인 아렌트는 아이히만이 엄청난 범죄자가 된 이유를 "순전한 무사유sheer thoughtlessness"[2]에서 찾았다. 아이히만이 가지고 있는 무능성 중 가장 문제가 된 것은 "타인의 입장에서 생각하기의 무능성"[3]으로, 지극히 평범한 개인이 옳고 그름에 대해 사유하지 않았기 때문에 수백만 명을 죽음으로 몰아넣은 범죄자가 되었다는 것이다. 아렌트는 책의 말미에서 "아이히만을 통해 얻을 수 있는 교훈은 말과 사고를 허용하지 않는 악의 평범성banality of evil"⁴이라고 하였다.

아이히만의 무사유는 개인적 무능에서 원인을 찾을 수 있다면, 분노청년의 무사유는 애국주의 세뇌 교육에서 찾을 수 있다. 현재 중국의 애국주의 교육은 전 국민을 대상으로 하기 때문에 '무사유'의 위험은 더욱 증폭된다. 물론, 자신이 받은 교육에 대해 비판적 입장을 가진 이도 있고, 수동적으로 수용하는 정도에 머무는 이도 있을 것이다. 그러나 중요한 것은 지극히 평범한 많은 이들이 '무사유'의 위험성에 노출되어 있다는 것이다.

독일의 감독 데니스 간젤은 〈디 벨레die Welle〉라는 영화를 통해 교육의 중요성을 강조했다. 이 영화는 학생들을 대상으로 5일간의 '악마 실험'을 하는 내용으로 파시스트가 사라진 지 이미 몇 십년이 지났지만 파시스트의 해악은 아주 쉽게 부활한다는 내용을 담고 있다. 감독은 "독립적으로 사고하는 한 사람의 국민을 배양하는 데는 20년이 걸리지만, 한 명의 나치를 길러내는 데는 5일이면 된다"고 말한다. 영화의 '악마 실험'에서 파시스트의 해악을 부활시킨 것처럼, 애국주의 교육은 홍위병적 사고를 부활시켰다.

그런데 최근 시진핑 주석은 기존의 〈애국주의 교육 실시 강요〉보다 더 강력한 애국주의 교육 실시 방안을 발표하였다. 2019년 11월 12일 중공중앙과 국무원은 〈신시대 애국주의 교육 실시 강요〉를 공지하고, "각 지역, 각 부문에서 실제 상황과 결합하여 철저히 실행하라"고 지시하였다. 1994년 발표한 〈강요〉에는 없었으나 실제 교육 현장에서 이루어졌던 내용이 대폭 첨가되었다.

〈신시대 강요〉의 내용을 보면 교육정책 방안이라기보다는 시진핑 정권의 대국민 선포임을 알 수 있다. 국무원은 〈신시대 강요〉가 "18대 당대회 이후 시진핑 총서기의 애국주의 정신에 대한 강연, 지시, 논평 등을 철저히 학습하여 반영하였다"[5]고 한다. 이번 문건에는 이전에 없던 '시진핑 신시대 중국 특색 사회주의 사상'이 지도사상으로 첨가되었다. 그리고 "전체 당원이 시진핑 사상으로 무장하여 시진핑 주석과 당 중앙을 결사적으로 수호하여兩个維護[6] 중국몽을 이루기 위한 애국주의 교육을 하겠다"고 한다. 중국몽이 시 주석의 핵심 정책임은 잘 알려진 사실이다.

이 문건에서는 국가와 당에 대한 희생을 노골적으로 요구하고 있다. 먼저, 애국과 애당, 애사회주의는 통일된 개념임을 전제하고 "애국은 모든 인민의 의무이며 직무"라고 한다. 중국이 강국이 되고 부유해진 것은 공산당의 덕분이니 당의 은혜에 보답하는 것은 당연한 것으로, 학생들에게 "중국 공산당이 왜 '능력이 있고能', 마르크스주의가 왜 '괜찮은지行', 중국 특색 사회주의가 왜 '좋은지好'"를 교육하겠다고 한다. 그리고 "학습한 성과를 애국, 보국의 실제 행동으로 전환하도록 하겠다"고 한다.

〈신시대 강요〉는 교육 대상을 전 인민으로 확대하였다. 기존에는 학생들을 대상으로 하였으나 이번에는 전 인민을 대상으로 대대적으로 실시하겠다고 한다. "애국주의 찬가를 소리 높여 부르고 전 인민에게 전 과정을 전 방위적으로 교육하여, 반드시 산을 밀어 치우고 바다를 뒤집어엎는 대단한 위세로 신시대 애국주의 위력이 솟구쳐오르게 하겠다"고 한다.

애국주의 위력이 솟구쳐오르게 하기 위해서 광범위한 선전선 동 작업과 사상 통제를 할 것임을 예고하였다. 〈신시대 강요〉의 내용은 상당히 선동적이며 문화대혁명 당시를 연상시키는 이데 올로기나 용어들로 가득 차 있다. "혁명 전통, 혁명 전승, 홍색 유 전자를 새로운 시대적 의미와 결합하여 인민의 위대한 투쟁을 이 끌어내자"고 하는데 이는 문화대혁명 당시 프롤레타리아 계급투 쟁을 독려하던 모습을 떠올리게 한다. 그리고 애국주의를 새로운 시대 꿈을 이루기 위한 '조타船舵'라고 하는데 문화대혁명 당시 마 오 주석을 조타수라 하였다.

사상무장 교육을 위해 사상정치 교육을 강화할 것을 선포하였 는데 이는 마오 주석이 1962년 실시한 정치사회화 교육을 연상하 게 한다. 대학생들을 대상으로 삼하향 프로젝트를 진행하고, 레 이펑의 봉사정신을 학습시키고, 사회주의 문예작품의 창작과 공 연을 확대한다고 하는데 이 모든 것은 문화대혁명 시기에 실시하 였던 것이다. 삼하향 프로젝트는 대학생을 농촌으로 보내 재교육 하는 프로젝트인데 이번 문건에서는 지식인에게도 확대할 것이 라고 한다. "지식인들을 개혁개방의 최전선, 경제발전의 일선과 혁명성지, 민족지역, 변경지역, 빈곤지역으로 보내 조사와 연구 활동을 하도록 한다"고 한다. 문건에서는 애국주의 정신에 대한

憤怒
靑年

법규를 정하여 "비애국적인 행위를 하면 법에 따라 엄격히 처리하겠다"고 하여 사상 통제가 강도 높게 실시될 것임을 예고하고 있다.

〈신시대 강요〉에서는 세뇌 교육을 통해 사상무장을 시키겠다고 한다. "애국주의 교육은 사상의 세례이며 정신을 교화하는 것으로, 어린아이 때부터 관수법으로 교육하여 자신도 모르게 시진핑 사상에 감화되도록 하겠다"고 한다. 세례는 "깨끗이 씻어낸다"는 의미로 기존에 자신이 가지고 있던 생각을 모두 없애고 시진핑 사상만을 옳은 것으로 생각하는 인간을 만들겠다는 것이다. 만약 이러한 방식으로 애국주의 교육이 실시된다면 이전보다 훨씬 더 강력한 '무사유'의 분노청년이 양산될 것이다.

〈신시대 강요〉에서 두드러진 특징은 국방 교육을 강화하겠다는 것이다. "군대 자원에 의존하여 최고 수준의 국방 특색이 선명한 국방 교육기지를 건설하겠다"고 한다. 학생들에게 군사훈련을 시키고, 겨울과 여름에 극기훈련 캠프도 운영하겠다고 한다. 그리고 문건의 마지막 부분에 "중국 인민해방군과 중국 인민무장경찰대는 본 강령의 요구에 따라 구체적인 계획을 수립하라"고 하여 전 국민을 대상으로 군사 교육이 대대적으로 이루어질 것임을 예고하고 있다.

중국 정부는 자신들의 역사관·국가관·세계관을 반영한 애국주의 프로그램으로 학생들을 교육했다. 중국의 애국주의는 국가주의와 사회주의, 중화민족주의가 결합된 형태다. 사회주의 계급투쟁론에 선민의식이 농후한 중화민족주의가 결합되어 폭력성이 더욱 증폭되었다.

현재 중국의 애국주의는 히틀러의 나치즘과 유사한 측면이 있다. 나치즘 지지자들은 독일인이 대표라고 주장하는 아리아 민족이 타 민족보다 우월하다고 주장하며 아리아인이 세계의 지배 인종이 되어야 한다고 주장했다. "전시에 독일 국민 전체에 대해 가장 효과적인 거짓말은 히틀러나 괴벨스가 만든 '독일 민족을 위한 운명의 전투'라는 구호였다."[7] 현재 중국에서 가장 파급력이 있는 말은 "중화민족의 위대한 부흥을 위한 중국몽"이라는 말이다. 둘 다 민족의 위대한 미래를 위한 투쟁을 강조하고 있다.

세계적인 미학자이자 철학자이기도 한 리쩌허우李澤厚[8]는 2010년 이미 중국에서 나치즘이 출현하였음을 경고하였다. 그는 "중국은 이미 국가사회주의가 등장했다. 중국 용이 세계를 주재한다는 민족주의가 일단 포퓰리즘과 결합하면 매우 위험하며 대외적으로 전쟁을 발동하고 대내적으로 독재를 하게 된다. 민족주의에 포퓰리즘이 더해지면 국가사회주의, 즉 나치즘이 되는 것이다. 중국에 이미 나치즘이 출현했는데 마땅히 경계해야 한다. 국가사회주의는 현재 중국이 가고 있는 위험한 길이며 중국이 떠벌이는 중국모델이 바로 이러한 위험이다." 위 문장의 포퓰리즘은 급진 좌파 사상, 즉 마오쩌둥 좌파사상을 말한다. 리쩌허우는 민족주의와 마오쩌둥 좌파가 결합하는 것을 경계해야 한다고 지적하였다.

그런데 시 주석이 행해온 일련의 조치와 〈신시대 강요〉의 내용

憤怒
靑年

을 보면 중화민족주의와 마오쩌둥 좌파사상이 결합된 양상을 보이고 있다. 이후 중국의 애국주의 교육은 더욱 강화될 것이며, 결국, 더 많은 사람들이, 더 강력한 악의 평범성의 위험에 노출될 것이다.

분노청년은 시 주석의 손에 쥐어 쥔 칼이다. 주인의 맘에 따라 음식을 만드는 행복한 칼이 될 수도 있고, 사람을 찌르는 흉기가 될 수도 있다. 마오에게 홍위병이 그러했던 것처럼 분노청년은 시 주석의 착한 아이들이 되어줄 것인가? 시 주석의 선택만이 남아 있다.

신시대 애국주의 교육 실시 강요
新時代 愛國主爱 教育 實施 綱要

중공중앙中共中央, 국무원國務院
2019년 11월 13일 발표

애국주의는 중화민족의 마음心이며 영혼魂으로, 중화인민과 중화
민족의 민족 독립과 민족 존엄을 수호하는 강력한 정신적 동력이
다. 애국주의 정신은 중화민족의 마음속에 깊이 뿌리박고 있으며,
중화의 대지에서 살아가는 여러 민족이 단결하고 통일을 유지하
도록 하며, 중화의 아들과 딸들이 대대로 조국의 발전과 번영을
위해 끊임없이 노력하고 투쟁하는 것을 격려하고 있다. 중국 공산
당은 애국주의 정신을 고취하고 실천하는 주체이며, 중국 공산당
이 지난 90여 년간 전국의 여러 민족을 이끌고 혁명을 일으키고
새롭게 건설하고 개혁을 이뤄온 것은 애국주의의 위대한 실천이
며 중화민족 애국주의 정신의 찬란한 장을 쓴 것이다. 18차 당대
회 이후 시진핑 동지를 핵심으로 하는 당중앙은 애국주의 교육을

憤怒
青年

고도로 중시하여 '기초를 튼튼히 하고固本培元', '마음을 다잡고 정
신을 연마하기凝心鑄魂'[1] 위한 일련의 중요한 조치를 취하였으며 애
국주의 교육은 뚜렷한 성과를 얻었다. 현재 중국 특색 사회주의는
새로운 시대에 진입하였으며, 중화민족의 위대한 부흥은 관건이
되는 시기에 처해 있다. 새로운 시대에 애국주의 교육을 강화하는
것은 민족정신을 진작하고, 전 민족의 역량을 집결하여 소강사회
小康社會[2] 건설에서 완벽한 승리를 거두고, 새로운 시대 중국 특색
사회주의의 위대한 승리를 쟁취하고, 중화민족의 위대한 부흥인
중국몽中國夢을 실현하는 데 중요한 의미가 있다.

I. 총체적 요구 사항

1.

지도사상. 마르크스-레닌주의·마오쩌둥 사상·덩샤오핑 이론·3
개 대표 중요 사상·과학발전관을 견지하고, 시진핑 신시대 중국
특색 사회주의 사상의 지도에 따라 '당에 충성하고 책임을 다하는
4개 의식'[3]을 강화하고 '4개 자신'[4]을 굳건히 하고, '시진핑 주석과
당중앙을 결사적으로 수호하고兩個維護'[5] 민족 부흥의 위대한 임
무를 담당할 새로운 인물을 양성하고, 애국주의 기치를 일관되게
드높이고, 애국심을 함양하고 강국에 대한 의지를 연마하며 국가
에 대한 보답을 행동으로 실천하여, 애국주의가 전 중국 인민의

확고한 신념과 정신역량이 되어 스스로 알아서 행동하도록 한다.

2.

중화민족의 위대한 부흥인 중국몽의 실현은 애국주의 교육의 확고한 주제다. 위대한 사업은 위대한 정신이 필요하고, 위대한 정신은 위대한 꿈이 필요하다. 국가의 부강·민족의 부흥·인민의 행복을 계속적으로 추구하기 위해 전국 인민의 단결된 투쟁정신을 연대하는 데 주력하고, 조국에 대한 사랑을 깊게 하고 정신적인 귀속감을 배양하여, 중국의 길을 견지하며 중국정신을 고양하도록 이끌고, 중국역량을 집결하여 중화민족의 위대한 부흥인 중국몽을 실현하는 데 강력한 정신적 동력을 제공하도록 한다.

3.

애당, 애국, 애사회주의의 상호 통일을 견지한다. 신중국은 중국 공산당이 이끄는 사회주의 국가로 조국의 운명과 당의 운명, 사회주의의 운명은 떨어질 수 없는 관계에 있다. 현대 중국 애국주의의 본질은 애국, 애당, 애사회주의를 고도로 통일시키는 것이다. 인민을 계층과 대상에 따라 구분하여 당의 영도가 중국 특색 사회주의의 가장 본질적 특징이자 최고의 제도적 장점이며, 당의 영도를 견지하고 중국 특색 사회주의 길을 가는 것이 국가의 부강을 실현하는 데 근본적인 조건이며 반드시 가야 하는 길임을 확실히 각인시켜 확고한 신념과 진지한 마음으로 신시대 중국 특색 사회주의를 일관되게 견지하도록 한다.

4.

조국 통일과 민족단결을 유지하는 데 주력한다. 중화민족의 근본적인 이익은 국가의 통일과 민족의 단결에 있다. 민족단결은 각 민족의 생명선이며, 평등한 단결과 공조로 조화로운 사회주의 민족관계를 공고히 발전시키고, 전국 모든 민족이 자신의 눈을 사랑하듯이 민족단결을 소중히 하고, 전국 모든 민족의 대통합을 위한 정치국면을 수호하고, 광범위한 애국통일전선을 공고히 발전시키고, 계속적으로 위대한 조국과 중화민족·중화문화·중국공산당·중국 특색 사회주의에 대한 공감을 강화하여, 결사적으로 국가의 주권·안전·이익을 수호하고, 국가의 분열 도모와 민족단결 파괴 행위에 대해 명확하게 반대하며, 국가통일·민족단결·사회안정의 철옹성을 단단히 쌓아야 한다.

5.

근본을 세우고 건설에 중점을 둔다. 애국주의는 중화 아들딸의 가장 자연적이고 가장 소박한 감정이다. 어린아이 때부터 다잡아 기초를 튼튼히 하고 마음을 다잡고 정신을 연마하고, 사상적 의미를 부각하고 사상적 지도를 강화하고, '공헌을 하였으나 자랑하지 않는 큰 마음으로潤物無聲', 기본 요구와 구체적 실제 상황을 결합하고, 전체를 포괄하면서도 핵심 쟁점과 결합해 규율 준수와 혁신 발전을 이루고, 사소한 실천과 일상의 실천을 중시하고, 교육을 통한 지도·실천 습관 양성·제도적 보장을 강화하여, 애국주의 교육을 국민 교육과 정신문명 건설과정 전반에 융합하여 추진한다.

6.

중국에 발을 딛고 세계를 향한다. 국가와 민족은 오직 개방하여 다른 국가나 민족을 너그럽게 이해할 때 부강하고 번영할 수 있다. 애국주의 정신의 고양과 대외 개방의 확대를 결합하여 각국의 역사적 특징과 문화전통을 존중하고, 각국 국민이 선택한 발전 방식을 존중하고, 다른 문명으로부터 지혜를 구하고 영양을 섭취하여 인류의 평화와 발전이라는 숭고한 사업을 촉진하여 인류문명의 발전을 공동으로 추진한다.

II. 기본 내용

7.

시진핑 신시대 중국 특색 사회주의 사상으로 전체 당이 무장하고 인민을 교육한다. 시진핑 신시대 중국 특색 사회주의 사상은 마르크스주의가 중국화한 최신 성과로 당과 인민의 실천경험과 집단지성의 결정이며, 중국 특색 사회주의 이론체계의 중요한 구성

부분이며, 전 당원과 전 인민이 중화민족의 위대한 부흥의 실현을 위해 분투하는 행동지침으로 반드시 장기간 견지하고 계속적으로 발전시켜야 한다. 시진핑 신시대 중국 특색 사회주의 사상의 핵심 의미·정신적 본질·풍부한 함의·실천적 요구에 대해 깊이 이해하고, 계속적으로 간부와 군중의 정치의식[6]·대국大局의식[7]·핵심의식[8]·간제看齊의식[9]을 증진하고, 결사적으로 시진핑 총서기의 당중앙 핵심 지위와 전 당의 핵심 지위를 수호하고, 당중앙의 권위와 중앙집중식 통합 리더십을 결사적으로 수호해야 한다. 인민의 실제생활과 긴밀히 결합하여 시진핑 신시대 중국 특색 사회주의 사상이 기업·농촌·기관·학교·지역사회·군대·인터넷에 진입하여 당의 새로운 이론이 진정으로 뿌리를 내리고 꽃을 피우고 열매를 맺게 해야 한다. 아는 것을 행동으로 옮기고 활용하는 데 힘써 간부와 군중이 시진핑 신시대 중국 특색 사회주의 사상의 지도를 견지하고, 새로운 기상을 펼치고 새로운 행동을 불러일으키고, 교육 성과를 애국과 보국의 실제 행동으로 실천해야 한다.

8.

중국 특색 사회주의와 중국몽 교육을 심도 있게 전개한다. 중국 특색 사회주의는 국가·민족·인민의 근본 이익을 집대성하였다. 중국 특색 사회주의의 위대한 기치를 높이 들고, 이상理想 신념 교육[10]을 광범위하게 전개하고, 당이 인민을 이끌고 진행한 위대한 사회혁명의 성과를 설명하고, 개혁개방 이래 사회주의 현대화 건설의 위대한 성과를 설명하고, 신시대 중국 특색 사회주의의 생동적인 실천을 설명하고, 중국 특색 사회주의 제도의 우수성을 설명함으로써 역사와 현실 그리고 국제 사회와 국내 상황으로 볼 때 중국 공산당이 왜 능력이 있고能, 마르크스주의가 왜 괜찮은지行, 중국 특색 사회주의가 왜 좋은지好를 인민이 깊이 인식할 수 있도록 하며, 홍색정권[11]이 어디서 왔으며 신중국이 어떻게 세워졌는지를 명심하고, 우리 당이 개척한 중국 특색 사회주의를 소중히 여기고, 사회주의에 대한 자신감·이론에 대한 자신감·제도에 대한 자신감·문화에 대한 자신감을 계속적으로 증진시킨다. 중국몽은 국가의 꿈이며·민족의 꿈이며·모든 중국인의 꿈이라는 것을 깊이 인식하도록 하고, 중화민족의 위대한 부흥은 결코 쉬운 일이 아니기 때문에 야단법석을 떨어야 실현될 수 있음을 깊이 인식시키고, 각고의 노력과 새로운 시대를 위한 분투를 통해 꿈을 쟁취해야 한다는 중국몽 교육을 심도 있게 전개한다.

9.

국정 교육[12]과 정책 상황에 대한 교육을 심도 있게 전개한다. 국정 교육을 심도 있게 실시하여, 역사적 상황의 변화와 사회의 주요 모순의 변화에 대한 이해를 돕고, 중국은 장기간 사회주의 초급 단계라는 상황이 변하지 않았으며 세계에서 가장 큰 개발도상국이라는 국제지위가 변하지 않았음을 깊이 인식시키고, 국가상황을 정확히 파악하여 시대에 뒤떨어지지 말아야 하며, 실제 상황

憤怒
青年

을 벗어나 단계를 뛰어넘을 수 없다는 것을 정확히 인식시킨다. 형세 정책 교육[13]을 심도 있게 전개하여, 사람들이 올바른 역사관·대국관大局觀[14], 역할관[15]을 정립하도록 하고, 세계는 100년 동안 일어나지 않았던 커다란 변화를 겪고 있음을 이해하고, 우리나라는 여전히 발전의 중요한 전략적 기회에 처해 있으며, 인민들로 하여금 국제·국내정세의 발전과 변화를 냉철하게 인식하도록 하여, 우리 자신의 일을 잘 하도록 지도해야 한다. 투쟁정신과 투쟁능력을 증진하고, 인민이 위대한 투쟁에는 오랜 시간이 필요하고 복잡하며 어려움이 따른다는 것을 충분히 인식하도록 하고, 위험한 도전을 용감하게 직면하고, 강인한 의지와 사심 없는 용기로 앞길의 모든 장애를 거둬내고, 위대한 투쟁을 통하여 애국주의 정신을 더욱 드높이도록 한다.

10.

민족정신과 시대정신을 확대 발전시킨다. 애국주의를 핵심으로 하는 민족정신과 개혁을 핵심으로 하는 시대정신은 마음과 힘을 모은 국가번성의 영혼이며 강대국의 영혼이다. 민족부흥의 위대한 임무를 담당할 새로운 인물을 집중 양성하고, 사회주의 핵심가치관을 육성하고 실천하여 애국주의·집체주의·사회주의 교육을 광범위하게 전개하여 사상적 각성과 도덕수준·문명수준을 높인다. 인민의 찬가를 부르고 인민의 풍모를 드러내며 중국인민이 장기간 투쟁 중에 형성한 위대한 창조정신과 위대한 투쟁정신·위대한 단결정신·위대한 꿈의 정신을 대대적으로 드높이고, 인민 대중이 새로운 실천·업적·성과를 생생하게 펼쳐보이도록 한다.

11.

공산당사·중국사·개혁개방사 교육을 광범위하게 전개한다. 역사는 가장 좋은 교과서이며 가장 좋은 각성제다. 중화민족이 시작된 시점부터 부유해지고 강대해진 위대한 비약의 과정을 통합하고, 역사와 인민이 중국공산당·마르크스주의·사회주의 길·개혁개방의 역사적 필연성을 선택하였음을 깊이 인식시키고, 우리 국가와 민족이 어디에서 왔으며 어디로 가고 있는지 깊이 인식시켜 역사허무주의歷史虛無主義[16]를 단호히 반대하도록 한다. 혁명전통을 계승하고 혁명정신을 더욱 드높이고, 홍색 유전자[17]를 전승하여 새로운 시대에 부여된 새로운 의미와 결합하여 인민의 위대한 투쟁을 위한 강력한 동력으로 전환해야 한다. 개혁개방 교육을 강화하여 개혁개방을 잘 이해하도록 하는 것은 당과 인민이 큰 걸음으로 시대의 중요한 비결을 따라잡을 수 있게 하는 것이며, 반드시 가야 하는 중국 특색 사회주의 길을 견지하고 발전시키는 것이며, 현재 중국의 운명을 판가름할 관건이 되는 조치이며, '두 개의 백 년两个一百年'[18]의 목표 실현과 중화민족의 위대한 부흥의 관건이 되는 조치를 취하는 것으로 역량을 강력하게 결집하여 개혁개방을 끝까지 이뤄내야 한다.

憤怒
青年

12.

중화민족의 우수한 전통문화를 전승하고 발전시킨다. 조국의 오랜 역사와 풍부한 문화에 대한 이해와 수용은 애국주의 감정을 일으키고 발전시키는 데 중요한 조건이다. 중화민족의 유구한 역사와 찬란한 문화를 이해하도록 하고, 역사로부터 영양과 지혜를 섭취하여 스스로 문화적 유전자를 이어나가 민족의 자존심·자신감·자부심을 증진하도록 한다. 옛것을 오늘에 맞게 발전시키고 낡은 것을 없애고 새로운 것을 창조하며, 근본을 잊지 말고 변증법적으로 취합하여 중화민족의 우수한 전통문화의 전승과 발전 프로젝트를 심도 있게 실시하여, 중화문화의 창조적인 전환과 창조적 발전을 추진한다. 정도正道를 굳게 지키고 대도大道를 널리 알려 문화허무주의文化虛無主義[19]를 반대하고, 사람들이 정확한 역사관·민족관·국가관·문화관을 수립하여 중화민족의 소속감·정체성·존엄성·명예의식을 끊임없이 증진하도록 한다.

13.

조국의 통일과 민족단결을 위한 진보적인 교육을 강화한다. 조국 통일을 이루고 민족의 단결을 수호하는 것은 중화민족이 계속적으로 추구해온 것이다. 조국 통일 교육을 강화하여, 국가주권·영토의 완전 수호·조국의 완전한 통일을 이루는 것이 대세이고 대의이며 국민의 마음임을 엄중하게 제시하고, 많은 동포들과 뜻을 모으고 힘을 합쳐 조국을 분열시키는 행위에 대해 결연히 투쟁하고, 전 세계 중화의 아들과 딸이 민족의 위대한 부흥을 실현하고 조국의 평화통일을 위해 함께 투쟁하도록 한다. 민족단결을 위한 진보적인 교육을 강화하고, 중화민족의 공동체의식을 공고히 하고, 각 민족의 교류를 강화하여 각 민족이 '떨어질 수 없는 세 가지三個離不開'[20] 사상을 굳건히 수립하도록 하고, '다섯 개의 공감五個認同'[21]을 끊임없이 증진시켜, 모든 민족이 함께 숨 쉬며 운명을 함께하고, 마음이 서로 연결되어 있는 영광스런 전통을 대대로 전승하도록 한다.

14.

국가안보 교육과 국방 교육을 강화한다. 국가의 안전은 국가를 안정시키고 굳건히 하는 초석이다. 국가안보 교육을 강화하고, 국가 안보관을 심도 있게 학습·홍보하고, 전체 당과 인민의 국가 안보의식을 강화하고, 정치 안전·국토 안전·경제 안전·사회 안전·사이버 보안·외부 보안을 스스로 지키도록 한다. 국방 교육을 강화하고 전 인민의 국방 관념을 증진하여 국방에 대한 관심·국방에 대한 열정·국방 건설·국방 보위에 대해 전 사회가 공감대를 형성하여 스스로 알아서 행동하도록 한다. 위기의식을 강화하고 중대한 위험에 대한 예방 홍보 교육을 철저히 하여 간부와 대중의 위기의식을 강화하고, 과학적으로 위험을 식별하여 효과적으로 대처하도록 하고, 항상 비상시를 염두에 두고 재난을 미연에 방지하도록 한다.

III. 신시대 애국주의 교육은
전체 인민을 대상으로 하며 청소년에 집중한다

15.

교실 교육은 주요 채널로서 기능을 충분히 발휘하도록 한다. 사회주의를 건설하고 계승할 인재를 양성하기 위해서는 먼저 학생들의 애국심을 양성해야 한다. 청소년은 애국주의 교육의 가장 중요한 대상으로 애국주의 정신이 학교 교육의 전 과정을 관통하여 교실·교재·학생들의 머리에 진입하도록 한다. 보통 중학교와 소학교·중등직업학교는 애국주의 교육 내용을 언어와 문학·도덕·정치·역사 등 교과서에 융합 서술하여 수업 중에 교육하고, 보통 고등학교는 애국주의 교육을 철학 및 사회과학 관련 수업과 연계하여 실시하고, 애국주의 관련 내용을 확대한다. 애국주의 교육의 형식을 혁신하고, 교육자원을 다양화 및 최적화하고, 다양한 형식의 마이크로렉처微课Microlecture[22]와 동영상 등 교육자원 및 온라인 교육자원을 개발하고, 애국주의 교육이 요구하는 음악·미술·서예·무용·희극 작품 등을 개발하여 흡인력과 호소력을 더욱 강화한다.

16.

교과과정에 사상정치이론 과목을 개설한다. 사상정치이론 과목은 애국주의 교육에 있어 중요한 위치를 차지하고 있다. '마디가

생기고 이삭이 피는 시기'인 청소년들을 바짝 틀어잡기 위하여 사상정치이론 과목을 당당히 개설하여, 학생들의 애국심·강국에 대한 의지·보국報國 행동이 중국 특색 사회주의 사업·사회주의 현대화 강국·중화민족의 위대한 부흥을 위한 투쟁과 융합되어 발전하도록 이끈다. 강한 정치의식·깊은 애정·새로운 사고·넓은 시야·자기검열·정직한 인격을 가진 사상정치이론 과목 교사 대오를 구성하여, 믿음이 있는 사람은 믿음을 강의하고, 애국심이 있는 사람은 애국을 강의하도록 한다. 사상정치이론 과목의 개혁과 혁신을 추진하여 학생이 주체적으로 능력을 발휘하도록 하고, 대화 방식·체험 방식·교류 방식 학습을 운용하여 사상성·논리성·친화력·목적성을 강화하고, 관수법에 의한 교육을 통하여 학생들이 무의식 중에 영향을 받아 국가의식을 정립하고 애국심을 강화하도록 한다.

17.

우수한 애국주의 출판물을 조직적으로 출판한다. 애국주의를 주제로 한 우수한 아동서적을 연령과 성장단계에 따라 창작·출판하여, 청소년들이 자연스럽게 애국주의에 감화될 수 있도록 한다. 애국주의를 주제로 한 출판물을 학생들에게 적극 추천하고, 애국주의 독서활동을 대대적으로 전개한다. 청소년이 흥미를 느끼는 분야와 쉽게 수용하는 것을 찾아 중화문화의 정수가 드러나고 애국주의 숨결이 반영된 인터넷 문학·애니메이션·오디오북·

온라인 게임·모바일 게임·쇼트 클립[23] 등을 적극 개발하고 소개한다.

18.

실천활동을 광범위하게 조직한다. 대학교·중고등학교·소학교의 당조직·공청단·소년선봉대·학생회·학생 동아리 등은 공산당 활동을 하는 날·주제 토론 회의·팀별 회의 등의 '주제 교육활동'[24]에 애국주의 내용을 반영한다. 문명 학교 창건을 위한 활동을 광범위하게 전개하고, 교훈·교가·학교의 역사를 통한 애국주의 교육을 강화하고, 풍부하고 다채로운 문화활동을 조직하고 전개한다. 대학생·중고등학생·초등학생이 기념관·전람관·박물관·열사기념관을 참관하고, 군사훈련·하계 동계 훈련캠프·삼하향三下鄕 프로젝트·레이펑 봉사정신 학습·혁신과 창업·공익활동 등과 같은 활동에 참가하여 국가와 인민의 상황을 이해하고 책임과 임무를 다하도록 한다. 애국주의 교육을 실시하는 범위를 도시·농촌·기업·군대·사회기구 등과 밀접하게 연계하여 학교 밖에서 풍부하게 개척한다.

19.

지식인의 애국투쟁 정신을 대대적으로 드높인다. 중국 지식인들은 역사 이래로 가정과 국가에 대한 깊은 애정과 강렬한 사회적 책임의식을 가지고 있었다. "애국투쟁 정신을 계승하고 새로운

시대를 건설하는" 활동을 단호히 전개하고, 양탄일성兩彈一星[25] 정
신과 유인 우주비행 정신[26] 등을 고취하고, 우수한 지식인들을 대
상으로 하는 학습활동과 선전활동을 대대적으로 조직하여 신시
대 지식인이 자신의 이상과 조국의 미래·자신의 인생과 민족의
운명을 긴밀하게 연계하여 자신의 본업에 맞게 분투·노력·창조
하여 신시대에 당연히 해야 할 공헌을 하도록 한다. 지식인을 대
대적으로 동원하고 조직하여, 개혁개방의 최전선·경제발전의 일
선·옛 혁명 근거지·소수민족 지역·변경지역·빈곤지역으로 보
내어 연구와 조사·상담서비스를 담당하게 하여 국가상황을 깊이
이해하고 애국정신을 확고히 하도록 한다.

20.

사회 각계각층의 애국 열정을 불러일으킨다. 각계각층의 대표적
인 인사들의 모범적인 행동은 효과가 있다. 우리는 신뢰·존중·단
결·지도를 고수하고, 정치에 대한 합의를 강화하고, 공동의 이념
과 정치적 기반을 공고히 하고, 결속력을 부단히 강화하고, 사회
각계 인사들의 애국열정과 사회적 책임을 충분히 동원할 수 있
다는 신뢰를 가져야 한다. 직업정신과 직업윤리 교육 전개·건전
한 관련 제도와 법규 수립·업계와 언론의 감시기능 강화를 통하
여 사회 각계 인사들의 도덕적 자율성을 증진시키고 사회적 책임
을 다하도록 이끈다. 종교를 중국화 하고, 종교계 인사와 신도들
에게 애국주의 교육을 강화하여 열렬한 조국 사랑·사회주의제도

수호·중국 공산당의 영도를 수호하도록 하고, 국가 법률·법규·방침·정책을 준수하도록 한다. 일국양제—國兩制를 실천하기 위한 교육을 강화하고, 홍콩 특별행정구 동포·마카오 특별행정구 동포·타이완 동포·해외 동포를 포괄하여 이들에게 국가에 대한 공동체 인식을 증진시켜 스스로 국가의 통일과 민족단결을 수호하도록 한다.

IV. 신시대 애국주의 교육 실시를 위한 매체를 풍요롭게 한다

21.

우수한 애국주의 교육기지와 국방 교육기지를 건설하여 유용하게 사용한다. 모든 종류의 애국주의 교육기지는 애국열정을 북돋고, 인민의 힘을 결집하며 민족정신을 함양하는 중요한 장소다. 풍부한 콘텐츠를 구축하고, 전시 방식을 개선하여 주제가 선명하게 드러나고 방향성이 뚜렷하고, 풍부한 의미를 담은 우수한 전시를 하도록 노력하고, 애국주의 교육과 홍색 교육의 기능을 강화하여 일반인들이 참관학습을 할 때 더 좋은 서비스를 제공하도록 한다. 전국에 분포하는 애국주의 교육기지의 역동적인 관리체제를 건설하고, 무료 개방정책과 보장시스템[27]을 완비하고, 실정에 따라 애국주의 교육기지의 무료 개방을 위한 재정 보조 가능성을 조사하여 확정한다. 군대 자원에 의존하여 구조 배치를 최적화 하고, 질적 수준 제고·국방 특색 선명·기능적인 시설을 모두 완비하고, 역할이 명확한 국방 교육기지를 건설한다.

22.

의식과 의례의 거행을 중시한다. 국기법·국장법國章法·국가법國歌法을 성실히 시행하고, 국가國家에 대한 기본 지식·국기 게양·국장 사용·국가를 부를 때 의례를 학습하고 널리 홍보한다. 전 사회가 국기 게양과 국가 부르기 캠페인을 전개하여, 모든 사람들이 애국열정을 충분히 표현할 수 있도록 한다. 라디오 방송국과 텔레비전 방송국은 매일 정해진 시간에 주 주파수와 메인 채널에서 국가를 방송한다. 당과 정부기관·민간단체·대기업·전국 도시와 농촌 커뮤니티·애국주의 교육기지 등에서는 국경일에 국기 게양을 위한 조직을 구성한다. 일반가정은 문앞 적당한 곳에 국기를 걸도록 한다. 헌법 선서의식·공산당 입당의식·중국 공산주의 청년단 입단의식·군 입대의식 등을 성실히 조직하며, 공개적인 선서를 하고, 선서한 내용을 반복 학습하도록 하여 국가의식과 집단의식을 강화한다.

23.

주요 기념일 활동을 조직한다. 주요 기념일이나 중요한 역사 사건을 애국주의 교육자원으로 발굴하고, 경축행사·기념활동·대중적인 성격의 주제 교육을 진행한다. 국경절은 애국주의 교육에 있어 관건이 되는 시기로 '나와 나의 조국'을 주제로 한 이벤트를 시리즈로 진행하고, 주제 강연·대합창·공화국 이야기·플래시몹·조명쇼·야외 행사 등의 형식을 빌려 조국을 노래하고·조국을 경축하고·조국을 축복하여 국경절이 애국활동을 하는 황금주가 되도록 한다. 7월 1일 공산당의 창당일과 8월 1일 건군절建軍節을 이용하여 각종 기념활동을 광범위하게 조직하여 "공산당이 좋고, 인민군이 좋다"라는 사상을 노래 부르게 한다. 항일전쟁 승리 기념일·열사기념일·난징대학살 희생자 국가기념일 기간에 공동 제사·기념비 참배·묘소 참배 등과 같은 활동을 조직하여, 역사적 의미를 깊이 새기고, 과거를 잊지 않고, 선열의 업적을 기리고, 미래를 향해 전진하여 애국열정을 고취하고 투쟁역량을 결집하도록 한다.

24.
전통 명절과 현대 명절이 교육적 기능을 발휘하도록 한다. 중국 전통 명절 진흥 프로젝트를 대대적으로 실시하여 '우리의 명절'이란 주제의 활동을 강화하고, 춘절春节·원소元宵·청명·단오·칠석·추석·중양 등 중요한 전통 명절을 이용하여 다채롭고 활동적이며, 건강하고 가치 있는 민속문화 활동을 전개하여 중화문화의 의미를 깨닫고 국가에 대한 애정을 증진하도록 한다. 1월 1일 신년·3월 8일 국제 부녀절·5월 1일 국제 노동절·5월 4일 청년절·6

월 1일 국제 어린이날·중국 농민 풍년절에는 각각 특색에 맞는 경축활동을 진행하여 애국주의와 집단주의 정신을 고취한다.

25.

자연인문 경관과 주요 프로젝트에 의존한 교육을 전개한다. 관광을 하는 과정에 홍보·전시·체험·감상 등의 방식을 통하여 사람들이 장엄하고 아름다운 산하를 느끼고 아름다운 중국 건설에 뛰어들도록 애국주의 교육을 한다. 체계적으로 전통문화 자원을 정리하고, 고고 발굴의 분석과 연구를 강화하고, 문물고적·전통촌락·소수민족 마을·전통건축·농업 유적·관개수리 유적·공업 유적을 보호하고, 문화유산의 합리적 이용을 추진하고, 무형문화유산 보호제도를 완비하고, 국가문화공원 건설을 추진한다. 문화와 관광의 융합발전을 추진하고, 관광의 질적 수준과 문화적 의미를 제고하고, 애국주의 내용을 포함하고 있는 관광자원을 발굴하고, 지나친 상업화로 인한 파괴와 개발을 방지한다. 홍색관광은 내재적 발전을 촉진하고, 전국에 분포한 홍색관광지의 체제를 완비하여 교육기능을 부각시키며, 해설사와 가이드 등 종사자의 능력을 강화하고, 해설 내용이나 관광 내용의 표준화를 추진하고, 정확한 역사관과 역사를 평가하는 올바른 기준을 갖도록 한다. 국가의 중요한 건설 프로젝트와 과학 프로젝트 등과 연계하여 새로운 스타일의 주제 교육기지를 건설한다.

V. 신시대 애국주의
교육 분위기를 조성한다

26.

신문·라디오·영화·텔레비전 등 대중매체를 이용한다. 모든 종류의 미디어는 주제를 애국주의에 초점을 맞추고, 방법과 수단을 혁신하고, 주문제작 방식Customization과 차별화된 소통 방식에 적응하고, 애국주의 선전을 방송할 때는 현실적이고, 활기차고, 대중적이고, 감성적이고, 심도 있고, 따뜻한 내용으로 한다. 애국주의 주제를 미디어 매체에 통합하여 발전시키고, 온라인과 오프라인 매체를 관통하고, 특별 칼럼·뉴스·평론·미디어에 융합한 생산품을 출시하고, 지방의 현縣 차원의 미디어 센터를 건설하고, 애국에 관한 이야기를 생동감 있게 들려주고 주류 이데올로기를 대대적으로 확산시킨다. 애국주의를 담은 우수한 공익광고를 제작 배포하고, 전시용 플래카드와 포스터를 야외에 부착하여 생동감 있게 홍보한다. 역사를 부정하고 주류 이데올로기를 해체하는 잘못된 사상과 언론에 대해서는 즉각적으로 식별하고 비판하여 여론을 올바른 방향으로 이끈다.

27.

진보적이고 모범적인 지도자 역할을 한다. 중화민족과 중국인민을 위하여 공헌한 영웅을 대대적으로 홍보하고, 혁명시기·건설

시기·개혁시기에 배출된 열사와 모범적인 인물을 홍보하고, 시대의 모범이 되는 사람·도덕적으로 모범이 되는 사람·주변의 아름답고 좋은 사람을 홍보하고, 애국심이 깊은 지방의 선현과 유명 인물을 홍보하여, 사람들이 이들을 본보기로 삼아 애국심을 고취하도록 한다. 진보적이고 모범적인 학습활동을 광범위하게 전개하여, 사람들이 숭배와 감동을 기업가 정신과 나라에 충성하고 보답하는 실제 행동으로 전환하도록 이끈다. 진보적이고 모범적인 인물을 배려하고 제대로 도와야 하고, 관련 대우와 예우를 성실히 이행하고, 전 사회가 영웅을 대대적으로 숭배하고, 학습하고, 보호하고, 배려하는 강렬한 분위기를 조성한다.

28.

우수한 문예작품을 창작한다. 애국주의는 늘 새롭게 써야 하는 주제로, 현실적인 소재를 창작에 활용하여 시대의 초상화·시대의 전기·시대의 도덕을 보여주고, 당·조국·인민·노동자·영웅을 찬양하는 뛰어난 걸작을 끊임없이 선보여야 한다. 중국의 현대 문학예술 창작사업·주요 역사테마 창작사업 등을 철저히 실시하고, 애국주의 주제의 문학 창작·영상물 창작·가요 창작 등에 대한 지원을 강화하고, 대표적인 애국가요와 애국영화를 심층 발굴하고 혁신하고 전파하여, 애국주의 정기를 소리 높여 부르게 한다. 문예창작과 평론은 애국주의적이어야 하며, 품위가 있고, 격조가 있고, 책임감의 중요성을 드러내야 하며, 저속하고, 속물적

憤怒
青年

이고, 세속에 영합하는 것에 저항하고, 조상·고전·영웅에 대한 모독을 철저히 반대하고, 사회주의 문예창작의 애국주의적 색채를 견지해야 한다.

29.

인터넷 애국주의 교육을 실시한다. 애국주의 온라인 콘텐츠를 구축하고, 온라인 주제 교육활동을 폭넓게 실시하고, 애국주의 내용을 담은 오디오·멀티미디어·온라인 기사·다큐멘터리·마이크로필름 등을 제작·홍보하여 애국주의가 사이버 공간을 채우도록 한다. 애국주의 디지털 건설 프로젝트를 시행하고, 애국주의 교육기지·홍색여행·네트워크 통신의 유기적 결합을 추진한다. 통신수단을 혁신하고, 웨이보와 위챗·소셜미디어·비디오 웹사이트·모바일 클라이언트 등의 통신 플랫폼을 적극 활용하고, 가상현실·증강현실·하이브리드현실 등 신기술과 신제품을 활용하여 살아 있는 온라인 애국주의 교육을 실시한다. '쉐시창궈學習强國' 학습 플랫폼이 애국주의 선전 교육에서 충분히 기능을 발휘하도록 한다. 인터넷 여론을 강력하게 선도하고, 법과 규정에 따라 종합적인 관리를 하고, 네티즌이 스스로 국가의 명예를 훼손하거나 중화민족의 우수한 전통문화를 부정하는 잘못된 언행을 자제하도록 이끌고, 온라인에서 긍정적인 에너지를 결집하도록 한다.

30.

인민이 긍정적이고 진취적이며, 개방적이고 포용적이며, 이성적이고 평화로운 심리 상태를 갖도록 한다. 홍보와 교육을 강화하고, 중국과 세계의 발전상황을 정확하게 파악하도록 지도하고, 중국과 세계의 관계를 정확하게 이해하도록 하여, 지나치게 오만하거나 함부로 자신을 비하하지도 않으며 스스로를 존중하고 자신감을 가지고 이성적이며 평화로운 심리 상태를 갖도록 한다. 애국주의는 세계 모든 나라 사람들이 공유하는 감정이며, 세계 평화와 발전은 세계 모든 나라 사람들의 공통된 염원이다. 애국주의 정신을 고취하는 한편, 모든 하천이 바다로 흘러드는 것과 같이 가슴을 열고 포용하여, 평화로운 발전과 합작을 통한 공동의 승리·인류 운명공동체 건설·일대일로—带—路 건설 등 중요한 사상과 제안을 대대적으로 홍보하여, 중국 인민과 각 나라의 인민이 공동으로 아름다운 미래를 건설하도록 독려해야 한다. 모든 중국인에게 있어 애국은 본분이며 직무이고, 마음에서 우러나오는 것이며 마음의 귀착점이다. 애국주의를 머리로만 알고 있지 말고 행동으로 표현하며, 이성적으로 애국정신을 표현하고 극단적인 행위는 삼가야 한다.

31.

제도와 법치의 보장을 강화한다. 애국주의 정신을 관련 법령·규정·정책·제도에 통합하고, 시민사회 규약·마을의 규칙과 규정·

학생 규범·업계 규범·단체 규약 등에도 애국주의 정신을 반영하여 개선하고, 이러한 규정이 대중을 지도하고·단속하고·제어하는 기능을 발휘하도록 한다.

전 사회가 헌법·영웅 열사 보호법·문물보호법 등을 철저히 학습 및 홍보하고, 법치주의를 위한 문화활동을 광범위하게 전개하여 법의 대중화 과정이 애국주의 교육과정이 되도록 한다. 엄격한 사법처리와 법치를 추진하고, 행정적·법률적 수단을 종합적으로 운용하고, 애국가·국기·국장 등 국가 상징과 표지에 무례한 행동을 하거나, 영웅의 이름·초상화·명예·영예 등을 훼손하고, 애국주의 교육 장소의 시설을 파괴하고, 침략전쟁과 침략행위를 미화하는 행위 등을 선전하는 행위는 법과 규정에 의거하여 엄격하게 처리한다. 법에 의거하여 테러나 민족분열 같은 국가 안전과 사회 안정을 해치는 범죄행위는 엄격하게 처벌한다.

VI. 신시대 애국주의
교육 리더십을 강화한다

32.

각급 당위원회와 정부가 주요 책임을 진다. 각급 당위원회와 정부는 정치적 책임과 지도의 책임을 지고, 애국주의 교육을 중요한 의제로 상정하여 사상적 업무[28] 책임제에 포함시켜 진지 건설

陣地 建設[29]과 관리를 강화하고, 각 방면의 임무를 확실히 수행해 나가야 한다. 당위원회의 통일적 지도·당과 정부의 공동관리·선전부문의 총괄 조정·관련 부처의 책임 있는 업무구조 정비를 철저히 하고, 애국주의 교육 공동 회의시스템을 구축하여 실제 현장 지도와 소통을 조화롭게 하고, 사업을 진행하는 과정에 발생하는 문제들은 바로 연구하고 해결하도록 한다. 당원과 간부들은 처음 가졌던 사명을 깊이 새기고, 용감하게 책임을 지고, 솔선수범하여 애국주의를 확실히 퍼뜨리고 실천하는 사람이 되고, 애국주의에 어긋나는 언행에는 결연히 투쟁하도록 한다.

33.

대중의 열정과 진취성을 불러일으킨다. 애국주의 교육은 전 국민을 대상으로 하는 교육으로 반드시 교육의 대중성이 드러나야 한다. 각급 노동조합·공청단·부녀연합회·문학예술계연합회·작가협회·과학기술협회·화교연합위원회·장애인연합회·관공위關工委[30] 등 민간단체와 대중조직은 각자의 장점을 살려 관련 분야와 집단을 대상으로 애국주의 교육을 광범위하게 실시한다. 퇴직 간부·노전사·퇴직한 전문가·퇴직 교사·모범 노인 등을 조직하여 군중, 특히 청소년에게 자신이 겪은 일과 애국전통을 들려주도록 한다. 기층민중 집단에서 애국주의 열기를 유지하면서 생산과 삶에 결합하여 애국주의 교육이 신시대 문명 실천 센터 건설·레이펑의 봉사정신 학습·새로운 정신문명을 건립하고, 일반인들의 강연·광장춤·문화공연·이웃의 날鄕居節[31] 등의 대중적인 활동에 반영되어, 자신을 홍보하고 교육하고 계발하도록 한다.

34.

진리를 추구하고 실효를 강조하다. 애국주의 교육은 사상의 세례이며 정신을 교화하는 것이다. 목표 지향성·문제 지향성·효과 지향성을 준수하여, 추상적인 것을 끊임없이 심화하고 전환하여 구체화하고, 세부적인 부분에 신경을 써 시대상을 잘 반영하고 법칙을 파악하여 창조적으로 실행해야 한다. 현실에서 출발하여 실용적이고 절제하는 태도로 교육과 조직활동을 수행하고, 사치와 낭비를 종식시키고, 기층민중에게 부담을 주지 말고, 형식주의와 관료주의를 단호히 반대해야 한다.

각 지역 각 부처는 본 강령에 근거하여 실천을 관철하기 위한 구체적인 조치를 마련하여, 애국주의 교육의 각 항의 임무와 요구가 실제 상황에 부합하도록 한다.

중국 인민해방군과 중국 인민무장경찰대는 본 강령의 요구에 따라 군대의 실제상황에 비추어, 구제적인 계획을 수립하고 조치한다.

주석

1장 중국은 '노'라고 할 수 있다

[1] 宋强·张藏藏 등, 《中國可以說不》, 中華工商聯合出版社, 1996.

[2] 馬立誠, 《當代中國八種社會思潮》, 社會科學文獻出版社, 2012, 139쪽.

[3] 吳秋蘭, 〈信息時代慎靑的愛國訴求與道德引導〉, 《海峽兩岸道德發展論》, 2008, 341쪽.

[4] 李希光·劉康 등, 《妖魔化中國的背後》, 中國社會科學出版社, 1996.

[5] 房寧·王小東·宋强, 《全球化陰影下的中國之路》, 中國社會科學出版社, 1999.

[6] 廖保平, 《打捞中國慎靑—中國崛起潛在的阻礙和危險》, 北京文藝出版社, 2010, 75쪽.

[7] 李松濤, 〈中國紅客聯盟解散〉, 《中國靑年報》, 2005년 2월 18일.

[8] 廖保平, 앞의 책, 본서의 우월성을 설명한 표지 글.

[9] 廖保平, 앞의 책, 4쪽.

[10] 徐友漁, 〈我們需要什麽样的民族主義〉, 《中國企業家》, 2010(05).

2장 21세기 홍위병, 분노청년

[1] 人民畫報社, 《解放軍畫報》, 1977. 8, 郵電部北京郵局.

[2] 解放軍華報社 편집 출판, 《解放軍華報》, 1966. 10, 郵電部北京郵局.

3 霞飛, 〈毛主席接見紅衛兵〉, 《黨史天地》 2004년 04기, 4~5쪽.

4 人民畫報社, 《人民畫報》 1967. 2, 郵電部北京郵局, 표지 사진, 6쪽.

5 人民畫報社, 《人民畫報》 1967. 11, 郵電部北京郵局, 표지 그림.

6 〈工農兵要堅決支持革命學生〉, 《人民日報》, 1966. 8. 23.

7 解放軍畫報社 편집, 《解放軍畫報》, 1966. 11, 郵電部北京郵局.

8 人民畫報社, 《人民畫報》, 1967. 2, 郵電部北京郵局, 8쪽.

9 解放軍畫報社 편집, 《解放軍畫報》, 1966. 10, 郵電部北京郵局.

10 解放軍畫報社 편집, 《解放軍畫報》, 1966. 11, 郵電部北京郵局.

11 필립 쇼트, 양현수 옮김, 《마오쩌둥》 2, 교양인, 2019, 356쪽.

12 〈好得很!〉, 《人民日報》, 1966. 8. 23.

13 範明强, 〈紅衛兵運動的歷史反思〉, 《哈爾濱市委党校學報》 2000. 3, 59쪽.

14 필립 쇼트, 앞의 책, 361쪽.

15 프랑크 디쾨퇴, 고기탁 역, 《문화대혁명-중국 인민의 역사 1962~1976》, 열린
책들, 2017, 157쪽.

16 闞和慶, 〈理性的迷失: 紅衛兵的行爲和心態〉, 《黨史博覽》, 2002. 6. 1. 33쪽.

17 解放軍畫報社 편집, 《解放軍畫報》, 1966. 11, 郵電部北京郵局.

18 션판沈凡, 이상원 옮김, 《홍위병-잘못 태어난 마오쩌둥의 아이들》, 황소자리,
2013, 38~40쪽.

19 人民畫報社, 《人民畫報》, 1967. 11, 郵電部北京郵局, 11쪽.

20 〈把無産階級文化大革命進行到底〉, 《人民日報》, 1977. 1. 1.

21 霞飛, 〈毛主席接見紅衛兵〉, 《黨史天地》, 2004年. 04期, 4쪽.

22 張超, 〈中國的極端民族主義思潮分析〉, 《當代中國研究》, 2004(3).

23 解放軍畫報社 편집, 《解放軍畫報》, 1966. 11, 郵電部北京郵局.

24 人民畫報社, 《解放軍畫報》, 1977. 8, 郵電部北京郵局.

25 人民畫報社, 《人民畫報》, 1976. 11, 郵電部北京郵局, 5, 8쪽.

26 人民畫報社, 《人民畫報》, 1976. 11, 郵電部北京郵局, 56쪽.

27 人民畫報社,《人民畫報》, 1967. 11, 郵電部北京郵局, 11, 19쪽.

28 《瞭望東方周刊》, 2005. 11. 7.

29 《南方都市報》, 2005. 11. 13.

30 《光明日報》, 2004년 11월 25일.

31 《南都周刊》, 2007년 7월 23일.

32 廖保平,《打撈中國憤青－中國崛起潛在的阻礙和危險》, 北京文藝出版社, 2010, 82쪽.

33 廖保平, 앞의 책, 40~44쪽.

34 廖保平, 앞의 책, 23~24쪽.

35 鄧小云,〈憤青, 奮青, 糞青的修辭簡述〉,《現代語文(語言研究)》, 2009年 第1期, 76쪽.

36 張闓,〈憤青的狂暴已經接近病態〉,《南都周刊》, 2007년 7월 20일.

37 梁昕,〈理性與非理性之爭－對網絡憤青行爲的社會心理學解讀〉,《當代青年研究》, 2011, (5), 6쪽.

38 鄢烈山,〈新概念:愛國賊和和平販子〉, https://lt.cjdby.net/thread-6268-1-1.html

39 廖保平, 앞의 책, 6~7쪽.

40 http://control.blog.sina.com.cn/myblog/htmlsource/blog_notopen.php?uid=5709094544&vers

41 黃冬霞,〈關于公共知識分子思潮的幾点思考〉,《湖南大衆傳媒職業技術學院學報》第15卷 第2期, 2015年 3月.

42 姜瑤,〈公知污名化原因探析〉,《新聞研究導刊》, 2017年 5期, 94쪽.

43 〈'觀點多元'也不應'胡言亂語'〉,《人民日報》, 2012年 9月 28日.

44 〈'公知'代表不了中國知識分子〉,《環球時報》, 2014年 5月 29日.

45 鄭東鴻,〈一個自干五的心路歷程〉,《青年記者》, 2015年 34期, 13쪽.

46 馬思慧,〈市場化背景下公知的逐名現象與污名化研究〉,《暨南大學碩士學位論文》, 2017, 24쪽.

47 趙士兵,〈自干五是社會主義核心價值觀的踐行者〉,《光明日報》, 2014年 11月 15日.

48 徐嵐,〈自干五被污名化抑制多元表達〉,《人民網》, 2014年 11月 18日.

49 姜瑤, 앞의 논문, 94쪽.

50 余孝忠·潘林青·葉婧, 〈'小粉紅' '小青馬', 愛國也要 '萌萌噠'〉, 《党員文摘》, 2018.01, 14쪽.

51 王琳, 〈小粉紅網絡政治參與的集群式傳播〉, 《山東青年政治學院學報》 2017年 第5期, 39쪽.

52 王琳, 앞의 논문, 39쪽.

53 丁小文, 〈中國網絡民族主義發展分析和引導策略〉, 《北京青年研究》 2019年 第3期, 59쪽.

54 陳燕, 《互動儀式鏈視角下的網絡集體行动探究》, 南京師範大學 碩士學位論文, 2019, 23~25쪽.

55 王琳, 앞의 논문, 40쪽.

56 杜淵, 〈淺談紅色動畫在高校思想政治課程教學中的輔助功能〉, 《湖北開放職業學院學報》 第33卷 第16 期, 2020年 8月(下), 91쪽.

57 余孝忠·潘林青·葉婧, 앞의 논문, 14쪽.

58 〈防彈少年團獲獎言論惹怒中國粉絲〉, 《環球時報》, 2020年 10月 12日.

59 宋茵, 《新媒體時代小粉紅群體的社會認同研究》, 鄭州大學 碩士學位論文, 2018, 21~ 22쪽.

60 張愛軍, 〈微博視域下的青少年政治語言暴力研究〉, 《中國青年研究》 2017年 6期, 91쪽.

61 宋茵, 앞의 논문, 29~30쪽.

62 陳燕, 앞의 논문, 27쪽.

63 劉海龍, 〈像愛護愛豆一樣愛國:新媒體與 '粉絲民族主義' 的誕生〉, 《現代傳播(中國傳媒大學學報)》, 2017年 4期, 27~36쪽.

64 宋茵, 앞의 논문, 17쪽.

65 宋茵, 앞의 논문, 39쪽.

66 王璟, 《情感動員視角下的網絡民族主義事件研究》, 南京大學 碩士學位論文, 2019.

3장 광신적 애국자들의 민낯

1 귀스타브 르 봉, 이재형 옮김, 《군중심리》, 문예출판사, 2018, 20쪽.

2 귀스타브 르 봉, 앞의 책, 35~87쪽.

3 廖保平, 앞의 책, 서언, 2쪽.

4 〈中國憤青: 一個病態群體〉, 《南方都市報》, 2005년 11월 22일.

5 귀스타브 르 봉, 앞의 책, 38~39쪽.

6 吳稼祥·廖保平, 《打撈中國憤青—中國崛起潛在的阻礙和危險》, 北京文藝出版社, 2010, 서언, 2쪽.

7 廖保平, 앞의 책, 52쪽.

8 에릭 호퍼, 이민아 옮김, 《맹신자들—대중운동의 본질에 관한 125가지 단상》, 궁리, 2018, 96쪽.

9 귀스타브 르 봉, 앞의 책, 88쪽.

10 廖保平, 앞의 책, 89쪽.

11 盧思鋒, 《聚焦理性愛國》, 北京交通大學出版社, 2014, 9쪽.

12 http://news.163.com/12/0707/03/85PI7SH200014AED.html

13 廖保平, 앞의 책, 49~50쪽.

14 에릭 호퍼, 앞의 책, 67쪽.

15 江澤民 주석은 1998년 6월 24일 〈同團中央新一屆領導成圓和團十四大部分代表座談時講話〉 중 "青年興, 則國家興, 青年强, 則國家强"이라 말했다.

16 廖保平, 앞의 책, 60쪽.

17 쑹샤오쥔·왕샤오둥·쑹창·류양, 김태성 옮김, 《앵그리 차이나》, 21세기북스, 2010, 82쪽.

18 張藏藏의 올바른 표기는 장창창이다. 《NO라고 말할 수 있는 중국》에서는 짱창창이라 표기했는데 잘못된 표현이다. 따라서 본서에서는 한글 맞춤법 규정안에 의거 장창창이라 표기한다.

19 쑹창·짱창창·챠오벤·꾸이청·탕청위, 강식진 옮김, 《NO라고 말할 수 있는 중

국》, 동방미디어, 1997, 56쪽.

20 에릭 호퍼, 앞의 책, 75~76쪽.

21 에릭 호퍼, 앞의 책, 76쪽.

22 에릭 호퍼, 앞의 책, 210~211쪽.

23 에릭 호퍼, 앞의 책, 32쪽.

24 摩羅, 《中國站起來》, 長江文藝出版社, 2010, 74쪽.

25 廖保平, 앞의 책, 107~109쪽.

26 周筱贇·葉楚華·廖保平, 《中國誰在不高興》, 花城出版社, 2009, 21쪽.

27 摩羅, 앞의 책, 225쪽.

28 廖保平, 앞의 책, 12쪽.

29 廖保平, 앞의 책, 36~40쪽.

30 쑹창·짱창창·챠오볜·꾸이청·탕청위, 앞의 책, 203쪽.

31 쑹창·짱창창·챠오볜·꾸이청·탕청위, 앞의 책, 147~148쪽.

32 쑹창·짱창창·챠오볜·꾸이청·탕청위, 앞의 책, 208쪽.

33 喬良·王湘穗, 《超限戰》, 崇文書局, 2010.

34 劉明福, 《中國夢》, 中國友誼出版, 2010.

35 梁莉, 〈基于國家安全視角開展大學生愛國主義敎育─瀋陽沈校大學生實證調查和分析〉, 《瀋陽建筑大學學報(社會科學版)》 2015年 6月 第17卷 第3期, 303쪽.

36 쑹창·짱창창·챠오볜·꾸이청·탕청위, 앞의 책, 220쪽.

37 周筱贇·葉楚華·廖保平, 앞의 책, 12~13쪽.

38 〈中國憤青: 一個病態群體〉, 《南方都市報》, 2005년 11월 13일.

39 蔡北平, 〈遠離暴力, 仇恨告別狹隘民族主義─關于中學歷史敎學的一些思考〉, 《中學歷史敎學硏究》 2013年 第3,4 期, 60~61쪽.

40 廖保平, 앞의 책, 59쪽.

41 쑹창·짱창창·챠오볜·꾸이청·탕청위, 앞의 책, 218~219쪽.

42 http://blog.sina.com.cn/s/blog_5215b9fc01009l72.html

⁴³ 周筱贇·葉楚華·廖保平, 앞의 책, 11~12쪽.

⁴⁴ 馬立誠, 〈對日關係新思維〉, 《語文新聞》 2003年 第3期.

4장 애국인가, 애당인가

¹ 鄧小平, 《鄧小平文選》 第三卷, 人民出版社, 1994, 326~327쪽.

² 江澤民, 〈在慶祝中華人民共和國成立四十周年大會上的講話〉, 《人民日報》 1989년 9월 30일.

³ 1992년 10월 12~18일간 베이징에서 개최된 中國共産黨 第十四次 全國代表大會에서 장쩌민이 보고한 〈加快改革開放和現代化建設步伐, 奪取有中國特色社會主義事業的更大勝利〉 문건 내용.

⁴ 蔡中華·潘靜, 《新時期愛國主義敎育硏究》, 中國社會科學出版社, 2016, 182~184쪽.

⁵ 盧思鋒, 《聚焦理性愛國》, 北京交通大學出版社, 2014, 9쪽.

⁶ 곽준혁, 〈민족주의 없는 애국심과 비지배 평화원칙〉, 《아세아연구》 제46권 4호, 2003, 314~315쪽.

⁷ 盧思鋒, 《聚焦理性愛國》, 北京交通大學出版社, 2014, 54쪽.

⁸ 鄧小平, 〈關于思想戰線上的問題的談話〉(一九八一年 七月 十七日), 《鄧小平文選》 第二卷, 人民出版社, 1994.

⁹ 江澤民, 〈在慶祝中華人民共和國成立四十周年大會上的講演〉, 1989년 9월 29일.

¹⁰ 習近平, 〈大力弘揚偉大愛國主義精神爲實現中國夢提供精神支柱〉, 《人民日报》 2015년 12월 31일.

¹¹ 龔超·陳莉, 〈當代中國民族主義思潮對靑少年政治觀念發展的影响〉, 《湖北社會科學》 2010年 第2期, 188쪽.

¹² 陳燕如, 《讓高尙成爲自然—愛國主義敎育效果硏究》, 厦門大學出版社, 2005, 24쪽.

¹³ 陳燕如, 앞의 책, 142쪽.

¹⁴ 陳燕如, 앞의 책, 235~237쪽.

¹⁵ 廖保平, 《打撈中國憤靑—中國崛起潛在的阻礙和危險》, 北京文藝出版社, 2010, 17쪽.

¹⁶ 이 만화는 원래 《中國日報》 영문판 2016년 7월 23일 5판에 실린 것으로 羅杰의 작품.

5장 공산당에 대한 충성 교육

1 裴佑宏, 《小學愛國主義學校文化建設個案研究—以山西省JW小學爲例》, 山西師範大學 碩士學位論文, 2017.

2 裴佑宏, 앞의 논문, 21~22쪽.

3 李懷周, 〈淺談歷史教學中的愛國主義教育〉, 《科教文滙》 2009年 06期, 170쪽.

4 〈如何將愛國主義教育融入初中歷史教學之中〉, 《中華少年》 2016年 11月下 第33期, 59쪽.

5 〈教學指導全日制普通高級中學歷史教學大綱(節錄)〉, 《歷史教學》 1996年 第2期, 24쪽.

6 王潔, 〈論憤靑的愛國主義思想教育〉, 《思想政治教育研究》, 168쪽; 夏佳佳·李連萍, 〈非理性愛國主義—從憤靑說起〉, 100쪽; 山小琪·郭展新, 〈新世紀憤靑與靑年的愛國主義〉, 《中國靑年研究》 2009. 1, 18쪽; 卜建華, 《中國網絡民族主義思潮的功能與影響研究》, 蘭州大學 박사논문, 2012, 203~204쪽; 夏光輝, 《中國當代民族主義研究》, 中共中央黨校 박사학위논문, 2010, 111쪽.

7 鄢烈山, 〈全球化時代, 愛國者必是國際主義者〉. 출처(http://m.kdnet.net/share-8641143.html)

8 Aaron T. Beck, 김현수·이용석·신윤미·김인명·김성수 옮김, 《우리는 왜 분노에서 벗어나지 못하는가》, 학지사, 2018, 37쪽.

9 楊春郁, 〈社會主義市場經濟與愛國主義精神〉, 《前沿》 2002年 第12期, 112쪽.

10 毛澤東, 〈讀蘇聯政治經濟學教科書的談話(節選)〉(1959년 12월~1960년 2월), 《毛澤東文集》 第8卷 人民出版社, 1999, 136쪽.

11 鄧小平, 〈党和國家領導制度的改革〉(1980년 8월 18일), 《鄧小平文選》 第2卷, 人民出版社, 1994, 337쪽.

12 胡錦濤, 第十屆中國人民政治協商會議 第四次會議, 2006년 3월 4일.

13 習近平, 習近平在北京大學師生座談會上的講話, 2018년 5월 2일.

14 陳燕如, 《讓高尚成爲自然—愛國主義教育效果研究》, 廈門大學出版社, 2005, 163쪽.

15 龔超·陳莉, 〈當代中國民族主義思潮對靑少年政治觀念發展的影響〉, 《湖北社會科學》 2010年 第2期, 188쪽.

16 張遠山, 〈眞憤靑和假憤靑-答饒蕾女士〉,《社會科學論壇》2003. 9, 40쪽.

6장 절대적 진리, 사회주의

1 陳炎, 〈激進與保守, 左派與右派〉,《河北學刊》2004年 9月, 8쪽.

2 人民畫報社,《人民畫報》1967년 2월, 郵電部北京郵局, 28쪽.

3 範明强, 〈試論紅衛兵運動産生和發展的原因〉,《黑龍江省社會主義學院學報》1999年 04期, 43쪽.

4 蕭功秦·馬立誠 편,《當代中國八種社會思潮》, 社會科學文獻出版社, 2012, 310쪽.

5 蕭功秦, 〈多元制衡視角下的新左派思潮〉,《人民論增》2011. 01. 上, 36쪽.

6 周筱贇·葉楚華·廖保平,《中國誰在不高興》, 花城出版社, 2009, 8~9쪽.

7 蕭功秦, 앞의 논문, 36쪽.

8 周少來, 〈激进左派漸成中國學術界公害〉,《人民論增》2018年 02月 下, 33쪽.

9 馬立誠,《當代中國八種社會思潮》, 社會科學文獻出版社, 2012, 79쪽.

10 許紀霖 〈近十年來中國國家主義思潮之批判〉, 愛思想網站, www.aisixiang.com/data/41945.html.

11 대니얼 A. 벨, 김기협 옮김,《차이나 모델-중국의 정치 지도자들은 왜 유능한가》, 서해문집, 2017, 327쪽.

12 周少來, 앞의 논문, 33쪽.

13 周少來, 앞의 논문, 34쪽.

14 周少來, 앞의 논문, 35쪽.

15 蕭功秦, 앞의 논문, 36쪽.

16 馬立誠,《當代中國八種社會思潮》, 社會科學文獻出版社, 2012, 121~122쪽.

17 蕭功秦, 앞의 논문, 34~35쪽.

18 周少來, 앞의 논문, 35쪽.

19 蕭功秦, 앞의 논문, 48~49쪽.

7장 '악마'의 존재에 대한 믿음

[1] 房寧, 〈以愛國主義爲核心—對當代靑年思想觀念變化的考察〉, 《中國靑年硏究》01, 2009, 6쪽.

[2] 楊支柱·樂山 주편, 《潛流—對狹隘民族主義的批判與反思》, 華東師範大學出版社, 2004, 72쪽.

[3] 廖保平, 《打撈中國憤靑—中國崛起潛在的阻礙和危險》, 北京文藝出版社, 2010, 77쪽.

[4] http://www.xinhuanet.com/world/2019-05/16/c_1210135347.htm

[5] 쑹창·짱창창·챠오벤·구이청·탕청위, 앞의 책, 57~58쪽.

[6] 김청중 특파원, 〈욱일기 소지만 해도 처벌—'정일' 행위에 칼 빼든 中〉, 《세계일보》2018. 12. 11.

[7] 馬立誠, 〈對日關係新思維—中日民間之憂〉, 《戰略與管理》, 2002年 06期.

[8] 譚學純·朱玲, 《廣義修辭學》, 安徽敎育出版社, 2001.

[9] 廖保平, 앞의 책, 69쪽.

[10] 서울을 뜻하는 중국어는 漢城이나 이 글을 쓴 분노청년은 韓城이라고 잘못 썼다.

[11] http://blog.sina.com.cn/s/blog_5215b9fc01009l72.html

[12] 陳燕如, 《讓高尙成爲自然—愛國主義敎育效果硏究》, 廈門大學出版社, 2005, 235~237쪽.

[13] 김인희, 〈적산赤山 법화원法華院의 8월 15일 명절 연구〉, 《동아시아 고대학》 제34집, 2014.

[14] https://www.sohu.com/a/238169276_783663

[15] 周筱贇·葉楚華·廖保平, 앞의 책, 20쪽.

[16] 쑹샤오쥔·왕샤오둥·쑹창·황지수·류양, 《앵그리 차이나》, 21세기북스, 2010, 80~84쪽.

[17] 쑹샤오쥔·왕샤오둥·쑹창·황지수·류양, 앞의 책, 28~29쪽.

8장 희망의 설득, 중국몽

[1] 胡偉希, 〈21世紀中國的民族主義—歷史基因與發展前景〉, 《동양정치사상사》 제5권 1

호, 258쪽.

2 《禮器·祭統》"忠臣以事君, 孝子以事其親, 其本也."

3 武志紅, 《巨嬰國》, 浙江人民出版社, 2016.

4 梁啓超, 《飮冰室合集》文集9, 中華書局, 1989, 3~4쪽.

5 〈習近平在會見第一屆全國文明家庭代表時的講話〉, 2016年 12月 12日.

6 에릭 호퍼, 이민아 옮김, 《맹신자들-대중운동의 본질에 관한 125가지 단상》, 궁리, 2018, 96쪽.

7 에릭 호퍼, 앞의 책, 54쪽.

8 筱蕾·汪谦干, 〈中國夢一詞的由來〉, 《党史博覽》, 2014. 12.

9 이동률, 〈중화민족주의, 중국 부상의 이데올로기인가?〉, 《지식의 지평》9, 2010, 10, 29쪽.

10 本書編寫組 編寫, 《十九大報告》, 党建讀物出版社, 2017, 12~13쪽.

11 本書編寫組 編寫, 앞의 책, 14~15쪽.

12 에릭 호퍼, 앞의 책, 22쪽.

13 그레이엄 앨리슨, 정혜윤 옮김, 《예정된 전쟁》, 세종서적, 2017, 178쪽.

14 習近平, 〈習近平在香港特別行政區政府歡迎晚宴上的致辭〉, 《新華網》2017년 6월 30일.

15 習近平, 〈習近平亞信第四次峰會發言一亞洲事務要由亞洲人拿主意〉, 2014년 5월 21일.

16 習近平, 〈中國必須有自己特色的大國外交〉, 中央外事工作會議 강연, 2014년 11월 28일.

17 劉明福, 《中國夢》, 中國友誼出版公司, 2010.

18 胡鞍綱 등, 《2050 中國: 全面實現社會主義現代化》, 浙江人民出版社, 2017, 105쪽.

19 胡鞍綱 등, 앞의 책, 110쪽.

20 習近平, 〈在慶祝改革開放40周年大會上的講話〉, 2018年 12月 18日.

21 共靑團中央, 〈共靑團中央印發〈關于深入開展鄕村振興靑春建功行動的意見〉的通知〉, 2019年 3月 22日.

22 〈河北冀州: 國家安全敎育進校園 革命老軍人講故事〉, 《新華社》, 2016年 4月 14日.

23 쉬즈위안 지음, 김태성 옮김, 《미성숙한 국가》, 이봄, 2017, 한국의 독자들에게.

9장 시진핑의 '착한 아이들'이 될 것인가

1 한나 아렌트, 김선욱 옮김, 《예루살렘의 아이히만》, 한길사, 2019, 73~74쪽.

2 한나 아렌트, 앞의 책, 391쪽.

3 한나 아렌트, 앞의 책, 106쪽.

4 한나 아렌트, 앞의 책, 349쪽.

5 〈中宣部就《新時代愛國主義教育實施綱要》答記者問〉, 新華社, 2019年11月12日.

6 2개 유호는 시진핑 총서기의 당중앙의 핵심, 전체 당의 핵심지위를 결사적으로 수호하고, 당중앙의 권위와 집중적이고 통일적인 지도를 결사적으로 수호하는 것을 말한다.

7 한나 아렌트, 앞의 책, 110쪽.

8 李澤厚, 〈李澤厚, 易中天對話: 中國往何处去最危險〉, 《新京報》2010年09月19日.

부록

1 응심주혼은 사회주의의 핵심 가치관을 이론으로 아는 것이 아니라 가슴 속 깊이 파고들고 생활에 내재되도록 하는 것을 말한다.

2 소강사회는 중국 정부의 장기적 정책목표의 하나로 모든 국민이 안정되고 풍요로운 생활을 누리는 사회를 말한다.

3 4개 의식은 2016년 시진핑 총서기가 중국 공산당 성립 95주년 기념대회에서 제기한 것으로 반드시 전 당원은 정치의식政治意識, 대국의식大局意識, 핵심의식核心意識, 간제의식看齊意識을 수립하여 사상적으로 정치적으로 실천에 있어 당중앙과 고도의 일치를 이루어야 한다는 의미다.

4 4개 자신은 시진핑 총서기가 중국공산당 성립 95주년 기념대회에서 제기한 것으로 사회주의 길에 대한 자신, 이론에 대한 자신, 제도에 대한 자신, 문화에 대한 자신을 말한다.

5 2개 유호兩个 維護는 시진핑 총서기의 당중앙의 핵심적 지위와 전체 당의 핵심 지위를 결사적으로 수호하고, 당중앙의 권위와 집중적이고 통일적인 지도를

결사적으로 수호하는 것을 말한다.

6 정치의식은 상황을 정치적으로 판단하고 분석하고 처리하는 것을 말한다.

7 대국의식은 총제적인 정세를 보고 판단하고, 분석하여 정확한 인식을 하는 것을 말한다.

8 핵심의식은 사상적으로 핵심에 공감하고, 정치적으로는 핵심을 중심으로 하고, 조직에서는 핵심에 복종하고, 행동에 있어서는 핵심을 수호하는 것이다.

9 간제의식은 당 중앙을 중심으로 정렬하여 당중앙의 이론과 노선방침·결정과 조치를 따르고, 당중앙의 요구를 단호히 실행하고, 당중앙이 금지하는 것은 절대로 하지 않는 것을 말한다.

10 이상 신념 교육은 이상에 대한 신념을 가지고 올바른 세계관, 인생관, 가치관을 세우는 교육을 말한다.

11 홍색정권은 공산당 정권을 말한다.

12 국정 교육은 중국의 정치, 경제, 자연생태 등에 대한 교육을 통해 학생들의 애국열정을 불러일으키는 교육을 말한다.

13 형세정책 교육은 국내 정세와 국제 정세에 따른 중국의 정책을 교육하는 것을 말한다.

14 대국관은 모든 일을 장기적으로 생각하고, 득과 실의 변증법적 관계로 파악하는 것을 말한다.

15 역할관은 특정한 사회적 관계에서 자신이 맡은 역할에 대한 인식, 태도와 감정을 합친 것을 말한다.

16 역사허무주의는 중국의 역사를 부정하는 것을 말하며, 특히 공산당이 인민을 이끌고 투쟁해 온 근현대사를 부정하는 것을 말한다.

17 홍색 유전자는 혁명정신을 말한다.

18 두 개의 백 년은 중국공산당 창단 100년과 신중국 성립 100년이 되는 해를 말한다.

19 문화허무주의는 중국의 전통문화와 정신문화를 부정하는 것을 말한다.

20 떨어질 수 없는 세 가지는 한족은 소수민족과 떨어질 수 없고, 소수민족은 한족과 떨어질 수 없고, 각 소수민족도 서로 떨어질 수 없다는 의미다.

21 다섯 개의 공감은 위대한 조국, 중화민족, 중화문화, 중국공산당, 중국 특색 사회주의에 대한 공감을 말한다.

22 마이크로렉처는 중국에서 인터넷을 이용하여 새롭게 시도하는 강의 방식으로 강의 내용을 핵심 지식에 따라 분할하여 블로그 형식으로 전파하는 것을 말한다.

23 쇼트클립은 SNS 등에서 유행하고 있는 5분 이내의 짧은 동영상을 말한다.

24 주제 교육활동은 사람의 심신 빌달에 영향을 주는 각종 주제를 목적성을 가지고 교육하는 활동을 말한다. 예를 들면 "초심을 잊지 말고, 사명을 깊이 새기자不忘初心, 牢記使命"라는 주제를 전 당원을 대상으로 교육하여 전 당원이 신시대 당의 역사적 사명을 실현하기 위해 분투하겠다는 마음을 다지게 되었다고 한다.

25 양탄일성은 미사일, 핵폭탄, 인공위성을 말한다. 양탄일성 정신은 사업을 위해 분투하는 가운데, 조국을 사랑하고, 사심 없이 봉사하며, 자력갱생하는 것을 말한다.

26 유인 우주비행 정신은 2005년 10월 17일 중국이 자체 개발한 선저우 6호가 무사히 귀환한 것을 기념하는 정신으로, 고통을 견디고, 전투에 뛰어나고, 난관을 돌파하고, 봉사정신이 뛰어난 것을 말한다.

27 보장시스템은 물질 조건과 정신 조건을 제공하여 활동을 활발히 할 수 있도록 하는 시스템을 말한다.

28 사상적 업무는 당의 극히 중요한 작업으로 이데올로기를 규칙적으로 인식시켜 끊임없이 심화시키는 것을 말한다.

29 진지 건설은 물질적, 정신적 측면에서 작업, 학습, 생활 및 투쟁 등을 하는 장소를 건립하고 내실화하는 활동을 말한다.

30 관공위는 퇴직자를 중심으로 청소년들의 건강한 성장을 위해 교육하는 대중조직을 말한다.

31 이웃의 날은 이웃 사이의 화목과 교류, 도움을 장려하는 명절로 5월 7일이다.

찾아보기

憤怒
青年

중국 애국주의 홍위병, 분노청년

2021년 3월 27일 초판 1쇄 인쇄
2021년 5월 15일 초판 3쇄 발행

글쓴이   김인희
펴낸이   박혜숙
디자인   이보용   하민우
펴낸곳   도서출판 푸른역사
  우) 03044 서울시 종로구 자하문로8길 13
  전화: 02)720 –8921(편집부) 02)720 –8920(영업부)
  팩스: 02)720 –9887
  전자우편: 2013history@naver.com
  등록: 1997년 2월 14일 제13–483호

ISBN 979–11–5612–191–6 93340

· 잘못 만들어진 책은 교환해드립니다.